Agonie et fin
de la première République du Congo-Kinshasa

Collection « Études africaines »

dirigée par Denis Pryen et son équipe

Forte de plus de mille titres publiés à ce jour, la collection « Études africaines » fait peau neuve. Elle présentera toujours les essais généraux qui ont fait son succès, mais se déclinera désormais également par séries thématiques : droit, économie, politique, sociologie, etc.

Dernières parutions

Christian ROCHE, *Histoire des relations des pays du Sahel avec la France*, 2018.
Mamoudou SY, *La vallée du fleuve Sénégal dans le jeu des échelles politiques. Le Dimar aux XVIIIe et XIXe siècles*, 2018.
Ousseynou FAYE, *Les tirailleurs sénégalais entre le Rhin et la Méditerranée (1908-1939)*, 2018.
Jean-Paul MWENGE NGOIE, *L'enfant, cet oublié du divorce ou de la séparation parentale en Afrique subsaharienne*, 2018.
Laurent GAMET, *Le droit du travail ivoirien*, 2018.
Bakary CISSE, *L'épreuve orale de culture générale, Préparation aux concours d'entrée de l'ENA et de la Fonction publique, Tome 1 : Connaissance de l'environnement ivoirien ; Tome 2 : Problèmes majeurs de la société contemporaine*, 2018.
Jacques KABEYA I. TENDA, *Entreprises publiques, en République Démocratique du Congo, La nécessité d'un cadre de bonne gouvernance axée sur la responsabilisation et la performance*, 2018.
Diensia Oris-Armel BONHOULOU, *Le terrorisme international existe-t-il en Afrique noire ?, Essai*, 2018.
Augustin RAMAZANI BISHWENDE, Di-Kuruba Dieudonné MUHINDUKA (dir.), *Les Bavira entre tradition et modernité*, 2018.
Claude KAYEMBE-MBAYI, *Verrous et contrôles constitutionnels en Afrique. Pour des mécanismes efficients*, 2018.
Marie Romuald POUKA POUKA, *Politiques publiques et PME au Cameroun. Les impacts de la Bourse de sous-traitance et de partenariat sur la performance des PME dans le secteur industriel*, 2018.
Issofou NJIFEN, *Allocation des ressources humaines et stratégies des acteurs sur le marché du travail, Concept de surqualification et évidence empirique au Cameroun*, 2018.

Kayamba TSHITSHI NDOUBA

AGONIE ET FIN DE LA PREMIERE REPUBLIQUE DU CONGO-KINSHASA

Préface d'Alain Lubamba wa Lubamba

L'Harmattan

5-7, rue de l'École-Polytechnique ; 75005 Paris
http://www.editions-harmattan.fr
ISBN : 978-2-343-14052-0
EAN : 9782343140520

À Nicole Bofete Esole

SOMMAIRE

ANCIENS NOMS DES VILLES

Sous la Première République	Actuels noms de ville (2017)
Albertville	Kalemie
Bakwanga	Mbuji-Mayi
Baningville	Bandundu
Coquilathville	Mbandaka
Elisabethville	Lubumbashi
Jadotville	Likasi
Kindu Port-Empain	Kindu
Lac Leopold II	Lac Mai Ndombe
Léopoldville	Kinshasa
Luluabourg	Kananga
Paulis	Isiro
Ponthierville	Ubundu
Port Francqui	Ilebo
Stanleyville	Kisangani
Thysville	Mbanza Ngungu

Acronymes des partis politiques agissant sous la première République

ABAKO :	L'Alliance des Bakongo (Association des Bakongo pour l'unification, la conservation et l'expansion de la langue kikongo)
ABAZI :	Alliance des Bayanzi
ARP :	Alliance Rurale Progrès
ASSORECO:	Association des Ressortissants du Haut Congo
ATCAR :	Association des tshokwe du Congo, de l'Angola et de la Rhodésie
BALUBAKAT :	Association des Balubas du Katanga
BALUBAKAT:	Association des Baluba du Katanga
CEREA :	Centre de regroupement africain
CONACO:	Convention nationale congolaise
CONAKAT :	Confédération et association katangaises
FEDEKA :	Fédération des Associations des Ressortissants du Kasaï
MNC- L :	Le Mouvement nationaliste congolais/ aile Lumumba
MNC/Kalonji :	Le Mouvement nationaliste congolais/aile Kalonji
PNP :	Parti National du Progrès
PSA :	Parti socialiste africain:
PUNA. :	Parti de l'unité nationale
RADECO:	Rassemblement Démocratique Congolais
UNC:	Union Nationale Congolaise
UNIMO :	Union Mongo
UNILAC:	Union du Lac Léopold II
REKO:	Rassemblement de l'Est du *Congo*
ACMAF:	Association des Classes Moyennes Africaines
COAKA:	Coalition Kasaienne
FGC:	Fédération Générale du *Congo*
ANC:	Armée Nationale Congolaise
UDA:	Union Démocratique Africaine
FGTK:	Fédération Générale du Travail du *Congo*
FDC:	Front pour le Changement Démocratique

Acronymes des organisations internationales

OUA: Organisation de l'Unité Africaine
ONUC: (Mission de) L'organisation de Nations Unies au Congo

Autres abréviations

FULREAC : Fondation de l'Université de Liège pour les recherches scientifiques au Congo, au Rwanda et au Burundi.
LF: Loi Fondamentale relative aux structures du Congo, promulguée le 19 mai 1960.
MISTEBEL: Mission Technique Belge
RAN: Règlement de l'Assemblée Nationale.

PRÉFACE

Dans ses « Leçons sur la philosophie de l'histoire », Georg Wilhelm Friedrich Hegel, affirmait qu' « On dit aux gouvernants, aux hommes d'État, aux peuples de s'instruire principalement par l'expérience de l'histoirc. Mais ce qu'enseignent l'expérience et l'histoire, c'est que peuples et gouvernements n'ont jamais rien appris de l'histoire et n'ont jamais agi suivant des maximes qu'on en aurait pu retirer ». Hegel argumentait ainsi sur l'idée que malgré la variabilité des circonstances, on peut dégager de l'expérience historique des hommes quelques principes généraux dont on serait bien inspiré de tenir compte dans l'action présente. Ce philosophe allemand exprimait, déjà en 1822, l'intérêt et les vertus pédagogiques de la connaissance du passé du point de vue de l'action présente et principalement de l'action politique.

L'ouvrage « Agonie et fin de la première République du Congo-Kinshasa » du professeur Kayamba Tshitshi Ndouba revisite avec une perspicacité remarquable les séquences intermittentes des crises politiques de l'expérience singulière de la trame des années 1960-1965. Il révèle, avec brio, les symptômes visibles d'un dysfonctionnement des institutions et des rapports politiques à un double niveau : gouvernants-gouvernés, État-société. Il pointe du doigt les facteurs constitutionnels et la dynamique institutionnelle couplée de la responsabilité des acteurs politiques individuels, collectifs dans l'exacerbation de la crise politique.

La dialectique et l'argumentaire de ce livre invitent le lecteur à appréhender avec lucidité les faits politiques qui transforment inévitablement les crises politiques en crise de régime et de saisir le processus de remise en question des fondamentaux d'un régime politique, à partir de l'expérience historique de la première République.

En effet, tout régime politique prétend intégrer les potentielles incongruences des éléments de l'ordre politique. En tant que système de gouvernement d'une société, il a vocation à perdurer dans le temps, par-dessus des vicissitudes et les aléas de la vie politique, en instituant des mécanismes de régulation et de résorption des conflits politiques. Mais alors, l'écroulement d'un régime est un fait historique non négligeable dans l'analyse et la mise en perspective de l'évolution d'une société, eu égard aux conséquences qu'il engendre sur l'équilibre du système social et ses répercussions sur le système économique et culturel.

Certes, à la différence des faits physiques, les faits historiques ne sont pas subsumables sous des lois. Pourtant, comme l'a souligné Maxime Tandonnet, ancien Conseiller de Nicolas Sarkozy, la nature humaine ne change pas et des événements de la même nature ne cessent de se reproduire dans la logique d'un éternel recommencement. C'est à ce niveau que se situe la pertinence des analyses développées par le professeur Kayamba Tshitshi Ndouba, qui nous induisent à saisir, sur le plan théorique et sur le plan de la pratique politique, les conséquences de la fin du régime démocratique de la première République dans l'évolution du système politique congolais actuel. Et en prolongement, il revient de cogiter sur les possibles analogies et parallélismes entre les crises politiques actuelles et celles de la première République et la prévisibilité de l'issue d'une crise politique prolongée et mal résolue.

Ce livre interpelle la classe politique actuelle du Congo-Kinshasa, dont moi-même je fais partie. Il est un réquisitoire impitoyable pour les acteurs politiques qui n'ont pas encore assimilé « le sens de l'histoire » comme une source inspiratrice de l'action politique en faveur de notre héritage commun, le Congo. L'appel est donc lancé pour éviter les erreurs du passé et d'innover la vie publique congolaise par la consolidation et la requalification des acquis de l'indépendance chèrement acquise et des valeurs universelles de la démocratie et de l'État de droit.

Très bien documentée et structurée, par ce livre, la jeunesse universitaire est conviée à relayer et amplifier cette ligne de recherche sur l'histoire politique, gage de notre mémoire collective et de notre identité politique nationale.

Dr h.c. Alain Lubamba wa Lubamba, Député national
Vice-président chargé des Relations extérieures

PREMIÈRE PARTIE

Les aspects juridico-constitutionnels de la crise politique

INTRODUCTION

I. Controverse autour de l'extension temporelle de la Première République du Congo-Kinshasa

En droit constitutionnel, tout comme dans le langage courant, on dit qu'il y a changement de république lorsqu'il se produit au sein de l'État concerné un bouleversement complet des institutions politiques constitutionnelles, cédant la place à une nouvelle constitution et à de nouvelles institutions ; ce qui provoque non seulement la rupture, mais aussi l'avènement d'un nouveau régime[1]. Une question récurrente dans la doctrine, qui parait d'ailleurs simple, concerne l'extension temporelle de la première République congolaise. Pour la majorité des chercheurs, la première République congolaise va du 30 juin 1960, date de la Proclamation de l'indépendance, au 24 novembre 1965, date du coup d'État militaire dirigé par le Général Mobutu. Cette date marque aussi le commencement de la Deuxième République.

Suivant ce schéma, la première République a été régie par deux Constitutions : La Loi Fondamentale relative aux structures du Congo, promulguée le 19 mai 1960 conformément à la procédure législative belge sur la base des résolutions de la Conférence de la Table Ronde (du 20 janvier au 20 février 1960) et la Constitution du 1eraoût 1964, dite Constitution de Luluabourg. Ce qui sous-entend qu'entre les deux cadres constitutionnels, il n'y a pas eu « un changement de régime », c'est-à-dire, un changement du mode d'organisation du système politique. Il n'y a pas eu de bouleversement total de l'ordre institutionnel. Il n'y a pas eu de révolution. Il n'y a pas eu non plus, de rupture quant à la conception et l'agencement des principes de légitimité du pouvoir (souveraineté populaire), de représentativité (démocratique), et de séparation des pouvoirs d'État (indépendance,

[1] Ngoy-Ndouba K. *Organisation et exercice du pouvoir politique dans les Constitutions de la RD Congo*, Rythmes nouveaux, Kinshasa, 1999

collaboration et contrôles réciproques). De ce point de vue, la Constitution de Luluabourg s'inscrit dans une perspective d'amélioration du fonctionnement des institutions politiques, opérée dans le prolongement de la Loi Fondamentale et donc suivant la légalité constitutionnelle en vigueur.

Cependant, une partie minoritaire de la doctrine, avec à sa tête le professeur Kamukuny Mukinay[2], arguant le caractère provisoire et le silence de la Loi Fondamentale du 19 mai relative aux structures du Congo quant à la dénomination « Première République », affirme qu'il y a lieu de considérer la date d'entrée en vigueur de la Loi Fondamentale comme ayant introduit la Première République que viendra confirmer la Constitution du 1eraoût 1964, texte définitif approuvé par le peuple souverain par referendum organisé du 25 juin au 10 juillet 1964. Dans ce sens, soutiens ce courant, sur le plan formel, la naissance juridique de la Première République doit être fixée au 1er août 1964, date du texte constitutionnel qui fait office de Constitution définitive de cette époque. Tout naturellement, ce courant situe la fin de la Première République au 24 juin 1967, date de la promulgation de la nouvelle Constitution définitive et partant, il soutient que la Constitution dite de Luluabourg était en vigueur jusqu' à cette date, malgré les violations répétées dont elle était l'objet.

II. La République agonise

Dès les premiers jours de son accession à l'indépendance, la jeune république congolaise accusait les symptômes d'un dérapage évident[3] qui conduisit le navire Congo-Kinshasa vers un naufrage, une mort programmée, douloureuse, et qui jetait les bases d'un Constitutionalisme autoritaire, initié par le coup d'État du général Mobutu le 24 novembre 1965.

En effet, déjà au quatrième jour de la proclamation de l'indépendance, on signalait la mutinerie de la Force Publique et l'intervention des troupes belges au Congo sans l'autorisation du

[2] Kamukuny Mukinayi A. *Droit constitutionnel congolais*, Éditions Universitaires Africaines, Kinshasa, 2011.

[3] À ce sujet, il serait intéressant de parcourir les Mémoires de Gaston Eyskens, ancien Premier ministre belge en 1960, *Mémoires*, Bruxelles, CRISP, 2012, pp. 575-738 ·

Gouvernement[4]. Sept jours plus tard, la riche province minière du Katanga[5] déclarait sa sécession du reste de la république avec le soutien de la Belgique et de certains milieux financiers[6]. Il n'a pas fallu plus d'un mois pour que la province minière du Sud Kasaï emboitât le pas aux Katangais. Albert Kalonji saisit à son tour l'opportunité pour annoncer la création de l'État sécessionniste autonome du Sud Kasaï[7]. Ce tableau sombre atteignait son point culminant avec la crise gouvernementale de septembre 1960, caractérisée par la double révocation du Premier ministre Lumumba et du président Kasa-Vubu, et l'installation de trois gouvernements parallèles : le Gouvernement Ileo, le Gouvernement des commissaires généraux et le Gouvernement Gizenga à Stanleyville[8]. L'éviction et la liquidation physique du Premier ministre Lumumba justifièrent la radicalisation de ses partisans à travers l'expression des luttes armées (appelées rebellions) « muleliste » dans le Kwilu-Kwango et des « Simba » à l'est du pays. Tous ces éléments eurent aussi pour conséquence inévitable et logique, l'intervention des instances des Nations unies[9] et partant, l'internationalisation de la crise congolaise — la congolisation — dans le contexte de la brèche des blocs Est–Ouest propre de la Guerre froide.

Quels sont alors les facteurs explicatifs de ce chavirement de première heure et du naufrage ultérieur? Synthétiquement, la littérature politologique et historiographique recoupe quatre thèses principales : échec de la décolonisation belge[10], conspiration contre la jeune république par la Belgique[11], le mimétisme constitutionnel et l'inadaptabilité de la Loi Fondamentale du 19 mai 1960 relative aux structures du Congo aux réalités sociopolitiques du pays, ou enfin,

---

[4] Nday Wel è Nziem I. *Nouvelle histoire du Congo. Des origines à la République démocratique*, Bruxelles, collection Histoire, Afrique Éditions, 2008, p. 472.

[5] « La tentative de réintégration du Katanga dans la République du Congo. », *Courrier hebdomadaire du CRISP* 31/1962 (n° 165). p. 1-27

[6] Gérard-Libois, J. *Sécession au Katanga*, Les dossiers du CRISP, Léopoldville, INEP, 1963

[7] Gérard-Libois J Verhaegen B « Le Congo. Du domaine de Léopold II à l'indépendance », *Courrier hebdomadaire du CRISP* 12/1985 (n° 1077) p. 1-34

[8] « Onze mois de crise politique au Congo. », *Courrier hebdomadaire du CRISP* 30/1961 (n° 120), p. 1-24

[9] « Les problèmes du Congo devant le Conseil de Sécurité des Nations-Unies. », *Courrier hebdomadaire du CRISP* 33/1960 (n° 79), p. 1-21

[10] Gerard-Libois J et al. *Congo 1960. Échec d'une décolonisation*, Bruxelles, GRIP, 2010

[11] Ngoy-Ndouba K, *Op. Cit*

l'absence d'une élite intellectuelle, politique et technique pouvant relever les défis inhérents à la construction du jeune et nouvel État.

Déjà en 1967, le professeur Paul Henry Gendebien se proposa de scruter et de systématiser les causes et les conséquences de l'écroulement de l'État congolais[12]. Dans ses analyses, il recoupe et distingue les causes lointaines des causes immédiates. Parmi les causes « lointaines », il en signale trois : primo, les contraintes et le paternalisme du système colonial qui avaient accumulé une tension que l'indépendance, obtenue très facilement, ne pouvait libérer. Secundo, le programme qui visait à élever de manière progressive et horizontale le niveau d'instruction n'avait guère permis de former une élite intellectuelle. Tertio, l'absence de transition entre le régime colonial et la pleine souveraineté fut aggravée par l'inexpérience et l'impréparation des hommes politiques pour les tâches de gouvernement. Parmi les causes « immédiates », l'auteur en avait détecté trois : l'absence des partis politiques structurés et encadrés, la faiblesse politique du gouvernement Lumumba et finalement, l'échec du « système de sécurité bilatérale » entre le Congo et la Belgique. Il en conclut que toutes les causes « lointaines » des difficultés ne prédestinaient pas nécessairement la nouvelle République à connaitre de profondes secousses au lendemain de l'indépendance. Si celles-ci se produisirent, c'est en raison de la conjonction malheureuse de ces causes « lointaines » avec des causes plus « immédiates ».

Une analyse minutieuse des faits politiques saillants qui ont émaillé le parcours de la première République amène à considérer que la première dimension de la crise politique de la Première République a été, contre toute attente, une crise gouvernementale. Elle a été provoquée par la décision du président Kasa-Vubu prise le 5 septembre 1960, de révoquer le Premier ministre Lumumba et une partie du gouvernement : MM. Bolamba, Gbenye, Gizenga, Kashamura, Lumbala et Mwamba. Prise en marge d'aucune procédure de mise en cause de la responsabilité politique du Gouvernement par les assemblées parlementaires, ce premier passage en force du président Kasa-Vubu plongea le pays dans un scénario d'ingouvernabilité totale qui donna ainsi cours à la période des trois pouvoirs (février-juillet 1961)[13] qui revendiquaient l'autorité au

---

[12] Gendebien, P.H. *L'intervention des Nations Unies au Congo. 1960-1964*, Walter de Gruyter, 1967

[13] Cornevin R. « Chronique du Congo Léopoldville », *Revue française d'histoire d'outre-mer*, 1965, Volume 52, Numéro 188, pp. 404-438

Congo et se sont partagé, parfois simultanément, l'exercice de l'autorité effective au Congo : le gouvernement Ileo, le Gouvernement des commissaires généraux et le Gouvernement Gizenga à Stanleyville[14].

Ensuite, le registre des symptômes d'instabilité politique et de paralysie institutionnelle conduit inévitablement à considérer la crise politique congolaise de la Première République comme une « crise de gestion du pouvoir ». C'est la deuxième dimension. Elle est lisible au travers d'un manque de consensus sur l'interprétation des normes constitutionnelles et des dispositions relatives à l'exercice et au partage des prérogatives entre les différents pouvoirs politiques de l'État.

La crise gouvernementale et la crise de gestion du pouvoir politique sont en réalité l'interface d'une crise constitutionnelle exacerbée qui s'exprimait par le biais d'une revendication de légitimité pour l'exercice du pouvoir politique sur l'ensemble du territoire congolais entre les différents pôles antagonistes localisés à Léopoldville, Stanleyville, Élisabethville et Bakwanga (les axes de la politique congolaise de la Première République).

Cependant, l'historiographie de la Première République renseigne aussi d'une multiplicité d'initiatives politiques pour éviter la balcalisation définitive du jeune État congolais. Les acteurs politiques congolais avec l'aide de certaines instances étrangères ou internationales (entre autres la Belgique et l'ONU) avaient su mettre au point des mécanismes opérationnels, en vue de la réorganisation de l'armée, le rétablissement de l'ordre public, la restauration de l'intégrité nationale et la remise en marche de l'appareil étatique. Plusieurs outils consensuels et non consensuels pour résorber la crise politique sont à mettre à l'actif et à l'expérience des Congolais : les conférences de Tables — Rondes, la réconciliation de Lovanium et le gouvernement d'union nationale, la commission constitutionnelle de Luluabourg, le recours à l'Homme providentiel (Moise Tshombe) et le gouvernement de salut public et finalement le coup d'État militaire qui mit fin au régime politique de la Première République.

---

[14] « Onze mois de crise politique au Congo. », *Op. Cit.*

III. De la crise politique à la crise du régime de la Première République. Les points d'accolage et grilles d'analyse

Si toutes les thèses formulées sur la crise politique de la Première République partent d'un constat partagé plus qu'évident : un résultat négatif, elles divergent dans le choix et le mode d'analyse des variables ayant conduit à la crise politique et partant, à la fin du régime.

Face à cette interprétation variée, cet ouvrage se propose de revisiter, un demi-siècle après, les arcanes et les méandres de cette crise multiforme. Il interroge l'ensemble du processus politique qui a transité par plusieurs formes de crises politiques (gouvernementale, de légitimité, institutionnelle et constitutionnelle) pour déboucher en une crise de régime.

Cette tâche, objectif de cet ouvrage, pour le moins aisé, consiste d'abord à appréhender le cadre politique et constitutionnel de la première République comme un système en crise, le concept de système étant directement lié à celui d'antagonisme.

Cette approche systémique présuppose de prendre en compte la relation entre les éléments d'un système, l'existence d'une part des forces d'attraction et de connexion entre eux et d'autre part, l'existence de forces de répulsion et de dissociation. Ces derniers ont les forces nécessaires pour maintenir la différence. En conséquence, chaque relation nécessite un principe de complémentarité et d'antagonisme. Chaque système produit induit à un antagonisme. C'est à partir des complémentarités multiples que le système génère restrictions et dominations entre les parties, qui à leur tour créent des antagonismes[15].

Dans cette perspective, pour délimiter les éléments du système, l'ensemble de l'analyse produite s'inspire d'une conception large du terme politique. Ainsi les éléments du système pris en compte, se ramènent à trois niveaux (qui sont aussi les dimensions de notre analyse) :

- Les institutions politiques
- Les acteurs politiques (individuels ou groupes dotés d'instances de décision collective)

[15] Dorna, A et Costa, B. « La crise politique et la perte de cohésion sociale », *les cahiers de psychologie politique*, numéro 26, janvier 2015. http://lodel.irevues.inist.fr/cahierspsychologiepolitique/index.php?id=2940

- Les produits de l'action politique[16]. Sous cet angle, le fait politique est conçu comme tout événement perceptible dont on rattache l'origine et l'aboutissement à l'activité politique. Il s'en déduit que nos analyses cibleront essentiellement les « faits et relations politiques » qui ont produit, alimenté et le cas échéant, exacerbé cette crise de gestion du pouvoir.

Cet exercice nous conduit à couvrir les faits institutionnels et les faits non institutionnels. Or, les faits politiques, comme on le voit, peuvent se diviser en deux classes : d'une part les règles et les institutions, d'autre part les faits stricto sensu. Les règles sont des dispositions relatives à la conduite humaine ; les institutions sont des complexes de règles créant un agencement durable ou bien cet agencement lui-même. Les faits proprement dits sont les événements historiques, les actes, les idées, les sentiments, les situations qui s'établissent spontanément. Suivant ce schéma, nous coïncidons avec Louise Poudrier [17]qui s'alignant avec le professeur Charles Eisenmann affirme que :

> « *Règles et institutions politiques apparaissent, par rapport aux faits politiques, comme des cadres, des formes stables ; les faits politiques apparaissent, inversement, comme une matière fluide et changeante qui s'écoule dans ces cadres ou autour d'eux* ».

Partant de ces éléments, l'ouvrage pose donc une double question de savoir si cette instabilité politique trouve son origine dans l'agencement constitutionnel des structures politiques instituées par les dispositions de la Loi Fondamentale de 19 mai et de la Constitution de Luluabourg (Droit constitutionnel) ou faut-il la situer au compte de la « dynamique » du pouvoir (réel ou supposé) des parties prenantes (*stakeholders power*) et acteurs du « système » qui concouraient à l'exercice du pouvoir politique sous la Première République ?

De ce qui précède, il s'ensuit que nous avons opéré le choix de combiner deux grilles d'analyses : d'une part l'exégèse constitutionnelle comme cadre descriptif des conditionnements

---

[16] Balandier G. « Réflexions sur le fait politique: le cas des sociétés africaines », *Cahiers internationaux de sociologie*, vol. 37, juillet-décembre 1964, pp. 23-50. Paris : Les Presses universitaires de France.

[17] Poudrier L. « Sur l'objet et la méthode des sciences politiques », *Les Cahiers de droit*, vol. 5, n° 2, 1963, p. 77-80.

d'ordre juridico-constitutionnel (formelles) et d'autre part, l'analyse du pouvoir des parties prenantes (*stakeholders*) et acteurs politiques, comme cadre exploratoire (d'ordre politique) des intérêts, rôles potentiels et des contextes d'interaction entre les parties prenantes dans le processus politique réel : processus d'obtention, mode d'exercice et de contrôle du pouvoir politique.

L'approche du pouvoir des parties prenantes s'inspire de « l'explication politique » développée par le courant sociologique interactionniste de Raymond Boudon[18] qui, contrairement aux approches qui prennent la société comme un système global et organique, dans lequel chaque individu ou groupe joue un rôle déterminé comme point de départ de l'analyse. Nos analyses sont tributaires d'une approche libérale, inspirée par les travaux de l'École sociologique de Chicago et de la sociologie wébérienne qui considèrent que l'individu est un acteur autonome (non atomique) qui poursuit ses fins personnelles en raison de sa logique propre ou de ses intérêts privés. Dans cette optique, l'activité spécifique de chaque individu est perçue comme le produit du calcul rationnel. Le système social est compris comme le résultat aléatoire des transactions sociales dépourvues de principe d'unité en soi. Ainsi, le sens de l'action sociale est-il déduit des logiques individuelles, lesquelles sont variables selon le rapport coût/avantage[19].

En prolongement de ces deux grilles d'analyse, l'ouvrage essaie d'appréhender la dynamique, les interactions et l'influence des puissances étrangères dans le cours des événements politiques, le développement de cette « congolisation ». Sur cette base, il approfondit dans une troisième piste d'analyse de l'agonie de la Première République : les conditionnements de la politique étrangère pour le Congo de deux instances impliquées dans la crise congolaise : la Belgique et les Nations Unies.

Ainsi, notre approche méthodologique apparaît essentiellement explicative. Elle va au-delà des aspects descriptifs et corrélatifs des événements politiques saillants de la première législature. Elle s'efforce donc de trouver les causes de ces événements politiques en retraçant les conditions contextuelles dans lesquelles ils se sont produits et développés, tout en identifiant non seulement les acteurs,

---

[18] Voir Ayekotan Assogba Y. *La sociologie de Raymond Boudon: essai de synthèse et applications de l'individualisme méthodologique*, Presses Université Laval, 1999

[19] Louis-Naud P. *Introduction à la science politique*, UE 2/Découverte des Sciences humaines, Université Victor Segalen — Bordeaux 2. Année universitaire 2003-2004

mais aussi les variables juridiques, politiques et institutionnelles qui participent à l'émergence et au développement desdits événements (analyse des conditionnements).

CHAPITRE 1

Essai de caractérisation du régime constitutionnel de la Loi Fondamentale du 19 mai 1960

La Loi Fondamentale (LF), promulguée conformément à la procédure législative belge sur la base des résolutions de la Conférence de la Table Ronde (du 20 janvier au 20 février 1960), avait consacré des structures binaires à trois niveaux : un État fédéral (non déclaré), un pouvoir législatif bicaméral et un pouvoir exécutif bicéphale. Ces structures, produits d'un mimétisme constitutionnel, ne tardèrent pas à faire exploser les germes de conflictualités qui étaient inhérents à leur complexité et accélèrent la dislocation de tout l'appareil de l'État[20].

Une large littérature juridique s'est consacrée à l'étude du régime politique de la Loi Fondamentale. Une bonne partie et presque majoritaire de la doctrine n'a pas hésité à qualifier ce régime de « transposition du régime parlementaire belge ». Aussi, croit-elle qu'au cours des débats de la Table Ronde de Bruxelles sur le régime politique de l'État (résolution n° 11) l'argument principal qui a fait pencher la balance en faveur de la tradition européenne est la confiance qu'inspirait aux Congolais le fonctionnement du régime belge, le régime de la métropole s'étant révélé être doté d'un prestige

[20] Depuis la crise de juillet 1960 jusqu'à la promulgation de la Constitution de Luluabourg, le 1er août 1964, la vie politique congolaise tournait autour de la recherche d'une solution définitive à la crise que tous les protagonistes congolais taxaient d'institutionnelle. Ainsi, La Conférence de Tananarive de mars 1961 initiait un long processus préconstitutionnel, passant par les travaux parlementaires qui aboutirent à la Commission Constitutionnelle qui siégeait à Luluabourg.

assez inattendu, même auprès de certains leaders congolais non suspects de complaisance à l'égard de la nation colonisatrice[21].

Le régime politique de la LF était-il parlementaire ? II s'agit là d'une question essentielle à aborder avant de coller un quelconque autre adjectif supplémentaire. Quelles en sont alors les bases par rapport à la théorie générale de la Constitution ?

L'organisation et l'exercice du pouvoir politique sont les deux aspects déterminants sur lesquels s'appuie la théorie de la Constitution pour définir un régime politique donné. Elle analyse donc la forme de distribution du pouvoir politique entre les organes supérieurs de l'État ainsi que le type des relations constitutionnelles qu'ils entretiennent dans le processus de la formation de la volonté de l'État. Dans ce sens, les relations et moyens d'action et de contrôle réciproques entre le Parlement et le Gouvernement constituent une référence basique pour définir les régimes constitutionnels[22].

Le Gouvernement parlementaire repose sur le principe de la séparation juridique du pouvoir législatif et du pouvoir exécutif qui sont conférés à des titulaires distincts et indépendants. Se référant à la théorie de la séparation des pouvoirs, le professeur Adhémar Esmein considère que le Gouvernement parlementaire atténue la séparation de deux pouvoirs (exécutif et législatif), mais la maintient cependant. Cela résulte d'abord de ce qu'il comporte un chef du pouvoir exécutif (roi ou président) inamovible. Alors même qu'il est nommé par le corps législatif, il ne peut être révoqué par lui, et cela suffit pour lui assurer en droit l'indépendance qu'exige le principe de séparation des pouvoirs[23]. Son intervention, sa signature est exigée pour chacun des actes qui constituent l'exercice du pouvoir exécutif. Cependant tous les actes du pouvoir exécutif doivent être préalablement délibérés et décidés en conseil des ministres, statuant en corps et comme conseil délibérant.

Dans ce régime, le titulaire du pouvoir exécutif a bien le droit formel et apparent de nommer et de révoquer ses ministres. À ce sujet le professeur Esmein reconnaît que ce pouvoir effectif de choix est singulièrement restreint par une série de règles et conditions qui

---

[21] Perin F. *Les institutions politiques du Congo indépendant au 30 juin 1960*, Institut Politique congolais, Léopoldville, 1960, p, 28

[22] Loweinstein K. *Op. Cit*, p.91 et aussi Viga P *Diritto costituzionale*, 3ème Ed, Edizioni Universitaire, Palermo, 1955, p 85-86. Viga P. Op Cit, p. 86

[23] Esmein A. *Éléments de Droit constitutionnel français et comparé*, éditions Panthéon Assas, Paris, 2001, p. 484

constituent l'essence même du Gouvernement parlementaire. Il en cite trois règles principales :

1. Les ministres doivent être pris dans le parti qui réunit la majorité au sein du Parlement, ou tout au moins dans la chambre populaire, dans la chambre des députés, lorsqu'il y a deux. C'est une conséquence nécessaire de ce qu'ils sont responsables de tous leurs actes devant cette chambre.
2. Le cabinet doit être homogène, puisqu'il agit comme corps décidant en conseil les actes gouvernementaux ; il faut qu'entre ses membres existe une unité de vues pour qu'il puisse imprimer au Gouvernement une direction ferme et sûre.
3. Les ministres sont politiquement et solidairement responsables de la politique du Gouvernement devant les chambres.

Comme on peut le voir, le Gouvernement parlementaire est une remise en cause du principe de séparation tranchée des pouvoirs exécutif et législatif, tel que conçu par Montesquieu.

Certains auteurs admettent la confusion entre le pouvoir législatif et le pouvoir exécutif qui serait l'émanation du premier, justifiant le régime parlementaire dans le principe de la souveraineté populaire et considérant que la souveraineté appartient au peuple et que celui-ci ne s'exprime que par la voie de l'élection de ses députés. Cette doctrine conclut, par conséquent, que l'Assemblée est l'incarnation du peuple et a le monopole de l'expression de la volonté du souverain. Le Gouvernement pour sa part, n'a d'autre titre à conduire la politique du pays que celui que lui confère la confiance du Parlement. Dès lors, il est politiquement inconcevable qu'il puisse s'opposer à l'Assemblée ou même se permettre de faire pression sur elle. Étant révocable par elle à tout moment, sa position par rapport à elle ne peut être que celle d'un subordonné. Le cabinet est le mandataire de l'Assemblée dans la fonction d'exécution des lois. Il se présente comme une émanation du Parlement, un comité composé des Parlementaires et chargé de la fonction exécutive[24].

En dehors de cette polémique doctrinale de séparation ou confusion entre le pouvoir exécutif et législatif, pour définir le régime parlementaire, une large majorité s'accorde à considérer, comme complément aux critères des techniques de contrôle interorganiques entre le pouvoir législatif et le pouvoir exécutif, la notion de la relation

[24] Chantebout B. *Droit constitutionnel*, Armand Colin, 20e Édition, 2003, p 234.

de confiance et responsabilité existant entre le Parlement et le Gouvernement.

Tout régime parlementaire peut être défini comme un régime dans lequel le Gouvernement doit disposer à tout moment de la confiance de la majorité parlementaire. C'est là l'élément de base à partir duquel s'expliquent tous les mécanismes du régime[25]. La notion de responsabilité implique que le titulaire d'un organe contrôlé doit jouir de la confiance de l'organe contrôlant et partant, il doit rendre compte de son travail et doit être soumis à des sanctions s'il s'avère qu'il a dévié de l'orientation politique fixée. Il sied aussi de préciser que dans tout système politique démocratique, il existe au moins un organe irresponsable, qui exerce un contrôle sur les autres sans pour autant être contrôlé à son tour. Il s'agit du corps électoral et/ou du monarque[26].

Suivant les critères élaborés par le Professeur Jorge de Esteban, nous pouvons retenir deux points essentiels qui conforment un régime politique comme régime parlementaire : d'une part, l'intervention parlementaire dans la désignation du Premier ministre et les moyens dont dispose le Parlement pour avoir l'information ainsi que le contrôle sur le Gouvernement, d'autre part.

La fonction de désignation de la personne appelée à animer l'institution Gouvernement est sans doute la plus décisive, sinon essentielle, dans les régimes parlementaires. Elle obéit à l'aspect fondamental de contrôle du Parlement à travers le critère « d'orientation politique ». En effet, le concept d'orientation politique est un type de contrôle qui s'exerce sur les titulaires ou les animateurs d'un organe politique de l'État. Il consiste principalement dans le recrutement et la désignation ou, à l'opposé, la révocation, des personnes appelées à animer un pouvoir d'État. En vertu de ce pouvoir de désignation, l'organe constitutionnel qui contrôle nomme pour l'organe contrôlé, la personne qui doit suivre la même orientation politique ; il convertit donc l'organe contrôlé en un produit à lui (le créateur entraîne la créature), et par ce même moyen de contrôle, il peut destituer le titulaire de l'organe contrôlé, s'il ne suit pas l'orientation politique fixée[27].

---

[25] Pactet P. *Institutions politiques et Droit constitutionnel*, Armand Colin, Paris, 1999, p 144.

[26] Viga P. *Op Cit*, p. 86

[27] Viga P. *Op. Cit*, p 85

Il convient de préciser qu'il existe deux possibilités d'intervention parlementaire. D'une part, les prescriptions constitutionnelles peuvent prévoir seulement la désignation du Premier ministre sur la base de son « Programme de gouvernement » et celui-ci est libre de choisir son équipe de ministres sans que le Parlement puisse statuer sur la convenance de tel ou tel ministre (le cas espagnol). D'autre part, il peut s'agir de la désignation et l'approbation de toute l'équipe gouvernementale par le pouvoir législatif.

Le contrôle parlementaire vise essentiellement trois aspects : vérifier l'accomplissement de la Constitution et des lois de la République, vérifier leur ajustement au programme de la majorité parlementaire et amener le Gouvernement à rectifier ses orientations si on constate une certaine déviation.

Par ailleurs, la doctrine distingue trois modalités principales des régimes parlementaires[28] :

- Le régime parlementaire dualiste et le régime parlementaire moniste
- Le régime parlementaire bipartite et le régime parlementaire multipartiste
- Le régime parlementaire inorganisé et le régime parlementaire rationalisé

Ainsi, conformément à ces critères de la doctrine, le régime politique de la Loi Fondamentale entrerait dans la catégorie du régime parlementaire pur (dualiste). En effet, dans cette catégorie :

- Le corps électoral est irresponsable, il exerce un contrôle primaire (recrutement) sur le Parlement : élection des membres du Sénat (Art. 87 LF et des membres de la Chambre des représentants (Art.84 LF).
- Le Parlement élit le chef de l'État qui est irresponsable (Art.20 LF — suffrage universel indirect) conformément à l'article 12 de la LF qui stipule : « la désignation du chef de l'État est acquise à la majorité des deux tiers de tous les membres qui composent les deux Chambres réunies », situation similaire à la monarchie constitutionnelle en considération du fait que le monarque n'est pas élu et il est aussi irresponsable.
- Le chef de l'État désigne les membres du Gouvernement en tenant compte de l'orientation politique de la majorité

[28] Voir par exemple Pactet P. *Op. Cit*, p. 146 et suivantes.

parlementaire. (Art. 22 LF) et exerce un contrôle imparfait (secondaire) sur le Gouvernement (promulgation, refus de signer-Art. 28. – Art. 36 alinéas 3) puisque seul le Parlement peut révoquer (par la motion de défiance — Art. 43).

- Obligation de démissionner en cas de motion de défiance (Art.44)
- Le pouvoir exécutif peut provoquer la dissolution du Parlement (Art. 32 : le chef de l'État a le droit de dissoudre les chambres conformément aux Arts. 71 et 72.

Dans ce cas le Gouvernement exerce un contrôle primaire imparfait qui compense le contrôle primaire imparfait que le Parlement exerce sur lui.

C'est sûrement compte tenu de tous ces éléments que le professeur Périn a pu conclure que « la table ronde a opté pour un régime de type parlementaire, fondé sur l'élection d'une chambre au suffrage universel dont la clé de voûte devait être un chef d'État irresponsable ».

Depuis la crise de juillet 1960 jusqu'à la promulgation de la Constitution de Luluabourg, le 1er août 1964, la vie politique congolaise tournait autour de la recherche d'une solution définitive à la crise que tous les protagonistes congolais taxaient d'institutionnelle. Ainsi, La Conférence de Tananarive de mars 1961 initiait un long processus préconstitutionnel, passant par les travaux parlementaires qui aboutirent à la Commission Constitutionnelle qui siégeait à Luluabourg.

CHAPITRE 2

Essai de caractérisation du régime institué par la Constitution de Luluabourg

La nouvelle Constitution, élaborée par une Commission constitutionnelle qui siégeait à Luluabourg (actuelle ville de Kananga) et adoptée par referendum populaire le 1er août 1964, était le résultat de longues années de tractations. Elle avait le mérite de régler, du moins théoriquement, les problèmes de conflits de compétences et la difficile applicabilité des mécanismes institutionnels de la Loi Fondamentale du 19 mai sur les structures du Congo.

Comme dans le cas de la LF, il existe une controverse dans la doctrine quant à la caractérisation du régime politique et de la forme de l'État institués dans la Constitution de Luluabourg. Pour une bonne partie de la doctrine, il s'agissait d'un régime présidentiel et d'un État fédéral tandis que pour d'autres, il s'agissait déjà de l'amorce d'un régime typique du présidentialisme africain et d'un État unitaire complexe.

Ici, nous nous proposons de recentrer le débat, car une caractérisation précise de ce régime suppose une maîtrise des orientations politiques, qui sont les indicateurs fiables du régime politique institué par la Constitution de Luluabourg. Il nous parait important d'exposer les faits politiques majeurs et d'analyser ainsi leur portée et incidence dans la nouvelle configuration constitutionnelle. En fait il s'agit d'analyser le processus politique, essentiellement réduit à un bras de fer entre le chef de l'État et l'institution parlementaire, qui s'est progressivement déroulé autour de ce qu'il convient d'appeler « processus constituant de Luluabourg ». D'emblée, il faut rappeler que depuis la crise gouvernementale de juillet 1960 jusqu'à la promulgation de la Constitution de Luluabourg, le 1er août 1964, la vie politique congolaise tournait autour de la recherche d'une solution définitive à la crise que tous les protagonistes congolais taxaient d'institutionnelle. Ainsi, La Conférence de Tananarive de mars 1961, initiait un long processus préconstitutionnel, qui aboutit à la Commission constitutionnelle qui siégeait à Luluabourg.

Ce point s'intéressera au processus politique de la constituante de Luluabourg et approfondira le débat théorique autour du régime politique issu de cette Constitution.

2.1. Le processus politique de la constituante de Luluabourg

L'étude des éléments et faits politiques qui ont emmaillé l'iter de la nouvelle Constitution nous permettra d'appréhender les facteurs qui ont déterminé et conditionné, d'entrée de jeu, la position institutionnelle du Parlement et le cadre de l'exercice du pouvoir législatif dans la nouvelle configuration constitutionnelle.

La Loi Fondamentale du 19 mai 1960 relative aux structures du Congo reconnaissait sans ambages son caractère provisoire, raison pour laquelle les articles de la section IV du chapitre III régulaient l'élaboration de la nouvelle Constitution.

Sur le plan de l'exégèse, le pouvoir constituant, comme dans le cas de la législation ordinaire, correspondait au chef de l'État, à la Chambre des Représentants et au Sénat conformément aux stipulations de l'Art 4, contenues dans les dispositions préliminaires de la LF.

La procédure d'élaboration de la Constitution était organisée à partir des Art.98 à 105. Le quorum pour la délibération de la nouvelle Constitution était fixé à deux tiers au moins des membres qui composent chacune des chambres et chaque disposition devait être adoptée avec au moins deux tiers des suffrages.

Aucune disposition de ratification populaire n'était prévue. Cependant, l'Art. 100 conditionnait son entrée en vigueur à la ratification par les Assemblées provinciales, avec un quorum de deux tiers au moins de ses membres effectifs pour chacune des Assemblées. Selon l'esprit de cette double formulation, la nouvelle Constitution devait être élaborée et adoptée par les pouvoirs législatifs nationaux et provinciaux en association avec le chef de l'État, agissant par voie d'initiative[29].

Ces énoncés constitutionnels relatifs au pouvoir constituant nous conduisent à poser la question de la nature de ce pouvoir constituant. La Loi Fondamentale du 19 mai avait-elle organisé un pouvoir constituant (authentique et originaire) ou s'agissait-il d'un pouvoir de révision ? Cette question qui n'a pas encore attiré l'attention des constitutionnalistes congolais nous parait importante, car sa réponse nous permettra de confirmer une fois de plus la thèse du complot belge contre les institutions du jeune État congolais[30].

2.2. LE POUVOIR CONSTITUANT DE LA LOI FONDAMENTALE DU 19 MAI 1960 VERSUS À LA THÉORIE CONSTITUTIONNELLE

L'opération constituante originaire intervient le plus souvent lors de la fondation de l'État. Elle couronne le transfert du pouvoir politique à l'entité nouvellement créée. C'est dans ce sens que le Professeur Chantebout affirme que l'État se présente comme l'institutionnalisation du pouvoir politique. Cette institutionnalisation ne peut être le fait que des détenteurs initiaux du pouvoir. Ce sont eux, et eux seuls, qui peuvent transférer le pouvoir qu'ils détiennent, de leurs personnes à l'entité juridique que constitue l'État, et qu'ils créent à cette fin. Ce sont eux aussi qui, créateurs de l'État, décideront de son statut et établiront par conséquent sa Constitution. Ils disposent du pouvoir constituant originaire[31]. Dans le cas qui nous concerne, le Royaume de Belgique, pays colonisateur du Congo, au moment d'abdiquer ses prérogatives fonde lui-même le nouvel État en lui donnant une Constitution. C'est d'ailleurs ce qui ressort de l'Art. 6 de la LF qui stipulait que le Congo constitue, dans ses frontières actuelles, un État indivisible et démocratique.

La doctrine situe la problématique du pouvoir constituant au confluent de deux principes fondamentaux qui sont en même temps les piliers de la construction théorique de l'État constitutionnel moderne : le principe politico-démocratique de la souveraineté

[29] Ngoy-Ndouba K. *Op. Cit*, p. 186
[30] Voir la thèse développée dans le chapitre 16 de ce travail.
[31] Chantebout B. *Op. Cit*, p.28

populaire d'une part, et du principe juridique de la suprématie constitutionnelle, d'autre part[32].

Ainsi conformément au principe de la souveraineté populaire, il appartient au peuple en tant que titulaire unique de la souveraineté au sein de l'État, l'exercice indiscutable du pouvoir constituant. Ce pouvoir implique la faculté de dicter et d'adopter la Constitution. Pour sa part, le principe de suprématie constitutionnelle établit, comme conséquence de la scission entre gouvernants et gouvernée au sein d'une démocratie représentative, que la Constitution est la *lex superior* qui astreint avec la même force, les gouvernants et les gouvernés.

Ces deux principes ainsi énoncés sont antagonistes tant dans leur formulation que dans leur contenu. Leur stricte mise en pratique conduit à des conséquences irréconciliables. Ainsi la technique de révision constitutionnelle a été conçue pour intégrer la contradiction. À travers cette technique, il est établi une procédure plus ou moins aggravée et difficile pour modifier la Constitution que celle qui est suivie pour la modification des lois ordinaires. Le pouvoir de révision est un pouvoir constituant institué que le professeur de Vega définit comme un pouvoir spécial entre le pouvoir constituant originaire et le pouvoir constitué ordinaire[33]. Dans la doctrine, cette technique repose sur deux postulats :

En premier lieu, l'affirmation indubitable des facultés souveraines du pouvoir constituant comme pouvoir antérieur, illimité et sans contrôle, qui, à tout moment a le droit de revoir et de changer la Constitution. La théorie constitutionnelle reconnaît la paternité de ce postulat à Sieyès, qui dans son exposé raisonné déclarait que les pouvoirs constitués ne peuvent pas changer la Constitution, le pouvoir constituant peut tout dans cet ordre.

En second lieu, la reconnaissance du fait, en vertu duquel, le pouvoir constituant, dans l'exercice de ces pouvoirs souverains, de la même manière qu'il organise les attributions et les compétences des pouvoirs constitués, peut créer une procédure et un pouvoir spécial (le pouvoir de révision) capable d'ordonner et de réguler les transformations futures de l'ordre juridique fondamental.

De ces deux postulats, il découle une distinction claire et nette entre le pouvoir constituant et le pouvoir de révision, qui comme pouvoir souverain, antérieur et total peut à tout moment modifier, transformer

---

[32] De Vega P. *la reforma constitutional y la problematica del poder constituyente*, editorial Tecnos, Madrid, 1988, p 15 et suivantes

[33] Idem, p 22.

ou même détruire l'ordre constitutionnel. Cependant, cette opération sera faite dans l'exercice de ses attributions souveraines, agissant comme *res facti, non iuris*. Il ne sera jamais un pouvoir juridique et limité. Au contraire, le pouvoir de révision, dans la mesure où il apparaît organisé dans la Constitution, est un pouvoir limité. L'activité de révision ne peut pas être une activité souveraine. De là la différence entre l'action légale et l'action révolutionnaire.

D'après ces considérations doctrinales, nous pouvons conclure que la Loi Fondamentale avait opté pour la solution classique qui consiste à considérer le pouvoir de révision comme pouvoir constituant (Art.3 LF). Ici n'est pas le lieu pour développer des critiques autour de cette option, notre prétention ayant été celle d'épingler la nature du pouvoir constituant de la LF.

2.3. Amorce d'un débat théorique sur le régime politique issu de la Constitution de Luluabourg

La définition de la nature du régime politique issu de la Constitution de Luluabourg a mis aux prises deux thèses antagonistes. La première est celle qui ressort directement des conclusions faites et publiées par les membres de la Commission constitutionnelle[34]. Elle qualifie ce régime politique de présidentiel. La seconde, s'éloignant des critères classiques de définition, approfondit ses analyses dans les spécificités apportées par ce régime par rapport aux notions classiques, et catégorise ce régime comme l'amorce d'un régime présidentialiste de type africain[35].

Comme pour le cas de la LF, nous nous proposons de recentrer le débat et de dégager avec précision des éléments caractérisateurs du régime politique institué par la Constitution de Luluabourg. Pour ce faire, nous aborderons la question d'un triple point de vue : Le premier point présentera la synthèse des éléments fondamentaux du régime présidentiel dans la théorie constitutionnelle. Le second point confrontera les éléments fondamentaux du régime de Luluabourg par rapport à la théorie constitutionnelle, tandis que le dernier, en guise de

---

[34] Lihau M. *Mémoire explicatif de la Constitution du 1er août 1964, Moniteur congolais*, 6e année, n° spécial du 5 octobre 1965, et Promontorio V, *les institutions dans la Constitution congolaise*, Concordia, Léopoldville, 1965

[35] Kabongo Ilunga, AR et al. "Le projet de Constitution de Luluabourg », *études congolaises*, Vol VI/5, mai 1964, p1-77.

conclusion, aura pour objet d'épingler les déviations et les spécificités apportées par cette Constitution.

2.3.1. Synthèse des éléments fondamentaux du régime présidentiel dans la théorie constitutionnelle

Le régime présidentiel, dont l'archétype est le système des États — Unis d'Amérique, consiste en une application rigoureuse de la théorie de séparation des pouvoirs telle que professée par Montesquieu. Il s'agit d'un régime politique profondément soucieux de l'équilibre et de l'indépendance réciproque entre le pouvoir exécutif et le pouvoir législatif. Cette indépendance est fondée dans leur certitude, pour chaque pouvoir d'État, de demeurer en fonction jusqu'à l'expiration de son mandat.

Selon les critères de définition retenus par Pierre Pactet, le régime présidentiel se réduit à deux éléments essentiels[36]:

Le monocéphalisme exécutif et l'autorité du Président. En régime présidentiel, le pouvoir exécutif est concentré entre les mains du Président, qui dispose d'une autorité considérable que doit justifier son caractère largement représentatif. Il exerce pleinement le pouvoir exécutif, soit directement, soit par l'intermédiaire de ses ministres. Ce monocéphalisme circonscrit donc le choix et le rôle des ministres. En effet, ceux-ci sont des agents du pouvoir exécutif avec lequel ils font corps[37]. Par voie de conséquences, les ministres, comme le titulaire du pouvoir exécutif lui-même, n'ont pas libre accès au corps législatif. De plus, les ministres, s'ils n'ont aucune action sur le corps législatif, ne dépendent en rien de celui-ci. Il ne peut ni les blâmer ni les renverser. Il n'a aucune prise sur eux tant qu'il ne peut pas les mettre en accusation à proprement parler. Les ministres ne dépendent politiquement que du titulaire du pouvoir exécutif. II est clair que le Président, doté de pouvoirs aussi considérables, doit trouver dans une élection, à une large majorité, l'assise qui lui est indispensable.

C'est pourquoi, en régime présidentiel, le Président est normalement élu au suffrage universel direct ou quasi direct. On peut aussi concevoir une élection par un collège de grands électeurs, encore que le procédé soit moins démocratique. Mais de toute manière, il est certain que l'élection doit se faire sur une base excédant largement le

---

[36] Pactet P. *Op cit*, p 150.
[37] Voir par exemple l'article 5 de la Constitution des États-Unis.

cadre restreint des Assemblées parlementaires, afin que le Président, puisqu'il est chargé de conduire la politique de la nation, puisse légitimement prétendre à la qualité d'organe représentatif de celle-ci, choisit les ministres, les conserve ou les révoque à son gré. Ils sont simplement ses agents, chacun dans le département qui lui est confié et en dehors des affaires propres à ce département ; il ne les associe que dans la mesure qui lui convient à sa politique générale. Les ministres ne forment pas un gouvernement, c'est-à-dire un organe collégial et solidaire, ayant des tâches et une responsabilité propres. Chacun d'eux est chargé de mettre en œuvre la politique du Président, qui peut toujours mettre fin aux fonctions d'un ministre s'il l'estime nécessaire.

L'indépendance réciproque du Président et des Assemblées. Le propre du régime présidentiel est que les organes exécutifs, c'est-à-dire le Président et ses ministres, dispose pleinement du pouvoir exécutif et que les organes législatifs, c'est-à-dire les Assemblées, disposent pleinement du pouvoir législatif, les uns et les autres pour toute la durée de leurs mandats respectifs.

Il s'ensuit que le pouvoir exécutif n'est point parti à la législation. La législation appartient tout entière et exclusivement au pouvoir législatif. Il en résulte que le pouvoir exécutif n'a pas l'initiative des lois. Celles-ci ne peuvent émaner que du corps législatif lui-même.

Par ailleurs, le même principe qui fait refuser au pouvoir exécutif l'initiative des lois devrait lui denier aussi toute action sur les lois votées par le Corps législatif. Tout droit de veto accordé à l'exécutif parait absolument contraire au principe de la séparation des pouvoirs. Le veto du Président des États-Unis est tout à fait différent. S'il refuse de promulguer la loi votée, celle-ci revient devant les dcux chambres du Congrès, qui peuvent la délibérer à nouveau ; si elle réunit dans chaque Chambre du Congrès les deux tiers des voix, le Président est obligé de la promulguer[38].

Mais dans ce système, le veto est la seule prise qu'ait le pouvoir exécutif sur le législatif. On ne pourrait songer à lui donner le droit de dissoudre la Chambre des députés, le pouvoir exécutif n'a pas non plus le droit d'ouvrir ou de clore à son gré les sessions du corps législatif.

De ces deux critères découlent aussi deux conséquences importantes du point de vue doctrinal : la première est qu'un organe

[38] Art. 1, Section 7 de la Constitution des États-Unis.

ne doit, en principe, jamais interférer dans l'exercice des fonctions dévolues à l'autre : le Président ne peut participer à la fonction législative, les Assemblées ne peuvent intervenir dans le fonctionnement de l'exécutif. La seconde est qu'un organe ne doit jamais pouvoir exercer des pressions sur l'autre et encore moins agir à son encontre : le Président ne dispose donc du pouvoir de prononcer la dissolution des chambres, mais celles-ci ne peuvent de leur côté, mettre en cause la responsabilité du Président.

Ces considérations nous amènent à conclure que réellement, l'objectif recherché par le système du régime présidentiel est un système d'équilibre institutionnel. Tous les pouvoirs d'État étant alignés horizontalement, les mécanismes de contrôle interorganique arrivent à assurer le poids et le contrepoids de chaque pouvoir sur un autre (*checks and balances*). Qu'en était-il de la Constitution de Luluabourg ? C'est la question que nous abordons dans la sous-section suivante.

2.3.2. Les éléments fondamentaux du régime de Luluabourg par rapport à la théorie constitutionnelle

Comme nous l'avons dit précédemment, la Constitution de Luluabourg ne peut être analysée isolément. Elle doit toujours être connectée à la Loi Fondamentale car elle est une réaction à celle — ci et constitue une solution aux problèmes institutionnels posés dans la pratique de la LF. Ainsi, dans la doctrine congolaise, l'approche comparative des deux Constitutions a toujours prévalu dans le traitement de la nature du régime de Luluabourg.

La thèse officielle, présentée par M. Lihau, Secrétaire général de la Commission constitutionnelle concluait que le régime politique mis en place par la Constitution de Luluabourg était présidentiel. Cette thèse articulait ses éléments essentiels autour de deux critères : l'autonomie acquise du pouvoir exécutif vis-à-vis du pouvoir législatif et le régime de responsabilité politique des membres du Gouvernement. En effet, le pouvoir exécutif central qui comprend le président de la République et le Gouvernement central était organisé par les Arts. 54 à 73 :

- Le chef de L'État par sa personne et sa fonction représente la nation.
- Il est le chef de l'exécutif central
- Il détermine et conduit la politique de l'État.

- Il fixe le cadre de l'action du Gouvernement, veille à son application et informe le Parlement de son évolution.

Ce régime de l'autonomie du pouvoir exécutif était assuré sur deux points essentiels : l'élargissement de la base électorale du chef de l'État, détenteur exclusif du pouvoir exécutif d'une part, et le régime de responsabilité des membres de l'exécutif d'autre part.

Ainsi, contrairement à la LF, le chef de l'État était élu, non plus par les 2 chambres réunies en congrès, mais plus tôt (conformément à l'Art. 56), par un corps électoral qui comprenait le Parlement, les délégués de la ville de Léopoldville et les membres des Assemblées provinciales. Il était élu pour un mandat de 5 ans qui expirait 6 mois après la législature. La philosophie qui fonde la conception de ce type d'élection est que le chef de l'État étant doté des pouvoirs exorbitants et d'une autorité considérable se doit de justifier son caractère représentatif, et partant, l'élection doit se faire sur une base excédant largement le cadre restreint des Assemblées parlementaires, afin que le Président, puisqu'il est chargé de conduire la politique de la nation, puisse légitimement prétendre à la qualité d'organe représentatif de celle-ci[39].

Aussi, le régime de responsabilité politique des membres de l'exécutif central consacrait-il cette autonomie. En effet, conformément à l'Art. 62, le Président de la République nomme le Premier ministre et les autres membres du Gouvernement central. Il n'est tenu à respecter aucun critère, quitte à faire prévaloir son autorité devant le Parlement. Il met fin s'il en décide ainsi à la fonction du Premier ministre et des membres du Gouvernement (en cas de démission ou de sa propre initiative). Le Premier ministre et les autres membres du Gouvernement n'ont de compte à rendre à personne sinon au Président de la République devant qui ils sont respectivement responsables (Art. 69). En ce qui concerne la responsabilité politique des membres du Gouvernement, les chambres ne pourront plus émettre de vote de défiance ou de censure à l'égard du Gouvernement fédéral ou de ses membres. Les ministres seront politiquement responsables, aussi bien individuellement que collectivement devant le chef de l'État qui les nomme et les révoque[40].

[39] Pactet P. *Op Cit*, p. 150

[40] Lihau, M. *Op. Cit*, p.5

De plus, les éléments contenus dans le régime de contrôle et de collaboration ne font que consolider, selon le rapport de la Commission Lihau, la thèse d'un régime présidentiel. Il s'agit notamment de l'approbation de l'acte de nomination de l'équipe gouvernementale et le vote du budget.

En effet, conformément à l'Art. 66, le Gouvernement est proposé au Parlement par le Président de la République dans les 30 jours de sa Constitution si le Parlement était en vacance, dans les 30 jours de sa réunion. Le Parlement se réunit en Congrès pour approuver l'acte de nomination des membres du Gouvernement. Si le Congrès refuse, le Gouvernement est démissionnaire et le Président désigne à nouveau un Premier ministre qui compose un autre gouvernement pour approbation. Le Premier ministre n'est pas nécessairement une autre personne que celle qui avait été désignée antérieurement. Le texte dit « à nouveau » et non pas un nouveau. Toute modification dans une équipe ministérielle oblige le nouveau membre à demander l'approbation non du Congrès national, mais uniquement de la Chambre des députés[41].

Cette approbation a tout au plus valeur de formalité et d'enregistrement (elle est donc inutile). La Constitution n'a pas prévu le droit de refus pour la Chambre des députés. Il s'agit à notre avis d'une caricature du système des États-Unis. Il s'assimile au contrôle du Sénat américain sur le choix des personnes : les postes des fonctionnaires fédéraux (quelques 60 000 emplois), qui ne peuvent être crées que par une loi, ne peuvent, à moins que la loi n'en dispose autrement, être pourvus de titulaires qu'avec l'avis et le consentement du Sénat[42], les secrétaires d'État étant considérés comme des fonctionnaires fédéraux.

Concernant le vote du budget, il s'agit là d'un moyen de contrôle sur l'activité exécutive. Les Chambres seules peuvent autoriser les recettes et les dépenses, limiter par-là les moyens mis à la disposition du Président et de son équipe et affecter ces moyens à l'usage qui leur convient. C'est ce qui ressort de l'Art. 91. Le Parlement vote les projets de loi budgétaire après que ceux-ci aient été soumis pour avis au Conseil de Législation. Le Gouvernement central est tenu de déposer au plus tard à la session de septembre. Cependant, au cas où le Parlement n'aurait pas voté avant l'ouverture de l'exercice, un décret-

---

[41] Promontorio V. *Op Cit.* p.21

[42] Chantebout B. *Op Cit*, p 110

loi peut imposer les dispositions budgétaires. De plus, si le projet de loi budgétaire d'un exercice n'est pas déposé en temps utile pour être promulgué avant le début de l'exercice, le Président de la République demande au Parlement les crédits provisoires nécessaires. Si dans les 15 jours de la demande, le Parlement ne s'est pas prononcé sur l'ouverture des crédits provisoires, ceux-ci peuvent faire l'objet d'un décret-loi.

Un autre point important en appui de cette thèse du régime présidentiel porte sur l'exercice du pouvoir législatif. En effet, conformément à l'Art. 90, l'initiative des lois nationales (c'est-à-dire le droit de proposer une loi à faire voter au Parlement) appartient concurremment au Président de la République (contrairement au système américain) et à chacun des membres du Parlement. Ce texte exclut donc la participation du Premier ministre et de ses ministres au pouvoir législatif.

Aussi la Constitution de Luluabourg prévoyait-elle la délégation temporaire de l'exercice du pouvoir législatif au Président de la République (Art. 95) ; cette disposition souligne que cette délégation, donnée pour un temps et une matière déterminés peut être provoquée par une demande du Président ou une initiative spontanée du Parlement.

Il faut aussi souligner l'aspect de la participation du Gouvernement central aux séances du Parlement en exécution de l'Art. 86 qui stipule que les membres du Gouvernement ont le droit d'assister aux séances du Parlement. Cependant s'ils sont requis, dit l'article 86, ils ont « l'obligation d'assister aux séances des Chambres ». En outre, poursuit le même article, « Ils doivent être entendus chaque fois qu'ils le demandent. Ils peuvent se faire assister de commissaires du Gouvernement ».

Cependant, les membres du Gouvernement ne prennent pas part au vote, disposition tout à fait logique en accord avec l'article 171 qui dit que « les fonctions de membre du Gouvernement sont incompatibles avec tout mandat public électif ». Le mandat parlementaire est par excellence un mandat public électif.

Quant à la question relative à mise en accusation des membres de l'exécutif, il faut noter que la responsabilité pénale des membres du pouvoir exécutif était organisée par l'Art. 71 qui stipulait que les membres du pouvoir exécutif sont passibles de poursuites pénales pour haute trahison, violation intentionnelle de la Constitution, détournement, concussion ou corruption. Les poursuites sont conditionnées par la mise en accusation par une de deux Chambres se prononçant à la majorité absolue de ses membres et au scrutin secret. La cour constitutionnelle est compétente pour juger les cas de haute trahison ou de violation intentionnelle de la Constitution, la Cour suprême de justice dans les autres cas, étant donné que les membres du Gouvernement jouissaient du privilège de juridiction.

Par ailleurs, aux termes de l'Art. 60, Le Président promulgue la loi dans les dix jours de leur transmission au Gouvernement central par le Parlement. Toutefois au cours du délai de promulgation le Président, peut, par un message motivé, demander au Parlement une nouvelle délibération de la loi ou de certains de ses articles. Cette demande de délibération est impérative ; si les propositions présidentielles ne sont pas acceptées, la loi ne sera définitivement adoptée qu'à la majorité des 2/3 dans chaque Chambre. Si le Président ne promulgue pas, le Président de la Chambre des députés y pourvoit.

2.4. La Constitution de Luluabourg et le présidentialisme africain

Dépassant le mimétisme des premières années d'indépendance, les modèles constitutionnels africains, d'une manière générale, sont des transpositions adaptées selon les vues, les expériences et les besoins exprimés de chaque entité étatique. On en arrive ainsi à des déformations drastiques et des écarts avec le modèle de référence quant aux organes et au mode de fonctionnement. La préoccupation majeure dans la conception des mécanismes d'exercice du pouvoir politique ne consiste pas « à limiter le pouvoir, mais à le rendre effectif[43] », dans ce contexte des pays à construire. Ce même souci d'efficacité justifie l'hégémonie du Président de la République, élu au suffrage universel, la séparation des pouvoirs ne jouant qu'au détriment des Assemblées.

Le régime présidentialiste renvoie donc à une altération de l'archétype présidentiel américain, par une restriction drastique des pouvoirs du Parlement et une hypertrophie des pouvoirs du président de la République. Ce régime organise une emprise totalitaire et une concentration des pouvoirs entre les mains du président de la

---

[43] Conac G. *Pour une théorie du présidentialisme : quelques réflexions sur les présidentialismes latino-américains*, in Mélanges Burdeau, LGDJ, Paris 1977, p.115.

République, qui est en même temps le chef du Parti unique. Le chef de l'État jouit autant des prérogatives d'un chef d'État présidentiel que de celles d'un chef d'État parlementaire[44].

2.4.1. Caractéristiques du présidentialisme africain

Émettant quelques réflexions sur le nouveau constitutionnalisme africain, le professeur Gérard Conac situe l'origine de ce régime dans les modèles constitutionnels de l'Amérique latine du XIXe siècle qui s'avéraient être une imitation déformée et une pratique autoritaire du modèle américain. Cependant, il considère qu'en Afrique après les indépendances, il a pu, du fait de l'instauration des partis uniques ou dominants se mouler très formellement et même facilement dans des Constitutions de type parlementaire, aussi bien que présidentiel. Très rapidement, en effet, les régimes politiques des nouveaux États d'Afrique francophone se sont personnalisés et hiérarchisés sous l'autorité suprême d'un chef d'État inamovible. Ce modèle présidentialiste pouvait correspondre dans la pratique à des variantes plus ou moins autoritaires, camouflant même parfois des dictatures despotiques. II pouvait être aussi parfois formellement institutionnalisé par des Constitutions qui organisaient sans complexe le monocentrisme présidentiel (Zaïre). Mais le plus souvent, il bénéficiait d'un habillage qui lui conférait une apparente respectabilité internationale, au prix d'un très grand relativisme constitutionnel. En fait, tous ces régimes, quelles que soient leurs formes constitutionnelles, relevaient de la logique du parti unique associé au culte du chef suprême[45].

Ainsi selon cet auteur, le régime présidentialiste africain, sous prétexte de garantir l'efficacité gouvernementale et la stabilité politique en place, prétend écarter les risques d'une compétition politique ouverte. Cette prétention justifie donc l'hypertrophie constitutionnelle du pouvoir exécutif et la conversion de l'Assemblée législative en une Chambre d'enregistrement, une sorte de caisse de résonnance. Pour développer son raisonnement, le professeur Conac énonce des éléments qui déforment les modèles du constitutionnalisme libéral, et partant, dénature le concept classique de

[44] Debbasch C. *Lexique de politique*, Paris, Dalloz, 7e édition, 2001, p. 336

[45] Conac G. *Quelques réflexions sur le nouveau constitutionnalisme africain*, Actes du symposium international de Bamako, novembre 2000. disponible sur : http://democratie. francophonie.org/IMG/pdf/bamako.297.pdf

la démocratie libérale. Ces éléments sont : d'une part, l'hypertrophie juridique de l'institution présidentielle et d'autre part, la négation du pluralisme politique.

L'hypertrophie juridique de l'institution présidentielle. La plupart des Constitutions confiaient au Président, comme dans les régimes présidentiels, la double fonction de chef d'État et de chef de gouvernement. Lorsqu'il était prévu un Premier ministre, il était en fait subordonné au Président : c'était un chef d'état-major chargé d'appliquer ses décisions et sous son autorité, de coordonner l'action des autres ministres. L'unité de l'Exécutif et l'irrévocabilité du Président, sauf condamnation pour haute trahison selon une procédure d'impeachment tout à fait illusoire, étaient des traits qui rapprochaient ces régimes du modèle nord-américain. Mais ce n'était qu'une apparence.

En fait ces régimes présidentialistes étaient totalement étrangers à l'inspiration libérale de la Constitution des États-Unis. D'après les Constitutions présidentialistes, le Président dominait le législatif ; il pouvait légiférer éventuellement par ordonnance, dissoudre l'Assemblée nationale et disposait de nombreux moyens pour lui imposer les lois qu'il jugeait opportunes. II était pratiquement le seul à pouvoir saisir le Conseil Constitutionnel réduit à un rôle de légitimation de son élection ou, le cas échéant, de ses décisions. C'était la négation même de la séparation des pouvoirs, principe qui est le trait dominant du régime présidentiel classique.

La négation du pluralisme politique. II était d'ailleurs très artificiel de vouloir classer ces régimes politiques, excluant en fait ou en droit tout pluralisme partisan, selon la typologie opposant les régimes parlementaires et les régimes présidentiels. Que la Constitution s'inspire du modèle présidentiel américain plutôt que du modèle français dans sa version la plus parlementaire, ou du modèle soviétique, comme au Bénin, le résultat n'était pas très différent. Aucune majorité parlementaire ne pouvait contrer ses volontés. De toute façon, le président chef du parti unique ou dominant, contrôlait tous les mécanismes électoraux non seulement ceux qui garantissaient sa pérennité à la tête de l'État, mais aussi commandaient le choix des députés. Même lorsque la Constitution conformément à l'exemple français avait maintenu la responsabilité du Gouvernement devant l'Assemblée, cette disposition était vidée de toute effectivité puisqu'un changement de majorité était exclu par le système monopartisan, les membres de l'Assemblée étant même élus dans certains pays sur une liste nationale unique. Indéfiniment rééligible, le président candidat unique n'avait jamais eu de difficultés à se faire réélire par des majorités massives. II était en fait un monarque à vie menacé seulement par un éventuel coup d'État militaire.

2.4.2. Les atténuantes du régime de Luluabourg par rapport au présidentialisme africain

Ces considérations fort pertinentes du professeur Conac nous amènent à situer la place du régime congolais dans cette dialectique du présidentialisme africain. Il est clair que le régime de Luluabourg n'avait pas encore atteint ces extrêmes du présidentialisme africain. Il est une démarche et une amorce timide vers ce type de régime et nous pouvons aussi annoncer sans peur d'être contredit que le constitutionnalisme autoritaire de la deuxième République (sous Mobutu) s'en était largement inspiré, car il était le précédent constitutionnel le plus immédiat.

Nous pouvons ainsi recenser cinq éléments qui témoignent de la distance entre le régime de Luluabourg et le présidentialisme de type africain :

Le dualisme de l'exécutif : Le plus souvent, les régimes présidentialistes africains ont un exécutif monocéphale incarné par le chef de L'État. Il n'en était pas ainsi sous le régime de Luluabourg, car conformément à l'Art. 67, le poste de Premier ministre ayant été maintenu, celui-ci dirigeait l'action du Gouvernement central dans le cadre du programme tracé et de décisions prises par le président de la République. Il tient le président de la République pleinement informé de la conduite des affaires du Gouvernement. En d'autres mots, le Premier ministre est l'agent d'exécution de la politique et du programme de gouvernement du président de la République.

La permanence du Parlement durant tout le cours de la législature : Conformément à l'Art. 76, la durée de la législature était de 5 ans et le Parlement était ainsi assuré de son indépendance par rapport au chef du pouvoir exécutif, car ce dernier n'avait aucun pouvoir de dissolution. Il s'agit d'un élément fondamental de distorsion du régime de Luluabourg par rapport aux caractéristiques du présidentialisme africain.

La prohibition du monopartisme : en effet, la Constitution consacrait le pluralisme politique, car elle stipulait en son Art. 30 que tout Congolais avait le droit de créer un parti politique ou de s'y affilier et que nul ne pouvait imposer de parti unique sur tout ou partie du territoire de la République. Il faut aussi considérer que le fonctionnement pratique du système politique congolais avait démontré que le Congo ne supportait qu'un régime multi-partisan où la majorité ne pouvait se dégager qu'à partir des alliances ou cartels.

La participation de l'institution parlementaire dans l'élection du président de la République. Contrairement à la logique du régime présidentiel, le chef de l'État n'était pas élu au suffrage universel direct. L'Art. 56 de la Constitution de Luluabourg stipulait que le président de la République était élu par un corps électoral qui comprenait le Parlement, les délégués de la ville de Léopoldville et les membres des Assemblées provinciales. Cette intervention de l'institution parlementaire est un fait politique majeur qui appelle un crédit et une autorité morale qui pèse sur le président de la République.

L'acte d'approbation du Gouvernement par le Parlement. Comme il était dit à l'Art. 66 de la Constitution de Luluabourg, le Parlement se réunit en Congrès national pour approuver l'acte de nomination des membres du Gouvernement. Il s'agit d'un pouvoir de contrôle bien que n'ayant pas une conséquence politique qui dériverait à assumer, pour les membres du Gouvernement une quelconque responsabilité politique. Même s'il s'agit d'un acte de formalité, sa portée politique n'était pas négligeable au cas où le Parlement n'aurait pas autorisé l'entrée en fonction dudit gouvernement. Le président serait obligé d'entamer des négociations politiques qui le diminueraient dans ses compétences. Le cas du Premier ministre nommé Évariste Kimba illustrait bien cette capacité du Parlement à paralyser l'entrée en fonction du Gouvernement nommé par le chef de L'État.

Ces considérations émises, essentiellement basées sur la confrontation de la pure exégèse juridique de la Constitution de Luluabourg aux différentes options de la théorie constitutionnelle, nous amènent à deux conclusions :

Premièrement, l'étude du processus constituant de Luluabourg a visualisé le panorama excessivement conflictuel entre le pouvoir exécutif et l'institution parlementaire. La Constitution de Luluabourg étant la résultante des forces politiques en présence fut l'aboutissement d'une conception prépondérante de l'institution présidentielle. Elle est la manifestation juridique du renforcement du pouvoir exécutif dans son autorité et ses prérogatives. Aussi, inversement, a-t-elle consacré indiscutablement l'éclipse du Parlement en tant que centre de la vie politique nationale.

Deuxièmement, cette même méthode a démontré que la Constitution de Luluabourg n'avait pas instauré un régime présidentiel, contrairement aux thèses officielles[46]. Le système de Luluabourg était une démarche timide, sinon l'amorce de la mise en place d'un régime présidentialiste de type africain dont le régime de Mobutu sous la deuxième République serait la perfection.

[46] Nous adhérons ainsi aux thèses soutenues par les professeurs Ilunga Kabongo et Ngoy Ndouba, ouvrages déjà cités

CHAPITRE 3

Le pouvoir parlementaire sous la Première République

La démocratie moderne, fondée sur le principe de légitimité politique du consentement de la majorité à l'exercice du pouvoir, reste indubitablement associée à l'institution parlementaire. La structure de celle-ci ainsi que son agencement dans l'édifice constitutionnel sont révélateurs du degré de démocratisation des régimes politiques. En tant que symbole de la représentation politique de toutes les entités nationales au sein de l'État, l'institution parlementaire doit exercer des fonctions politiques réelles, et partant, participer à l'expression de la volonté d'État.

Cependant, pour mieux intégrer les contradictions et rectifier les incohérences entre la Constitution réelle[47] (expression des facteurs réels dans l'exercice du pouvoir politique) et la Constitution légale, il nous parait important d'exposer le cadre institutionnel de l'exercice du pouvoir parlementaire. C'est pourquoi, dans ce chapitre, nous nous proposons d'élaborer une description exhaustive de la structure organisationnelle de l'institution parlementaire à partir des préceptes constitutionnels, des prescrits des Règlements d'Ordre intérieur des Chambres et autres normes ayant valeur constitutionnelle. Sur le plan

---

[47] Lassalle, F. *¿ Qué es la constitución* ? Panamericana, Bogotá, 1995. Cet auteur s'est proposé de trouver l'essence d'une Constitution, à partir de l'analyse réaliste. Il définit la Constitution comme le résultat de la somme des facteurs réels du pouvoir. Ainsi, un régime constitutionnel concrétise les aspirations des forces sociales et politiques dans un État. Il aboutit ainsi à la classification de deux types de Constitutions : la Constitution réelle et la Constitution formelle. La première est effective parce qu'elle correspond à l'expression des facteurs réels du pouvoir, et l'autre est uniquement une feuille de papier. Cet auteur reconnaît cependant qu'il n'existe pas de Constitution qui soit parfaitement réelle, l'idéal consistant à maintenir en vigueur ses principes essentiels.

méthodologique, cette exégèse des textes sera complétée par une approche comparative à la doctrine de la théorie générale de la Constitution. Aussi, dans le but d'appréhender la position réelle, le poids spécifique et le statut du Parlement dans l'agencement constitutionnel de la Première République, nous effectuerons une analyse des données les plus significatives de l'activité parlementaire des Chambres de la Première République dans tout le processus politique qui a émaillé les 5 ans de son existence.

Il est vrai qu'une analyse fonctionnelle des compétences du Parlement, appuyée sur des paramètres essentiellement normatifs, n'est pas suffisante pour déterminer le rôle et le poids de l'institution parlementaire dans un système politique donné. Il faut donc considérer des aspects qualitatifs inhérents aux conditionnements réciproques entre d'une part, les pouvoirs et les procédures parlementaires, et le pouvoir exécutif d'autre part.

Cette démarche est à même de nous révéler certains problèmes institutionnels qui ont canalisé le processus politique de la Première République.

3.1. RENFORCEMENT DU POUVOIR EXÉCUTIF ET DÉCLIN DE L'ÉQUILIBRE INSTITUTIONNEL

L'équilibre du système constitutionnel, fortement enraciné dans la théorie de séparation des pouvoirs, ne constitue plus une préoccupation majeure des régimes pluralistes contemporains, car ce problème est tributaire du contexte antagoniste entre le pouvoir législatif et le pouvoir exécutif au sein duquel il avait pris naissance. C'est d'ailleurs pour cette raison que cette problématique de l'équilibre institutionnel avait abondamment inspiré la philosophie des Lumières.

Comme on le sait, la théorie de la séparation des pouvoirs postule que les attributs de la souveraineté considérés comme vraiment distincts doivent être délégués par la nation à des titulaires divers et indépendants les uns des autres[48]. Dans la conception de Montesquieu, l'objectif de cette disposition consistait à instituer des garde-fous contre la tendance naturelle à l'abus de pouvoir. En effet, pour qu'on ne puisse pas abuser du pouvoir, il faut par la disposition des choses que le pouvoir arrête le pouvoir. L'équilibre des pouvoirs doit

[48] Esmein A. *Op Cit*, p. 451

permettre, sur le plan juridique, d'éviter que l'un d'eux ne s'empare, en cumulant l'exercice des trois, d'une souveraineté qui n'appartient qu'à la Nation, et sur le plan politique d'empêcher les abus qu'un titulaire unique ne manquerait pas de faire de ses pouvoirs et qui seraient extrêmement dangereux pour les libertés des citoyens[49].

De nos jours, le contenu et la signification de cette théorie se trouvent largement dépassés par la consolidation des partis politiques dans leurs formes modernes d'une part et le fait de la transformation des fonctions dévolues aux structures traditionnelles d'autre part. Ces deux éléments ont progressivement planté le décor d'un nouvel aménagement du pouvoir politique, moins soucieux de l'équilibre institutionnel. Les problèmes des compétences et les rapports entre les différents pouvoirs d'État ont été déplacés dans l'ordre des priorités des théoriciens de la Constitution. La recherche de l'efficacité de l'action gouvernementale prime désormais sur les considérations théoriques[50].

Si le nouvel aménagement du pouvoir a maintenu les structures législatives et exécutives traditionnelles, il a cependant organisé une nouvelle répartition entre elles. Cette nouvelle répartition tient compte des exigences et contingences de la société moderne. Conformément à ce nouvel aménagement, le Gouvernement se voit confier une véritable fonction directive de la politique nationale, c'est-à-dire le plein exercice du pouvoir politique qui se traduit par des lois ou des mesures exécutives. Les organes exécutifs se sont transformés à la fois en organes d'impulsion et d'action. Parallèlement à ce processus de renforcement de l'autorité de l'exécutif, le Parlement se réduit sensiblement à la fonction délibérante, c'est-à-dire à la seule fonction de réflexion et de contrôle de l'action gouvernementale. Par cette réalité, la véritable division n'est pas entre le pouvoir de faire la loi et celui d'exécuter, mais entre, d'une part, le pouvoir qui appartient aux organes exécutifs de diriger la politique nationale en utilisant à cet effet l'appareil administratif dont ils disposent et, d'autre part, la liberté laissée aux organes délibérants, c'est-à-dire aux Assemblées parlementaires, de contrôler l'action gouvernementale[51].

Hormis cette évolution qui confirme le déclin de l'équilibre des pouvoirs, la configuration de l'institution parlementaire comme organe dépositaire et représentative de la souveraineté populaire

---

[49] Pactet P. *Op. Cit*, p. 111.
[50] Idem, p. 110 et suivantes
[51] Pactet P. *Op. Cit*, p 114.

postule néanmoins l'exigence, sur le plan théorique et la praxis, des mécanismes et instruments assurant son indépendance et son autonomie par rapport aux autres pouvoirs d'État. Cette exigence se matérialise dans certaines « prérogatives » attribuées tant au Parlement en tant que Corps (prérogatives collectives) qu'à ses membres individuellement considérés (prérogatives individuelles). Ces deux types de prérogatives doivent être conçus comme des garanties fonctionnelles dans la mesure où ses destinataires sont les chambres parlementaires et les membres des chambres en tant que tels et non comme des citoyens. L'objet de ces prérogatives est de garantir l'indépendance du Parlement et de ses membres. Il est donc nécessaire d'appréhender les éléments théoriques qui sous-tendent, et partant, assurent l'indépendance et l'autonomie de l'institution parlementaire par rapport aux autres pouvoirs d'État.

3.2. La question théorique des garanties fonctionnelles de l'institution parlementaire

3.2.1. Le principe de l'inviolabilité du Parlement

L'inviolabilité, comme principe général de droit, renvoie à l'inexistence ou l'imputabilité d'une quelconque responsabilité (juridique ou pénale) pour des actes commis en exercice des fonctions. Dans ce cas d'espèce, l'inviolabilité du Parlement a été conçue pour permettre à celui-ci d'exercer ses compétences constitutionnelles en toute indépendance et d'éviter des interférences, des pressions et des contraintes de divers ordres sur les Parlementaires lors des sessions (immunité de siège). Ce principe se matérialise juridiquement par le pouvoir octroyé aux Chambres parlementaires de la pleine autorité administrative et du pouvoir de police à l'intérieur du siège, et aussi à travers une tutelle juridique pénalisant l'antijuridicité des agissements qualifiés comme attentatoires à l'immunité de siège parlementaire.

Il existe dans la théorie constitutionnelle deux interprétations du principe de l'inviolabilité du Parlement. La première, considérée stricto sensu, réduit ce concept de l'inviolabilité des parlementaires à l'immunité de siège[52] tandis que la seconde établit une supranorme constitutionnelle ou une garantie des garanties. Considéré dans ce sens, le principe de l'inviolabilité couvre tout le système des garanties

[52] Par exemple en Droit constitutionnel espagnol, les Arts. 71. Alinéa 1 et 73. Alinéa 3.

dont jouit le Parlement. Elle inclut en elle non seulement l'inviolabilité des parlementaires et l'immunité de siège, mais aussi l'autonomie spécifique et la garantie de continuité de fonctionnement des chambres par rapport aux autres pouvoirs d'État. C'est dans ce sens que le professeur Andrea Manzella[53] considère le principe de l'inviolabilité comme un principe général qui inclut les aspects généraux de l'autonomie constitutionnelle des chambres et de leurs membres et les garanties fonctionnelles propres de l'institution parlementaire. Il s'agit concrètement de l'autonomie par rapport aux actes des autres autorités, l'autonomie d'organisation, l'autonomie informative et la garantie de continuité.

3.2.2. L'autonomie réglementaire

L'autonomie réglementaire se définit comme le pouvoir reconnu aux Assemblées parlementaires d'édicter des normes destinées à régir leur fonctionnement interne. Elle renvoie donc à un pouvoir souverain d'organisation du régime intérieur par les chambres elles-mêmes. À juste titre, certains auteurs du droit parlementaire considèrent ce principe comme le pilier sur lequel reposent l'autonomie et l'indépendance du Parlement[54]. En résumé, l'autonomie réglementaire se définit comme la faculté pour chaque Assemblée parlementaire de fixer ses propres règles de fonctionnement en s'en tenant simplement aux limites imposées par la Constitution. Ainsi, l'autonomie d'organisation se matérialise principalement dans ce pouvoir réglementaire. Les normes dictées dans l'exercice de cette prérogative ont une importance vitale dans la vie constitutionnelle de l'État et transcendent les limites extérieures des Chambres.

Concernant la nature juridique des règlements parlementaires, il existe une controverse notable dans la doctrine. Les règlements des Assemblées sont-ils des résolutions des Chambres ou s'agit-il de cas d'autonomie normative ? Il convient de signaler que les règlements parlementaires n'ont rien de commun avec les règlements pris par le pouvoir exécutif en exécution des lois. Les règlements parlementaires

---

[53] Manzella A. "Las Cortes en el sistema constitucional español" in García de Enterría E, y Predieri A. *La Constitución española de 1978*, 1981, pp. 477-524.

[54] Voir à ce sujet, Pierre E. *Traité de Droit politique, électoral parlementaire*, Librairies – imprimeries réunies, parís 1893 et Morodo R. "El principio de autonormatividad reglamentaria de los parlamentos en el derecho constitucional", en *revista de la facultad de derecho de la Universidad de Madrid*, vol. IV, 1960, p. 69.

sont un « produit législatif » découlant d'un mandat constitutionnel. Cependant, ce produit législatif ne peut être assimilé aux lois prises par le Parlement au sens formel, car ils ne sont pas adoptés par les deux Chambres (exception faite du règlement du congrès régulant les réunions de deux Chambres réunies), ni ne sont soumis à la sanction du chef de l'État ni ne sont promulgués et publiés au Journal Officiel. C'est d'ailleurs en considération de ces aspects qu'une partie de la doctrine considère les règlements des Assemblées comme des actes normatifs, mais non législatifs au sens propre du terme. Les professeurs Jorge de Esteban et Moratti considèrent pour leur part que les règlements des Assemblées n'ont pas une nature juridique spécifique. Il s'agit d'un produit normatif émanant du pouvoir législatif qui contient des normes juridiques substantives et qui ont une relevance à l'extérieur des chambres. Ces normes juridiques ont leur origine dans la Constitution à laquelle elles sont subordonnées[55]. Ainsi cette doctrine considère que les règlements des Assemblées sont composés des normes ayant différentes natures juridiques. Cet amalgame est ainsi composé de :

- Normes juridiques qui sont une répétition formelle des règles constitutionnelles
- Normes de développement des principes constitutionnels se référant à la structure et fonctions des Chambres
- Normes d'interprétation des principes constitutionnels
- Normes innovatrices issues des propres règlements qui organisent des situations juridiques non prévues par la Constitution.

Outre ces considérations, la doctrine dominante considère les règlements comme une résolution que l'Assemblée intéressée adopte selon la procédure ordinaire (dépôt d'une proposition de résolution, examen en commission et adoption en séance). Il relève de ce que le droit administratif appelle les mesures d'ordre intérieur, c'est à dire, des règles dont la validité est limitée à leur objet interne. Les destinataires en sont les personnes qui se trouvent placées dans leur dépendance, soit es qualité, comme les membres de ladite Assemblée et le personnel qu'elle emploie, soit en raison de leur présence dans

[55] Esteban J. et coll. *El regimen constitucional español*, tomo 2, Labor, Barcelona, 1982, p.76 et aussi, Morata G *Institución di dirrito publico*, CEDAM, Papua, 1976, p 504.

son enceinte (les visiteurs, mais aussi, les membres du Gouvernement et leurs collaborateurs). Dans ces limites *ratione personae* et *ratione loci*, les dispositions qu'édictent les règlements sont obligatoires et pourvues de sanctions : ce sont des règles juridiques dont les autorités de l'Assemblée assurent l'application[56].

Quant à la question ayant trait à la place des règlements des Assemblées dans la hiérarchie des sources de droit, il se dégage une unanimité dans la doctrine pour les assimiler au rang occupé par les lois, même si les lois sont produites conformément à ces règlements. Cependant, il est communément admis que cette place ne peut être évaluée par rapport à la place de la loi, sinon en termes des compétences, car la portée et la force normative de la loi et du règlement opèrent sur des champs différents.

De plus, considérant que les règlements sont des normes substantives qui ont une relevance constitutionnelle extérieure aux chambres qui les ont élaborées, ils sont soumis par ce fait à un contrôle obligatoire portant sur leur conformité à la Constitution. À ce sujet, à titre d'exemple nous pouvons citer l'article 61, alinéa 1 de la Constitution française de 1958 : « Les lois organiques, avant leur promulgation, et les règlements des Assemblées parlementaires, avant leur mise en application, doivent être soumis au Conseil Constitutionnel qui se prononce sur leur conformité à la Constitution ». Cette disposition se trouve aussi relayée, en droit constitutionnel espagnol par l'article 27 alinéas 2 de la Loi organique de la Cour Constitutionnelle qui dispose que les règlements de la Chambre des députés et du Sénat sont susceptibles d'un recours en inconstitutionnalité.

3.2.3. L'autonomie administrative et disciplinaire

L'autonomie administrative et disciplinaire, corollaire de l'indépendance des Assemblées, attribue au Président de chaque Assemblée des pouvoirs administratifs et des facultés de police au sein de l'enceinte, siège de l'institution. Dans ce sens, les pouvoirs du Bureau comme organe directeur du Parlement sont absolus et ne peuvent être soumis à aucun contrôle extérieur. Aussi, ce pouvoir s'exerce-t-il sur tout le personnel administratif au service des

[56] Avril P. et Gicquel J. *Droit Parlementaire*, 3e ed, Domat, Paris, p. 9

Assemblées et sur toutes les autres personnes qui entrent en contact avec le siège parlementaire.

Ordinairement le bureau détermine par voie d'une Instruction générale du Bureau (IGB) qui n'est pas soumis au contrôle de constitutionnalité, l'organisation et le fonctionnement des services de l'Assemblée d'une part, et les modalités d'application, d'interprétation et d'exécution, par les différents services, des dispositions du règlement, d'autre part. Ces mêmes dispositions du Bureau définissent le statut du personnel et les rapports entre l'administration de l'Assemblée et les organisations professionnelles du Personnel[57].

Cependant, comme organe unipersonnel, le Président des Assemblées veille à la sûreté intérieure et extérieure dans les immeubles affectés à l'Assemblée. Il a le droit de contrôle sur la force militaire placée sous son autorité.

En plus, l'autonomie d'élection des organes directeurs est aussi une faculté importante reconnue aux Assemblées législatives. Il s'agit de la prérogative d'élire librement les personnes appelées à assumer la direction politique, administrative, financière et disciplinaire du pouvoir parlementaire, qui ne sont au fait conséquence logique du principe d'autonomie et d'indépendance. Cette prérogative attribue à l'Assemblée la faculté d'élire les membres de son bureau, qui auront pour tâche la direction des travaux et la coordination de l'activité parlementaire. Aussi cet organe de direction sera-t-il compétent pour arbitrer les controverses au sein de cette institution.

En effet, cette indépendance serait vidée de son contenu, s'il appert une imposition d'un quelconque choix des dirigeants procédant des organes extérieurs aux Assemblées. Ce critère révèle ouvertement le degré d'autonomie de l'institution parlementaire vis-à-vis des autres pouvoirs. Les régimes autoritaires tendent à nommer les membres du bureau des Assemblées.

3.2.4. L'autonomie financière

Cette prérogative a pour objet de garantir les ressources financières et humaines suffisantes, aux fins d'assurer un fonctionnement adéquat des Chambres. Très souvent, cette prérogative est reconnue dans la Constitution. C'est le cas de l'Art.72 alinéa 1 de la Constitution espagnole et l'Art. 7 de l'ordonnance n° 58-1100 du 17 novembre

---

[57] Voir l'Art. 17 du Règlement de l'Assemblée nationale française.

1958 dans le cas de la Vème République française. Conformément à ce principe, chaque Assemblée élabore et approuve son propre budget qui sera ultérieurement inséré dans le budget général de l'État. En droit parlementaire français, la méthode de fixation des crédits a été modifiée. Comparativement aux IIIe et IVe Républiques, cette autonomie n'est plus absolue, alors qu'elle est conservée pour la préparation du budget qui est effectuée par les questeurs des Assemblées, aidés dans cette tâche par le service chargé des affaires financières. L'intervention extérieure apparaît lors de la détermination définitive des crédits[58]. Cependant, l'autonomie demeure entière pour la gestion et l'exécution du budget par les questeurs sous l'autorité du bureau.

3.2.5. La garantie de continuité

La garantie de continuité de l'institution parlementaire au-delà de la législature et des périodes de sessions (février-juin et septembre-décembre) se matérialise à travers l'existence de la députation permanente. Cette institution, dont l'objet consiste à assurer la permanence nécessaire du pouvoir parlementaire, exprime l'idée d'une continuité d'action, malgré « les vacances parlementaires », dans l'équilibre global du système constitutionnel.

En droit comparé, la députation permanente détient des pouvoirs constitutionnels importants et se trouve confrontée à la responsabilité politico-constitutionnelle de rendre compte à l'Assemblée parlementaire de sa gestion et des décisions prises[59]. Parmi les pouvoirs reconnus, nous pouvons citer :

- Convoquer les sessions extraordinaires
- Pouvoirs de décision vis-à-vis des actes du Gouvernement ayant valeur de loi
- Pouvoirs de contrôle dans les cas de protection extraordinaire de l'État (État d'alarme, d'urgence, exception, et siège) si les Assemblées sont dissoutes.

---

[58] Guchet Y. *Droit parlementaire,* Economica, Paris, 1996, p 31

[59] C'est le cas de l'Art. 78, alinéa 4 de la Constitution espagnole.

3.2.6. L'autonomie informative

Cette prérogative est nécessaire pour garantir l'indépendance de l'institution Parlementaire dans le traitement de l'information. Elle consiste à mettre à la disposition des Chambres des moyens techniques, des services de documentation et de consultation, dirigés administrativement par des fonctionnaires des Chambres. Ces services indépendants du pouvoir exécutif ont pour objet de fournir aux Chambres une information non conditionnée par la fidélité au pouvoir exécutif, c'est-à-dire une information autonome. En guise d'exemple de ces services autonomes, nous pouvons citer les cours de compte.

Il faut aussi signaler que les Chambres disposent de prérogatives constitutionnelles qui obligent politiquement le pouvoir exécutif à leur fournir des informations qu'elles requièrent. Ces instruments sont les questions et l'interpellation.

3.3. COMPOSITION DU PARLEMENT SOUS LA PREMIÈRE LÉGISLATURE

3.3.1. Dispositions communes aux deux Chambres

Comme nous l'avons dit précédemment, la LF avait opté pour des structures binaires à trois niveaux : Un État fédéral (non déclaré), un pouvoir législatif bicaméral et un pouvoir exécutif bicéphale. Ainsi, conformément à la Résolution n° 6 de la Table Ronde de Bruxelles qui avait été coulé à l'Art. 15 de la LF, le Parlement congolais était bicaméral. Le pouvoir législatif était exercé conjointement par deux chambres nationales dénommées Chambre des Représentants et Sénat.

Cependant, il faut noter que le Congo-Kinshasa étant un État fédéral, le pouvoir législatif se situait aux deux niveaux de la distribution verticale du pouvoir d'État : le pouvoir législatif central et le pouvoir législatif provincial.

Le pouvoir législatif central était divisé en trois branches ayant chacune le droit d'initiative des lois : le chef de l'État, la Chambre des représentants et le Sénat. Au niveau provincial, ce pouvoir revenait à chacune des Assemblées qui partageaient le droit d'initiative avec le Gouvernement provincial (Art. 16 LF).

Au niveau législatif central, la compétence législative des deux chambres était identique. Ces deux chambres détenaient le monopole d'interprétation par voie d'autorité.

Comme on peut le constater, la LF a instauré un bicaméralisme parfait en reconnaissant la compétence législative identique. Cependant il existe une série de fonctions qui ne seront réalisées que dans les deux chambres réunies en sessions séparées d'une part, et certaines autres fonctions ne seront réalisées que par une Chambre, sans l'intervention de l'autre.

La Chambre des représentants était composée initialement de 137 députés élus au suffrage universel. Et conformément au principe fédéral, le Sénat était composé de membres désignés par les Assemblées provinciales, à raison de 14 par province, dont au moins trois chefs coutumiers (chefs de chefferies) ou notables (chefs des groupements composants les secteurs) (Art. 87 LF). Il faut noter aussi que la LF envisageait la cooptation (désignation des sénateurs par des sénateurs directement élus) de 12 sénateurs supplémentaires en raison de deux par province.

3.3.2. La Chambre des représentants

3.3.2.1. Le régime électoral

L'arsenal juridique qui organisait les élections des Chambres était essentiellement composé de 4 sources :

- La résolution n° 11 de la Table Ronde politique de
- Bruxelles posait les règles du régime électoral applicable aux membres des chambres.
- La Loi électorale du 23 mars 1960, modifiée par celle du 4 mai définissait les aspects organisationnels du système électoral
- Le régime des Arts. 84, 105 et 108 de la Loi Fondamentale qui fixait le mode d'élection et le nombre d'élus
- Les ordonnances du Collège Exécutif portant organisation des opérations électorales.

Le législateur belge avait opté pour un système de représentation proportionnelle. La répartition des sièges se faisait en fonction des chiffres électoraux obtenus par chacune des listes en les divisant par 1, 2, 3… et les sièges étaient attribués aux listes qui avaient obtenu les quotients les plus élevés[60]. Analysant les répercussions pratiques de

[60] Le point 9 de la résolution n° 11 de la Table Ronde de Bruxelles — résolution relative au régime électoral.

l'adoption de ce système, M. Gérard-Libois et M. Verhaegen ont stigmatisé 3 points[61] :

- Les candidats ne pouvant se présenter que dans une seule circonscription électorale, il était exclu que des candidats au pouvoir national puissent mesurer, par des élections leur audience ou popularité exactes.
- Ce système devait permettre aux minorités d'être représentées si elles atteignaient le quota requis, mais empêchait aussi que se dégage à la Chambre une représentation plus homogène, pas trop fragmentée.
- L'absence d'apparentement devait se traduire par un échec marquant des listes individuelles ou de petites listes fragmentées et de jouer en faveur des partis à monopole ou à dominance régionale.

Les circonscriptions électorales étaient composées d'une part par les villes (Léopoldville, Jadotville et Élisabethville) d'autre part, les districts. Dans les villes, la présentation d'une liste était conditionnée par la caution de 300 signatures tandis que pour les districts, ce chiffre était rabaissé à 200 signatures. Dans les villes, le bulletin représentait toutes les listes présentées tandis que dans les districts chaque liste avait sa propre urne dans laquelle l'électeur déposait son bulletin de vote après avoir fait son choix.

De plus, l'Art. 84 de la LF stipulait que les membres de la Chambre des Représentants étaient élus au suffrage universel direct conformément à la Loi électorale du 23 mars 1960. Dans une circonscription électorale, il y avait un député pour 100 000 habitants sans distinction d'âge, de sexe ou de nationalité ; chaque fraction de population supérieure à 50 000 habitants donnait droit à un député de plus. Le chiffre de la population à prendre en considération était celui qui figurait aux statistiques officielles établies au 31 décembre 1959.

En outre, la loi électorale prévoyait une Commission de contrôle pour chacune des circonscriptions électorales prévues pour l'élection des membres de la Chambre des Représentants. Cette commission était compétente pour recevoir d'office toutes les plaintes qui seraient formulées contre la validité et la régularité des élections des députés[62].

---

[61] Voir Gérard-Libois J. et Verhaegen B. *Op. Cit,* p 258.

[62] Voir à ce sujet le débat entre M. Moreels, secrétaire général provisoire de la Chambre et le député Kashamura à propos de la compétence des commissions de vérification des mandats et la commission de contrôle électoral dans la séance

3.3.2.2. Les conditions pour l'exercice du droit de vote

- Conformément aux Art.10 et 11 de la Loi électorale, les conditions pour l'exercice du droit de vote devaient être remplies à la date limite fixée pour le dépôt des candidatures et étaient les suivantes :
- Être de sexe masculin
- Être âgé de 21 ans au moins.
- Résider au Congo depuis 6 mois au moins : cette condition n'est pas exigée pour ceux qui ont été forcés de quitter leur lieu de résidence.
- Être Congolais ou de mère congolaise. Les ressortissants du Ruanda-Urundi/résident au Congo depuis dix ans au moins, sont également admis à voter.
- Le droit de vote reste suspendu pour les détenus, les personnes internées ou hospitalisées pour cause d'aliénation mentale

3.3.2.3. Les conditions d'éligibilité à la Chambre

Pour être candidat aux élections, il faut :

- Être Congolais ou de mère congolaise.
- Être âgé de 25 ans au moins, sans distinction de sexe.
- Avoir résidé au Congo 5 ans au moins

Les candidats peuvent se présenter dans n'importe quelle circonscription électorale, mais dans une circonscription seulement.

3.3.2.4. Les cas d'inéligibilité

Ne sont pas éligibles :

- Les personnes qui ont été condamnées définitivement et sans condition, du chef d'infractions contre les personnes, les propriétés, la loi publique, l'ordre des familles ou les droits garantis aux particuliers, à des peines de servitude pénale principale :
- de plus de six mois à un an, au cours des cinq dernières années ;
- de plus de six mois à deux ans, au cours des deux dernières années ;

---

publique du 17 juin 1960, dans les Annales parlementaires, n° 1, juin 1960, p 3 et suivantes.

- de plus de deux ans, au cours des cinq dernières années.
- Les personnes internées ou hospitalisées pour cause d'aliénation mentale ;
- Les personnes qui sont en état de banqueroute ;
- Les détenus ayant fait l'objet d'une condamnation.

3.3.2.5. Les résultats des élections pour la Chambre[63]

Dans l'ensemble, la participation électorale fut élevée si l'on ne tient compte que du nombre des voix exprimées par rapport au rôle électoral :

- de 72 à 97 % dans la province de Léopoldville (649 566 votes)
- de 60 à 86 % dans l'Équateur (362 250 votes)
- de 58 à 82 % en Province orientale (507 269 votes)
- de 70 à 85 % au Kivu (420 118 votes)
- de 78 à 91 % au Katanga (326 961 votes)
- de 86 à 94 % au Kasaï (507 431 votes)

Soit un total de 2 773 595 voix.

Avec 41 sièges pour lui et ses alliés directs (Cartels MNCL, Coaka et UNC) le Mouvement National congolais (MNC) Lumumba remporte un succès considérable : il rassemble 30 % des élus. Ceux-ci sont originaires de 5/6 provinces, le Katanga seul n'ayant aucun élu lumumbiste. À vrai dire, le recrutement des élus de M. Lumumba est assuré essentiellement par la Province orientale (21), le Kasai (11) et le Kivu (6), l'Équateur et la Province de Léopoldville n'assurant respectivement que l'élection de 2 et de 1 député MNC. Le MNC.-L. et ses alliés ont des élus dans 12 districts sur 26.

Pour le reste, il n'y avait pas de surprise :

- l'ABAKO obtient 12 sièges, dont 3/4 à Léopoldville ;
- le P.S.A. obtient 13 sièges, dont 11 dans le Kwilu ; il ne pouvait en escompter plus de 14 ; l'Abazi lui en a fait perdre 1 dans la région de Banningville ;
- le CEREA remporte au Kivu un succès marquant en sièges (10), d'autant que le M.N.C.-Lumumba y compte 6 élus ;
- le cartel Katanga (BALUBAKAT, FEDEKA, ATCAR) n'obtient que 7 des 16 sièges du Katanga malgré l'absence de

---

[63] Gerard-Libois J. et Verhaegen B. *Op. Cit.*

concurrence des deux M.N.C, alors que la Conakat compte 8 élus ;

- le M.N.C.-Kalonji avec ses 8 sièges a bénéficié de la discipline de vote et de candidature des Baluba ;
- les listes individuelles et locales échouent d'une manière générale et ne représentent finalement que 9 élus sur 137.

3.3.3. Le Sénat

3.3.3.1. La position institutionnelle

La position institutionnelle du Sénat est souvent conditionnée par le mode de recrutement des sénateurs. Il existe, à ce sujet, deux conceptions de la nature de la représentation sénatoriale. La première configure le sénat comme une Chambre composée essentiellement des représentants des classes sociales, comme la noblesse, l'aristocratie ou la bourgeoisie : c'est le cas de la Chambre des Lords en Grande-Bretagne et du Sénat belge de 1830 composé des représentants de la haute bourgeoisie. À l'origine, ces sénateurs nommés par la Couronne étaient appelés à jouer un rôle de contrepoids aux élans révolutionnaires des Assemblées populaires et démocratiques en même temps qu'il ressemblait à une corporation qui défendait des intérêts particuliers.

La deuxième conception, ancrée dans un contexte fédéraliste configure le Sénat comme une Chambre composée des représentants désignés par les états ou entités fédérées. Dans ce sens, le Sénat représente et veille aux intérêts des États fédérés au sein de la fédération. Les sénateurs exercent un contrôle sur le respect de la distribution verticale du pouvoir politique.

Dans un contexte de bicamérisme parfait, la justification de l'existence du Sénat congolais se situait, à notre avis, sur deux versants différents : d'une part, le principe fédéral de la représentation des États membres, car il est difficile de conclure que la présence des chefs coutumiers ou notables obéissait au principe de la représentation des classes sociales. D'autre part, la modération. En effet, il s'agit d'un principe conçu pour assurer la qualité du travail parlementaire. La haute Chambre était ainsi appelée à corriger les erreurs et à modérer les passions de la Chambre basse.

L'importance de la position institutionnelle se situait plus sur la position constitutionnelle de son président. En effet, en cas de vacance ou d'impossibilité du chef de l'État d'assumer ses fonctions, le président du Sénat, qui n'a pas voix délibérative, était appelé à assumer, conformément à l'Art 33 de la LF, les fonctions de chef de l'État, si dans un délai de 30 jours à da ter de la réunion des Chambres en Assemblée commune pour la désignation d'un nouveau chef de l'État, la majorité de 2/3 n'avait pas été acquise.

3.3.3.2. Composition du Sénat

S'inspirant de la résolution n° 11 de la Table Ronde de Bruxelles, l'Art. 87 de la LF fixait la composition du Sénat. Comme nous l'avons déjà évoqué dans le point précédent, le Sénat était composé de deux catégories des membres :

Les sénateurs élus par les Assemblées provinciales à raison de quatorze par province, dont au moins trois chefs coutumiers ou notables : la procédure d'élection, à l'exception des chefs coutumiers et notables était celle de la représentation proportionnelle des suffrages exprimés. Les candidats devaient être présentés le quatrième jour au plus tard avant le jour qui avait été fixé pour le scrutin par un vingtième des conseillers au moins. Conformément à l'Art. 117 de la LF aucun candidat ne pouvait figurer sur plus d'une liste pour la même élection, dans la même province, ou dans des provinces différentes.

Cependant la procédure d'élection des sénateurs au titre de chef coutumier ou de notable était différente. Ceux-ci devaient être présentés sur une liste double par les chefs coutumiers et les notables de la province, le quatrième jour au plus tard avant la date fixée pour le scrutin. Tous les chefs coutumiers et notables étaient convoqués et réunis par le collège exécutif provincial et ultérieurement par le Gouvernement provincial, au chef-lieu de la province ou en tout autre lieu que celui-ci avait déterminé. Les chefs coutumiers et les notables empêchés pouvaient déléguer un représentant muni d'une procuration écrite et contresignée par deux membres du conseil de la circonscription intéressée.

La liste des présentations était datée et signée par la moitié au moins des chefs coutumiers et des notables de la province, ou des personnes dûment mandatées par eux. Les présentations indiquaient les noms, prénoms et la qualité des candidats ainsi que la circonscription dont ils relevaient. Cette liste était présentée pour la première fois au collège exécutif provincial et ultérieurement au Gouvernement provincial.

L'Assemblée arrêtait dans les quarante-huit heures qui précédaient la réunion des chefs coutumiers et notables visés à l'Art. 119, le nombre de sièges qu'elle entendait réserver aux sénateurs désignés au titre de chef coutumier ou de notable, en application de l'Art. 87. À défaut de se prononcer dans ce délai, l'Assemblée était censée arrêter ce nombre à trois.

Trois jours francs avant la date fixée pour le scrutin, la liste des candidats pour les sièges à pourvoir était portée à la connaissance de l'Assemblée. Le vote se faisait à un tour. Le ou les candidats étaient désignés dans l'ordre des voix obtenues. En cas de partage des voix entre un chef coutumier et un notable, le chef coutumier l'emportait. En cas de partage des voix entre deux chefs coutumiers ou deux notables, le plus âgé l'emportait.

Les procès-verbaux des élections prévues aux Arts. 118 et 121, rédigés et signés aussitôt par les membres du bureau siégeant conformément au premier alinéa de l'Art. 115, étaient adressés immédiatement au greffe du Sénat avec les actes de présentation[64].

Les sénateurs cooptés : En outre les sénateurs élus pouvaient s'adjoindre des membres cooptés. Ceux-ci étaient élus en nombre égal par province sans que leur nombre total puisse excéder douze. Ces sénateurs étaient élus pour chaque province par des sénateurs la représentant. L'élection se faisait en séance plénière, au scrutin secret et au cours d'une opération unique, simultanée pour tous les sénateurs. Le vote se faisait à un tour de scrutin. Le ou les candidats élus pour chaque province étaient désignés dans l'ordre des voix obtenues. En cas de partage des voix, le plus âgé l'emportait.

Analysant la configuration du premier Sénat congolais, M. Périn considère que dans la mesure où le Sénat congolais est composé des sénateurs désignés par les Assemblées provinciales, il s'inspire de la tradition des États fédéraux où les sénateurs représentent les États qui les composent sur un pied d'égalité. Dans la mesure où il laisse entrer des chefs coutumiers, des notables et des sénateurs cooptés qui échappent à la procédure électorale, le Sénat congolais s'inspire de la tradition aristocratique[65].

Conformément à l'Art.96 de la LF, chaque membre du Sénat représente sa province et en défend les intérêts dans le cadre de l'intérêt général et supérieur de la Nation.

---

[64] cf. les Arts. 119 à 122 de la LF.

[65] Perin P. *Op cit*, p. 44

Le mandat du sénateur était celui de la première législature et prenait fin, comme pour les députés, la veille du jour de la réunion de l'Assemblée appelée à remplacer le Sénat.

3.3.3.3. Les résultats des élections sénatoriales[66]

La composition du sénat était fixée à un total de 84 membres. Les premières élections sénatoriales avaient configuré le sénat de la manière suivante :

- 19 sénateurs issus de la coalition MNC-Lumumba recrutés sur 4 provinces.
- 4 de l'ABAKO
- 4 du CEREA
- 6 de la CONAKAT
- 3 du CARTEL KATANGAIS
- 3 du MNC Kalonji
- 7 du PUNA
- 3 du PNP
- 1 de l'UNILAC
- 2 l'UNIMO
- 1 du REKO
- 2 indépendants
- 23 issus des chefs coutumiers et notables

3.4. Le mandat parlementaire sous la première législature

3.4.1. La théorie du mandat parlementaire

Le mandat parlementaire est une fonction publique dont les membres des Assemblées sont investis par l'élection, mais dont le contenu est déterminé par la Constitution. En vertu de celle-ci, chaque Parlementaire représentant la nation tout entière, concourt à l'exercice de la souveraineté nationale dans les conditions fixées par elle. Le mandat est soumis à des incompatibilités et bénéficie des protections spéciales : les immunités[67].

---

[66] Gerard-Libois J et Verhaegen B. *Op. Cit*

[67] Avril P. et Gicquel J. *Op Cit*. p. 29.

3.4.1.1. La nature juridique du mandat

Le mandat parlementaire n'est pas un mandat au sens civil du terme, car il ne repose sur aucune relation subjective entre l'électeur et l'élu. Il n'y a pas non plus lien de subordination ni accord de volonté. Pour Marcel Prélot, l'élection est un acte collectif dans lequel des volontés orientées dans le même sens s'additionnent en vue de produire un effet de droit. Du point de vue de cet effet de droit, l'élection se présente comme un « acte-condition » c'est-à-dire un acte juridique qui déclenche l'application à un individu d'un statut antérieurement défini. En d'autres termes, l'élection est une nomination comparable à celle d'un fonctionnaire, mais c'est la Constitution qui détermine le statut des membres du Parlement.

3.4.1.2. Les caractères du mandat parlementaire

- **Le mandat est général** : il s'agit là d'un principe général de droit constitutionnel qui interdit que les représentants élus dans une circonscription électorale soient considérés comme des représentants particuliers de cette circonscription. Le mandat des élus est général en ce qu'ils sont des représentants de la Nation tout entière. Il n'existe point un mandat particulier issu d'une relation de type contractuel entre les électeurs d'une circonscription et leurs élus[68]. Ce principe a été repris par l'Art. 85 de la LF qui stipule que « les membres de la Chambre des représentants représentent la Nation et non la circonscription qui les a élus ».
- **Le mandat est indépendant et irrévocable** : le statut du Parlementaire est libre des engagements pris avant les élections ainsi que des autres vicissitudes politiques ayant surgi en cours de législature.
- **Prohibition du mandat impératif** : Cette prohibition ressort de l'Art. 57 de la LF qui stipule que « tout mandat impératif est nul ». Le mandat du Parlementaire est d'ordre public. La portée juridique de cette prohibition n'interdit pas au Parlement de prendre des engagements politiques vis-à-vis de son électorat ; sinon, elle renie toute conséquence juridique telle la révocation de l'élu pour non-accomplissement des « engagements

[68] En droit parlementaire français, l'Art 23 du règlement de l'Assemblée nationale (RAN) proscrit les groupes de défense des intérêts particuliers, locaux ou professionnels

politiques ». En définitive, il n'existe pas un rapport de droit ou de dépendance entre l'électorat et l'élu.

3.4.1.3. La protection du mandat

Le système de protection de l'institution parlementaire contre les interférences et les immiscions des autres pouvoirs d'État dans la sphère des compétences constitutionnelles réservées au Parlement couvre non seulement le Parlement en tant qu'institution, mais aussi les Parlementaires en tant que dépositaires individuels de la souveraineté populaire qu'incarne le Parlement. De ce fait, il ne s'agit pas d'un système de privilèges personnels justifiant une certaine inégalité entre les citoyens, mais bien de prérogatives uniquement conçues pour protéger le mandat parlementaire. Il s'agit donc d'un type de garantie fonctionnelle de l'institution parlementaire, car le bien juridique protégé est la fonction parlementaire, et non la personne du parlementaire en tant que citoyen. Cette protection vise uniquement à garantir la liberté dans le processus de formation de la volonté des Chambres.

Quant à la nature juridique de ces prérogatives fonctionnelles, la doctrine s'accorde presque unanimement à souligner 3 caractères principaux :

- Elles ne constituent pas un droit subjectif, mais un ensemble de règles de droit positif qui confèrent au Parlementaire une situation d'intérêt légitime, le Parlementaire étant le destinataire physique de ces normes de droit.
- Ces règles s'appliquent d'office même si le titulaire ne les sollicite pas.
- Elles sont irrévocables de la part du Parlementaire. Toute révocation est de nul effet.

3.4.2. Durée du mandat

L'Art. 67 de la LF déterminait la durée de la première législature. Celle-ci ne pouvait être inférieure à 3 ans ni supérieure à 4 ans. Concernant le début du mandat, il faut distinguer la nomination de l'entrée en fonction. Le titre juridique est acquis par la proclamation officielle des résultats de l'élection. L'entrée en fonction correspond au moment où cessent les pouvoirs des élus sortants. Une certaine doctrine considère que l'entrée en fonction n'est effective qu'après vérification des pouvoirs par l'Assemblée concernée. De plus, conformément à l'Art. 86 de la LF, le mandat des membres de la Chambre des représentants prend fin le jour de la réunion de l'Assemblée appelée à le remplacer.

3.4.3. La vérification des pouvoirs

En vertu de l'Art.54 de la LF, Chaque Chambre vérifie les pouvoirs de ses membres et juge les contestations qui s'élèvent à ce sujet. Cette disposition habilite la Chambre à vérifier si ses membres répondent aux conditions d'éligibilité prévues par la Loi électorale. La vérification se limite strictement à la personne du Parlementaire.

Ainsi, en vertu de l'Art.52 de la loi électorale, les procès-verbaux des bureaux de vote et de dépouillement et du bureau principal devaient être envoyés par le président du bureau principal, sous pli recommandé et cacheté, au greffe de la Chambre. Ces PV étaient renvoyés aux Commissions composées de 6 membres qui, conformément à l'Art. 4 de l'Arrêté Royal du 1erjuin 1960, devaient être constituées pour vérifier les pouvoirs.

La Chambre des représentants, au cours de la séance publique du 17 juin 1960 constitua, en vertu des Art.4 et 5 de l'Arrêté Royal du 1erjuin 1960, par tirage au sort, 6 commissions de vérification des pouvoirs. Ces commissions devaient élire dans leur sein leur président qui était chargé de faire rapport à la plénière. Si une unanimité n'était pas acquise pour la désignation du président, celui-ci était désigné par la majorité relative. En cas de partage des voix, le président avait la voix prépondérante. Les 6 commissions constituées à cet effet étaient chargées de valider les pouvoirs des députés issus des districts suivants[69]:

- 1ère Commission : Circonscriptions électorales de la ville de Léopoldville, du district des Cataractes, du district du Lac Léopold II, du district du Kwilu, du district du Kwango, du district du Bas-Congo.
- 2ème Commission : Circonscriptions électorales de la ville de Coquilhatville, du district de l'Équateur, du district de l'Ubangi, du district de la Mongala, du district de la Tshuapa.

---

[69] Voir les Annales parlementaires, session extraordinaire de 1960, n° 1, 1960.

- 3ème Commission : Circonscriptions électorales de la ville de Stanleyville, du district de Stanleyville, du district du Bas-Uélé, du district du Haut-Uélé, du district de Kibali-Ituri.
- 4e Commission : Circonscriptions électorales de la ville de Bukavu, du district du Sud-Kivu, du district du Nord-Kivu, du district du Maniema.
- 5ème Commission : Circonscriptions électorales des villes d'Élisabethville et Jadotville, du district du Tanganyika, du district de Lualaba, du district du Haut Lomami, du district du Haut-Katanga.
- 6ème Commission : Circonscriptions électorales de la ville de Luluabourg et district de la Lulua, du district du Sankuru, du district du Kasaï

Le Sénat congolais, dans sa session inaugurale du vendredi 17 juin 1960, procéda aussi à la Constitution de 3 commissions chargées de la vérification des pouvoirs des sénateurs élus. Les 3 Commissions constituées par tirage au sort étaient composées de la manière suivante[70] :

- Première Commission : MM. Molebe, Medie, Kimba, Kashungu, Matiti et Asumani pour les provinces de l'Équateur et du Kasai.
- Deuxième Commission : MM. Denge, Mukengele, Katanga, Kajibwami, Koumorico et Bantu pour les provinces du Katanga et du Kivu
- Troisième Commission : MM. Sumba, Kashama, Badibanga, Kitenge, Anany, Kuyena et Iloko pour les provinces de Léopoldville et Orientale

Le mandat parlementaire prend fin par la mort, la démission ou l'incapacité permanente. Cette dernière signifie une incapacité physique permanente qui prive le Parlementaire de toute aptitude au travail parlementaire.

---

[70] Voir aussi le Compte Rendu analytique de la séance du 17 juin 1960

3.5. Le régime de l'inviolabilité parlementaire sous la LF

L'inviolabilité parlementaire est une immunité de procédure. Il s'agit d'une protection pénale ayant pour objet de garantir le Parlementaire pris en qualité d'individu contre les poursuites pénales abusives ou vexatoires intentées contre lui à raison de faits étrangers à l'exercice du mandat[71]. Il faut souligner que cette prérogative n'opère pas en cas de flagrant délit. La levée de celle-ci est de la compétence de la Chambre concernée qui doit apprécier si les poursuites n'ont pas pour objet de soustraire intentionnellement et abusivement le Parlementaire à l'exercice de son mandat.

Sous la LF, l'inviolabilité parlementaire était organisée par l'Art. 66 qui stipulait :

> *« Aucun membre de l'une ou de l'autre Chambre ne peut, pendant la durée de la session, être poursuivi ni arrêté en matière répressive qu'avec l'autorisation de la Chambre dont il fait partie, sauf le cas de flagrant délit. »*

De ce régime de l'Art. 66, il ressort les considérations suivantes selon qu'il s'agit des périodes de session ou non.

– **En période de session**, les poursuites et les prises de corps (arrestations) ne peuvent être réalisées que dans deux cas spécifiques :

- L'autorisation préalable de la Chambre concernée
- Le cas *in fraganti* : Il s'agit de l'arrestation du Parlementaire seulement au moment où l'infraction est commise. Ni avant ni après. Cette circonstance permet d'éviter l'évasion du coupable de délit ou l'occultation des preuves. Les cas de *quasi in fraganti* ne sont pas admis[72].

Cependant, même pris in franganti, les autorités policières nécessitent une autorisation de la Chambre concernée pour continuer les poursuites. Il existe donc logiquement une obligation d'informer les chambres de la détention réalisée et de solliciter l'autorisation des poursuites.

– **En dehors des sessions** la prise de corps est conditionnée par les circonstances ci-après :

- L'autorisation du bureau

---

[71] Avril P. et Gicquel J. Op Cit p.50

[72] Voir à ce sujet les développements de Biscaretti Di Ruffia P. *Derecho constitucional*, Tecnos, Madrid, 1973 p. 382

- Le cas de flagrant délit.
- Conformément aux poursuites autorisées par les Chambres
- De condamnation définitive

De plus, cette disposition constitutionnelle habilite l'Assemblée concernée à requérir et obtenir la suspension de l'action publique déjà engagée. Il faut aussi préciser que l'inviolabilité court à partir du moment de la proclamation de l'élection et ses effets persistent tout au long du mandat.

3.6. Le régime de l'irresponsabilité

L'irresponsabilité couvre le Parlementaire à raison des actes accomplis dans le cadre du mandat. Son objectif consiste à protéger le Parlementaire contre toute possible incursion légale (pénale, civile ou disciplinaire) comme conséquence de sa contribution au travail parlementaire. Il s'agit donc d'une protection juridique qui empêche l'activation processuelle basée sur les opinions et manifestations réalisées dans l'exercice de la fonction.

Le régime de l'irresponsabilité parlementaire était organisé par l'Art.65 de la LF qui stipulait que :

> *« Aucun membre de l'une ou l'autre Assemblée ne peut être poursuivi, recherché, arrêté, détenu ou jugé à l'occasion des opinions et des votes émis par lui dans l'exercice de ses fonctions. »*

Cette protection du Parlementaire couvre seulement les actes directement rattachables à l'exercice du mandat. Ainsi elle s'étend aux propos et votes en séances, en commission, au sein des groupes, aux rapports et propositions, aux activités parlementaires et aux missions.

Le régime de l'irresponsabilité, en plus des autres caractères généraux communs aux prérogatives fonctionnelles, présente la particularité d'être une garantie absolue, car sa portée s'entend contre toute sorte de procédures. Elle est aussi perpétuelle, car ses effets persistent même après le mandat parlementaire.

3.7. L'indemnité parlementaire et autre avantage

L'indemnité est destinée à assurer l'honorabilité du Parlementaire, en le mettant à l'abri du besoin, et donc des tentations, et à favoriser l'accession au mandat de toutes les catégories sociales[73]. L'indemnité parlementaire ne peut être considérée comme une garantie fonctionnelle stricto sensu sinon qu'elle est basée sur la conception selon laquelle le mandat parlementaire est une fonction publique d'intérêt général qui exige un dévouement entier et par conséquent doit être accompagnée d'une rémunération suffisante.

Sous la LF, l'indemnité annuelle allouée aux membres des Assemblées parlementaires était de 10 000 0[74] francs et les membres des Chambres avaient droit, pour se rendre aux Chambres et en revenir, au libre parcours sur toutes les voies de Communication exploitées ou concédées par l'État.

Conformément à l'Art. 78 de la LF, les Parlementaires avaient aussi les avantages suivants :

- La franchise postale des correspondances adressée aux autorités et administrations publiques déterminées par la loi.
- La contribution pour la pension de retraite, alimentée par une cotisation prélevée sur l'indemnité
- Les allocations familiales[75].
- Chaque membre des deux Chambres jouissait d'une indemnité de présence de 200 francs par jour pour les séances de travail des Chambres ou de leurs commissions, sous réserve d'avoir participé entièrement aux délibérations.
- Le remboursement des frais de logement à l'occasion des séjours dans la localité où siégeaient les Chambres et pour la durée de leurs travaux, pour autant qu'il lui fût impossible de regagner sa résidence durant ce temps.
- Le remboursement des frais de logement encourus à l'occasion des déplacements effectués pour se rendre aux Chambres et en revenir lui est également remboursé.

---

[73] Avril P. et Gicquel J. *Op. Cit*, p. 55

[74] Déjà à la séance publique du 21 juin 1960, le député Songolo par motion d'ordre demande à la Chambre de se prononcer sur le taux de l'indemnité à accorder aux députés (Annales parlementaires, 1960, numéro 4, p. 7)

[75] L'alinéa 3 de l'Art. 78 de la LF stipule que chaque Chambre détermine le montant des retenues qui peuvent être faites sur l'indemnité, à titre de contribution aux caisses de retraite ou de pension qu'elle juge à propos d'instituer et le montant des allocations familiales pour ceux qui n'en sont pas bénéficiaires.

Il faut aussi souligner que les présidents et vice-présidents des deux Chambres jouissaient d'une allocation complémentaire spéciale de respectivement 50 000 et 25 000 francs.

3.8. Les incompatibilités

Le régime des incompatibilités interdit le cumul du mandat avec certaines activités, afin de prévenir un conflit d'intérêts. Par ce régime, le parlementaire est appelé à faire un choix entre le mandat et l'activité déclarée incompatible, qui peut être soit publique, soit privée[76].

Dans la rubrique de l'interdiction du cumul avec les fonctions publiques, il faut souligner deux catégories ayant trait respectivement à l'incompatibilité des mandats nationaux entre député et sénateur d'une part et l'incompatibilité limitée aux mandats électifs locaux d'autre part.

Par contre, concernant la restriction au cumul avec certaines activités privées, il faut distinguer l'incompatibilité proprement dite qui s'applique dès le début du mandat et celles qui portent interdiction d'accepter en cours de mandat certaines fonctions.

3.9. La structure des chambres

Généralement les institutions parlementaires comprennent les organes suivants :

- Les organes directeurs qui sont le Bureau et la Conférence des Présidents
- Les formations intérieures composées des commissions et des groupes parlementaires
- Les services du Parlement

3.9.1. Les organes directeurs

3.9.1.1. Le bureau provisoire de la première législature

Le bureau d'une Assemblée est son instance dirigeante chargée de diriger l'activité parlementaire ainsi que tous les services mis à la disposition de l'Assemblée. L'élection du Bureau par la propre

[76] Avril P. et Gicquel J. *Op. Cit* p.38

Assemblée est une importante manifestation de son indépendance et de son autonomie.

Il est une tradition que lors de leur première réunion à la suite des élections générales ou d'un renouvellement partiel, les Assemblées désignent un bureau d'âge destiné à organiser l'élection du bureau définitif et à valider les pouvoirs des Parlementaires élus. Dans ce cas, c'est le doyen d'âge (le plus âgé des membres présents) qui préside les sessions se référant aux attributions du Bureau d'âge.

La première législature ne connaissait pas le bureau d'âge et le bureau était constitué d'un président provisoire désigné au sort, de deux secrétaires provisoires qui étaient les benjamins des Assemblées et de quatre scrutateurs désignés aussi au sort.

La procédure de la désignation du Bureau provisoire était organisée par l'Art 1 de l'Arrêté royal du 1er juin 1960. qui stipulait ce qui suit :

> *« L'élection du Bureau se fait en séance publique. Le scrutin est secret, les 2/3 au moins des membres étant présents. Chaque votant n'a droit qu'à une voix. Les deux membres les moins âgés assistent le Président provisoire dans le déroulement des opérations. Ils ont qualité de secrétaires pour ces opérations »*

Sous la première législature, à la première séance de la Chambre des représentants, le Secrétaire général provisoire M. Moreels avait ouvert la séance du 17 juin et conformément à l'Art. 9 alinéa 2[77] de la LF et l'Art. 1 de l'Arrêté royal du 1erjuin 1960, il procéda au tirage au sort par lequel M. Petipeti André fut désigné président provisoire et les quatre scrutateurs désignés au sort furent : Lutula Joseph, Kemishanga Mathias, Katombe Antoine, Dombo Thadée. Ainsi conformément à l'Art. 10 de la LF, le président provisoire désigné au sort fait procéder à la désignation du Président, des deux vices Présidents et du bureau.

Aussi sous cette présidence provisoire, aucun débat dont l'objet est étranger à la constitution des commissions de vérification des pouvoirs, au rapport de celles-ci, à la constitution du bureau définitif, ne pouvait avoir lieu.

Par contre au Sénat, M. Marcel Galerne, Secrétaire général provisoire, procéda aussi au tirage au sort par lequel M. Maurice

---

[77] Art.9 LF : Dans le plus bref délai après la proclamation officielle des résultats des élections, le roi des Belges convoque chacune des Chambres. Celles-ci se réunissent séparément. Elles sont présidées par un président provisoire désigné au sort

Mandiongwe fut désigné président provisoire du Sénat. Les quatre scrutateurs désignés furent MM. Kasanda, Komanda, Kabare et Bantu.

3.9.1.2. Composition du Bureau des Assemblées :

Au Sénat, à la présidence, M. Joseph Ileo l'emporta au deuxième tour avec 41 suffrages contre 39 pour Mahamba.

La première vice-présidence revenait à M. Masangu (40 suffrages) contre Denge (37 suffrages) et Okito (1 suffrage)

La deuxième vice-présidence revenait, après le deuxième tour à Okito avec 44 voix contre 35 voix pour Ngandua

Les quatre secrétaires sont : MM Matiti, Kiwewa, Molebe et Kandara

À la Chambre des représentants :

- M.Kasongo fut élu président de la Chambre au premier tour avec une majorité absolue de 74 voix, contre Bolikango (58 voix) et Madudu (1 voix).
- M.Mulundu Louis fut élu en qualité de premier vice-président avec 73 suffrages contre Bolikango (4 voix) et Madudu (50 voix).
- M.Midiburo fut élu 2èmevice-président avec 74 suffrages contre 55 voix à Mopipi et 1 suffrage pour Madudu.
- Les Secrétaires : MM. Kambale, Kihuyu et Mukalay

3.9.1.3. Les fonctions du Bureau :

Les compétences du président de l'Assemblée étaient les suivantes :

- Maintenir l'ordre dans l'Assemblée,
- Faire observer les règlements,
- Juger de la recevabilité des textes,
- Accorder la parole,
- Poser les questions,
- Annoncer les résultats de vote et de scrutin,
- Prononcer les décisions de l'Assemblée, la convoquer s'il y a lieu,
- convoquer les commissions,
- porter la parole en son nom conformément à son vœu.
- Le président ne peut prendre la parole dans un débat que pour présenter l'état de la question,

- Le président donne connaissance à l'Assemblée des messages, des lettres et autres envois qui la concernent, à l'exception des écrits anonymes.

En cas d'absence ou d'empêchement du président, celui-ci est remplacé par le premier vice-président, ou à défaut, par le second vice-président. Le vice-président a les mêmes attributions que le président dans la conduite des débats. Il ne peut prendre part aux débats que lorsqu'il n'occupe pas le siège présidentiel.

Les fonctions des secrétaires :

- Inscrire, pour la parole, les membres de l'Assemblée, suivant l'ordre de leur demande
- Donner lecture des propositions, amendements et autres pièces qui doivent être communiqués à l'Assemblée,
- tenir note des résolutions,
- faire l'appel nominal,
- tenir note des votes.
- Les secrétaires peuvent prendre part aux discussions, mais en prenant chaque fois place parmi les membres de l'Assemblée.

3.9.1.4. La Conférence des Présidents

La Conférence des Présidents est le second organe directeur des Assemblées parlementaires. Elle est généralement composée du Président de l'Assemblée, des vice-présidents, des présidents des commissions permanentes et spéciales (sur leur demande) ainsi que des présidents des groupes parlementaires.

Sa fonction principale consiste à l'élaboration de l'ordre du jour, du calendrier des travaux en session et de l'organisation des travaux en séance plénière.

3.9.2. Les formations intérieures

L'exercice du pouvoir délibérant se déroule en séance plénière, mais les décisions qui y sont prises sont préparées dans des formations plus restreintes qui se caractérisent, selon Marcel Prélot, par le fait qu'elles sont à la fois partielles, c'est-à-dire qu'elles ne comprennent qu'une partie des membres de l'Assemblée, et normalement fermées, c'est-à-dire, sauf exception, leurs réunions ne sont pas publiques[78].

3.9.2.1. Les Commissions

Les séances plénières, caractérisées par un nombre élevé de Parlementaires ainsi que le conditionnement de son caractère public, ne sont pas propices pour un examen en profondeur, et ne permettent pas la sérénité ni la rapidité, ni non plus la spécialisation requise pour l'élaboration des lois. Ces inconvénients justifient pleinement l'apparition et l'institutionnalisation des commissions. Celles-ci sont chargées de discuter le fond des projets et des propositions de loi. À travers les commissions, il est plus facile aujourd'hui de réunir l'information nécessaire pour les procédures parlementaires de contrôle. Ses conclusions servent souvent de point de départ pour les discussions de la plénière. Les commissions ont un caractère purement technique et préparatoire des travaux de la plénière.

Il existe plusieurs classes de commissions. D'un point de vue temporaire, elles peuvent être permanentes ou spéciales. D'un point de vue fonctionnel, elles peuvent être législatives ou non législatives.

Les commissions parlementaires permanentes se constituent généralement en rapport avec les différents départements ministériels. Les commissions spéciales sont le fruit d'une décision du bureau ou de la plénière, compte tenu d'un projet ou proposition de loi, ou toute autre question qui échappent à la compétence des commissions permanentes. Dans cette catégorie des commissions spéciales, par leur caractéristique temporaire, on trouve des commissions d'enquête ou des commissions ad hoc.

Les commissions d'enquête sont formées pour recueillir des éléments d'informations soit sur des faits déterminés, soit sur la gestion des services publics ou des entreprises nationales, en vue de soumettre leurs conclusions à l'Assemblée qui les a créées. Il ne peut être créé de commissions d'enquête sur des faits ayant donné lieu à des poursuites judiciaires, et aussi longtemps que ces poursuites seront en cours.

En droit parlementaire français, il existe trois types de commissions ad hoc, celle chargée de vérifier et d'apurer les comptes, celle qui est compétente en matière d'immunités, et en dernier lieu celle chargée de la mise en accusation devant la Haute Cour de Justice.

---

[78] Avril P. et Gicquel J. *Op Cit* p. 87

À la Chambre des représentants, il fut constitué, à la séance du 19 juillet 1960, 17 commissions. Elles étaient ainsi constituées :

- Commission n° 1 : Affaires étrangères et Commerce extérieur.
- Commission n° 2 : Défense nationale
- Commission n° 3 : Justice
- Commission n° 4 : Intérieur
- Commission n° 5 : Finances
- Commission n° 6 : Affaires économiques, Coordination & Plan et Classes moyennes
- Commission n° 7 : Travaux publics, Communications et PTT
- Commission n° 8 : Agriculture et Élevage
- Commission n° 9 : Travail et Affaires sociales
- Commission n° 10 : Santé publique, Jeux & Sports, Jeunesse
- Commission n° 11 : Mines et Affaires foncières
- Commission n° 12 : Éducation nationale, Information et Affaires culturelles
- Commission n° 13 : Affaires générales
- Commission n° 14 : Pétitions
- Commission n° 15 : Règlement.
- Commission n° 16 : Comptabilité. (Budget de la Chambre)
- Commission n° 17 : Constitution

3.9.2.2. Les groupes parlementaires

Il existe une controverse dans la doctrine quant à la nature juridique des groupes parlementaires. Pour certains auteurs, les groupes parlementaires sont des associations de droit public ou des associations privées investies de fonctions publiques[79]. Cette conception considère donc les groupes parlementaires comme des organisations volontaires qui se forment à l'intérieur des Assemblées. D'autres, par contre, considèrent les groupes parlementaires comme des organes du parti ou des organes des Assemblées, et partant des organes d'État.

---

[79] Les groupes politiques constituent l'expression organisée des partis et formations politiques au sein de l'Assemblée. Dans le contexte français par exemple, voir la Décision n° 2014-702 DC du 16 octobre 2014 du Conseil Constitutionnel français validant la Résolution qui modifie le règlement de l'Assemblée nationale afin de doter les groupes parlementaires d'un statut d'association (proposition du Président Bortolone)

Les groupes parlementaires sont des groupements de Parlementaires, réglementairement ou même constitutionnellement reconnus et régulés, et qui se forment en fonction des affinités politiques et idéologiques de leurs membres et qui ont pour objet :

- La représentation dans l'Assemblée d'une ligne politique et idéologique déterminée (communément appelé parti politique)
- L'assistance et la coordination de travaux parlementaires des membres du groupe.
- La simplification et l'organisation des travaux parlementaires

Durant la première législature, les groupes parlementaires étaient communément appelés des groupes politiques ou des cartels. Il y avait 2 cartels qui, dès l'annonce des résultats électoraux, se disputaient déjà la formation du Gouvernement :

- Le cartel MNC-Lumumba : Il s'agit d'une coalition formée par le MNC-Lumumba, le Parti solidaire Africain, aile Gizenga et le Cerea de Weregemere. Elle comptait 64 sièges à la Chambre (41 — MNC-Lumumba et alliés, 13 — P.S.A. et 10 Cerea). À cette coalition s'ajoutèrent, par alliance postélectorale, la COAKA et l'UNC dans le Kasai[80].
- Le Cartel d'Union nationale (anti-Lumumba) : composé de L'UNIMO (Union Mongo) de Bomboko, le PUNA de Bolikango, le PNP — Section LUKA.

[80] Voir les développements de premiers regroupements politiques congolais dans Gérard — Libois J et Verhaegen B. *Op Cit p.* 267 et suivantes.

CHAPITRE 4

Le travail parlementaire sous la Première République

En nous situant dans la logique de la théorie de la séparation des pouvoirs élaborée par Montesquieu, nous serions tentés de réduire la fonction parlementaire à la seule fonction législative, c'est-à-dire, à la fonction exclusive d'édicter les lois de la République. Cette conception est largement dépassée, car les divers organes d'État exercent des pouvoirs qui vont au-delà de leurs fonctions initiales (législatif : légiférer, exécutif : exécuter des lois, judiciaires : juger). Aussi, l'existence de domaines de collaboration entre le pouvoir exécutif et le pouvoir législatif dicte-t-elle la nécessité d'une participation conjointe de ces deux pouvoirs dans le perfectionnement de la volonté d'État.

De nos jours, le pouvoir parlementaire s'étend sur une pluralité de fonctions qui peuvent se systématiser dans 4 domaines : la fonction législative, la fonction budgétaire, les fonctions de contenu politique ou fonctions de contrôle, les fonctions en rapport avec la politique extérieure.

En rapport avec les différents domaines du pouvoir parlementaire, il nous parait intéressant de nous centrer sur les fonctions de contenu politique, par le simple fait que sous la première législature, l'activité parlementaire était réduite presque exclusivement aux aspects de contrôle de l'activité gouvernementale. Comme on le verra plus loin, la production législative et l'activité budgétaire, tout comme la participation du Parlement à la politique extérieure était presque nulle. C'est d'ailleurs l'un des points le plus critiques de la première législature.

Cependant, avant d'aborder les points en rapport avec l'exercice du pouvoir parlementaire, objet de ce chapitre, nous présenterons d'abord le cadre de ce travail parlementaire. Ce choix a été dicté par la nécessité d'une meilleure appréhension du contexte dans lequel se développait l'activité parlementaire.

4.1. La législature et le régime des sessions

4.1.1. La législature

Le constituant belge de la LF, conscient de son caractère provisoire et surtout pour des considérations inhérentes au temps prudentiel nécessaire à l'élaboration d'une nouvelle Constitution, déterminait à travers les dispositions 67 de la LF que la durée de la première législature des Chambres ne pouvait être inférieure à trois ans ni supérieure à quatre ans.

4.1.2. Les sessions

Suivant la tradition des régimes parlementaires inaugurée à partir de l'Art. 50 La Charte de 1814, la LF a organisé le cadre du travail parlementaire en périodes au cours de l'année durant lesquelles les Chambres se réunissent valablement pour délibérer en séance plénière. Ces périodes sont appelées sessions parlementaires. Elles peuvent être, selon le cas, ordinaires ou extraordinaires :

4.1.2.1. La session ordinaire

Le travail parlementaire est, pour des raisons historiques, discontinu, de telle sorte qu'il se réalise durant des périodes déterminées et interrompues entre elles par d'autres périodes appelées « vacances [81]». Aux termes de l'Art. 69 de la LF :

> *« Les Chambres se réunissent de plein droit chaque année, les premiers lundis des mois de mars et de septembre, à moins qu'elles n'aient été réunies antérieurement par le chef de l'État ».*

Cette même disposition stipulait que les Chambres devaient être réunies chaque année au moins quarante jours. Ce délai était porté à cent jours, jusqu'à l'élaboration complète de la Constitution.

La caractéristique la plus importante de la session ordinaire consiste en sa convocation automatique, car elle s'ouvre à la date préfixée, sans autre convocation que celle du temps, à la différence de

---

[81] Esteban J. et al. *Op. Cit*, p.115

la session extraordinaire. Par voie de corollaire, le pouvoir exécutif est dessaisi. Il ne peut ajourner les Chambres[82]. La LF faisait frontalement exception à cette règle de la Théorie générale de la Constitution, car elle habilitait le chef de l'État à prononcer l'ajournement des Chambres en cours de session. Dans ce cas, l'ajournement ne pouvait pas excéder le terme d'un mois ni être renouvelé dans la même session sans l'assentiment des Chambres.

Les sessions de l'une ou de l'autre Chambre étaient simultanées et toute réunion de l'une d'elles tenue hors du temps des sessions était nulle de plein de droit.

4.1.2.2. La session extraordinaire

Les Chambres peuvent être convoquées en session extraordinaire, c'est-à-dire en dehors des périodes de l'année réservée aux sessions ordinaires. Cependant, la LF est peu éloquente au sujet des sessions extraordinaires des Chambres. L'unique allusion faite à celle-ci a trait à l'habilitation du chef de l'État à convoquer les Chambres en session extraordinaire[83]. La première convocation des Chambres en session extraordinaire avait effectivement lieu en juin 1960 en vertu de l'Art. 9 de la LF et de l'Arrêté royal du 16 juin 1960. Le conclave de Lovanium de juillet 1961 était la deuxième session extraordinaire. Le 26 août 1963, par son ordonnance n° 184, le chef de L'État, M. Kasa-Vubu convoquait les Chambres de la première Législature en 3èmesession extraordinaire. Celles-ci étaient convoquées en Assemblée constituante en vertu de l'Art. 30 de la LF.

En droit parlementaire général, outre le chef de l'État et le chef du Gouvernement, le président de chaque Chambre peut convoquer son Assemblée en session extraordinaire si le tiers de ses membres le demandent. L'acte de convocation de l'Assemblée en session extraordinaire doit comporter un ordre du jour.

Il convient de souligner que la clôture des sessions ordinaires est déclarée par le chef de l'État sur proposition des bureaux du Parlement tandis qu'il met fin aux sessions extraordinaires dès épuisement de l'ordre du jour.

---

[82] Avril P. et Gicquel J. *Op .Cit* p. 111.

[83] Voir l'Art. 30 de la LF

4.1.2.3. Les sessions de plein droit

La LF n'avait pas prévu les sessions de plein droit. L'expression « plein droit » fait référence à l'ouverture de la session extraordinaire sans intervention du Parlement ni du pouvoir exécutif. En effet, en droit parlementaire général, il existe une diversité des situations qui occasionnent les sessions de plein droit. Il s'agit par exemple de la session qui intervient après la dissolution, lors du recours par le chef de l'État aux pouvoirs extraordinaires, ou pour entendre le message du chef de l'Etat[84]. En droit parlementaire congolais, la session de plein droit apparaîtra avec la Constitution de Luluabourg, dans l'alinéa 5 de l'Art. 79. La session extraordinaire de plein droit était prévue au lendemain du jour où expirait la législature (le 16 juin 1970). L'objet de cette session visait exclusivement la Constitution du bureau définitif des Chambres.

4.2. L'ORDRE DU JOUR

Durant la première législature, l'ordre du jour des séances des Chambres était fixé par le Président qui consultait l'Assemblée à la fin de chaque séance et les chefs des groupes politiques. Actuellement, en droit parlementaire général la fixation de l'ordre du jour des Assemblées rentre dans la compétence de la conférence des présidents qui regroupe les chefs de groupes parlementaires et les présidents des commissions.

De nos jours, Le Gouvernement se voit attribué la maîtrise de l'ordre du jour des Assemblées, car celui-ci est fixé, par priorité et dans l'ordre que le Gouvernement a proposé : la discussion des projets de loi déposés par le Gouvernement et des propositions acceptées par lui[85].

4.3. LES SÉANCES, DÉBATS ET VOTES

Les Assemblées parlementaires sont essentiellement des organes de réflexion et de délibération sur les affaires d'intérêt général. Elles exercent donc une fonction délibérative qui est régie par des règles de fonctionnement et de procédure qui sont des conditions sine qua non

---

[84] Voir à ce sujet les Art. 12, alinéas 3, 16 et 18 de la Constitution française

[85] Tel est le cas de l'Art. 48 de la Loi constitutionnelle du 4 août 1995 en droit parlementaire français

pour la validité de ses décisions et accords. La doctrine a systématisé deux phases dans la procédure de prise de décisions des Assemblées parlementaires : La phase de délibération, c'est-à-dire les débats, et la phase de vote.

4.3.1. Les séances

Les travaux des formations intérieures n'ont qu'une valeur préparatoire, car c'est par la délibération en séance, c'est-à-dire en réunion plénière et publique de chaque Assemblée que le Parlement exerce ses compétences[86]. Les séances, c'est-à-dire les réunions des Assemblées parlementaires, doivent être régulièrement convoquées par le président, en accord avec le bureau. Il s'agit d'une condition qui octroie à la réunion des Parlementaires sa fonction publique, et partant, la tutelle constitutionnelle qui déploie tous les privilèges inhérents à cette fonction. Cet aspect, si important d'ailleurs, fait la différence entre une quelconque réunion des Parlementaires, dont les décisions et résolutions seront dépourvues de toute valeur juridique si elles n'ont pas été convoqués selon la procédure réglementaire. Les séances en commissions sont convoquées par leur président ou le président de l'Assemblée.

En plus de cette convocation régulière par l'autorité de l'Assemblée, il existe une autre condition nécessaire pour considérer la validité des décisions prises lors des séances. Il s'agit du quorum.

Le quorum de présence est un principe de la représentativité parlementaire. Il garantit la majorité contre les éventuelles manœuvres des minorités et tend à empêcher que cette minorité prenne des décisions en profitant de l'absence de la majorité. A cet effet, l'Art. 56 de la LF disposait que

> *« Toute résolution est prise à la majorité absolue des suffrages, sauf ce qui sera établi par le règlement des Chambres à l'égard des élections et représentations. En cas de partage des voix, la proposition mise en délibéré est rejetée. Aucune des deux Chambres ne peut prendre de résolution qu'autant que la majorité de ses membres se trouve réunie ».*

L'Art. 52 de la LF stipule que les séances des Chambres sont publiques. La publicité des séances est une conséquence du caractère représentatif des Assemblées. Le peuple a le droit de savoir comment ses représentants font usage du mandat qui leur a été octroyé, afin de

---

[86] Avril P. et Gicquel J. Op. Cit. p. 122

juger de l'opportunité de le renouveler ou non lors des prochaines échéances.

Selon Yves Guchet, cette publicité est assurée de trois manières. En premier lieu, par la présence du public dans les tribunes de la salle des séances ; en second lieu, par l'enregistrement des débats et la retransmission télévisée des séances des questions au Gouvernement ; enfin par la publication du Compte rendu intégral des débats au Journal Officiel[87].

Le huis clos peut être prononcé si la Chambre en décide. Les raisons de prononcer le huis clos dépendent essentiellement du vote de l'Assemblée. Elles sont donc diverses. Il faut souligner cependant que les séances durant lesquelles l'Assemblée décide de la levée de l'immunité de l'un de ses membres se réalisent à huis clos. Aussi, contrairement aux réunions des Comités du Parlement américains qui sont public, les réunions de commissions se font à huis clos.

4.3.2. Les débats

Le président de chaque chambre a la police des débats. Dans cette fonction de maintien de l'ordre et de la conduite des débats, il dispose des huissiers, et des forces de l'ordre dont la mission est de mettre fin à tout acte de nature à porter atteinte au bon déroulement des séances.

En droit parlementaire français, les Arts. 52 et 54 du règlement de l'Assemblée nationale (RAN) précisent sans équivoque la tenue de la séance et des débats : « Le président ouvre la séance, dirige les délibérations et maintient de l'ordre ; il peut à tout moment suspendre ou lever la séance ». « Aucun membre de l'Assemblée ne peut parler qu'après avoir demandé la parole au Président et l'avoir obtenue ».

En général, le cours du débat est organisé par le bureau de l'Assemblée. Celui-ci décide préalablement de la durée de chaque intervention et du temps limite pour les points inscrits à l'ordre du jour.

En droit parlementaire général, le cadre des débats parlementaires prévoit des dispositions relatives aux incidents. Il s'agit du rappel au règlement, de la suspension des séances et du fait personnel.

- **Le rappel au règlement** consiste dans la possibilité donnée à un parlementaire d'attirer l'attention du Président de séance sur l'existence d'une violation du règlement pour qu'il y remédie.

[87] Avril P. et Gicquel J. *Op. Cit.* p. 117

L'auteur du rappel a priorité sur la question principale. Logiquement, le Président retirerait la parole à l'intervenant s'il en profitait pour tenir des propos n'ayant rien à voir avec le règlement.

- **La suspension de séance**. Elle est de droit accordé à la demande du Gouvernement, du président ou du rapporteur de la commission saisie au fond, et du président d'un groupe parlementaire (ou de son délégué) s'il s'agit de réunir celui-ci. Autrement, elle est décidée par un vote. Cependant le Président peut à tout moment suspendre la séance.

- **Le fait personnel**. Les règlements des Assemblées permettent à un Parlementaire mis en cause par une attaque personnelle de demander la parole.

Un fait important lié aux débats est celui de la discipline lors de la tenue des séances. Comme corollaire du pouvoir de police détenu par le Président de l'Assemblée, celui-ci dispose d'un pouvoir disciplinaire dont l'échelle est comprise entre un simple rappel à l'ordre et jusqu'à la censure avec exclusion temporaire :

- Le rappel à l'ordre
- Le rappel à l'ordre avec inscription au procès-verbal
- La censure
- La censure avec exclusion temporaire.

4.4. LE VOTE

Le vote est par excellence le mécanisme par lequel une Assemblée manifeste sa volonté. En dehors des procédures d'information, les délibérations sont conclues par des décisions, c'est-à-dire des votes. Comme on le sait, à part les exceptions contenues dans la Constitution, les lois organiques ou le Règlement intérieur, en principe les décisions des Assemblées sont adoptées à la majorité simple des membres présents.

Les principes généraux du vote sont organisés par l'Art. 58 de la LF. Cette disposition constitutionnelle stipulait que :

- Les votes sont émis soit à haute voix, soit assis ou levé.
- L'ensemble des lois est voté par appel nominal et à haute voix.
- Les votes peuvent également être émis par un système technique donnant des garanties identiques.

Ces trois aspects prouvent à suffisance le caractère public du vote aux Assemblées. Cependant la LF reconnaissait que chaque Chambre pouvait décider le vote secret sur une résolution déterminée, mais cette décision ne pouvait en aucun cas s'appliquer à :

- un vote de confiance,
- à une motion de défiance ou de censure
- à l'approbation du budget.

Les présentations et élections des candidats se faisaient au scrutin secret. En outre, il faut souligner que le vote était personnel, car en vertu de l'Art. 58 de la LF « Le droit de vote des membres des Chambres est personnel.

DEUXIÈME PARTIE

Dynamiques politiques et limites des contrepouvoirs

CHAPITRE 5

Le contrôle politique sous la première législature

Les compétences traditionnelles des Assemblées se résument dans la fonction législative et budgétaire. Cependant l'évolution de l'institution parlementaire, liée à sa légitimité démocratique d'organe directement issu du suffrage universel direct, et partant, représentatif de la souveraineté populaire, a consolidé cette institution comme le centre de la vie politique au sein de l'État.

Le Parlement de la première législature, dans ses fonctions traditionnelles, avait consacré toutes ses activités au traitement des 8 dossiers importants qui sont :

- La mutinerie de la Force Publique et l'intervention des forces métropolitaines
- La gestion de la rupture entre le Premier ministre et le Chef de l'État
- Les relations avec la Belgique
- L'affaire Gizenga
- La suspension de l'exercice du droit de grève
- l'instauration du régime militaire spécial
- Les nouvelles structures du Congo
- La recherche d'une nouvelle Constitution

Nous ne pouvons pas aborder toute l'activité parlementaire en rapport avec ces dossiers dans le cadre de cet ouvrage. Cependant, en nous basant sur le fait que la première législature était essentiellement politique, car la production législative était presque nulle, il nous parait intéressant de cerner les contours de l'exercice des fonctions de contenu politique. Il s'agit d'approfondir le domaine d'activité le plus caractérisable de cette législature.

Comme on le sait, les Assemblées exercent des fonctions de contrôle extrêmement importantes sur les autres pouvoirs d'État. Il en est ainsi dans les monarchies parlementaires où le Parlement détient des prérogatives importantes en rapport avec la Couronne ou dans le régime parlementaire où le Parlement détient la clé de l'investiture du Gouvernement ou nomme les membres de la Cour Constitutionnelle.

La théorie constitutionnelle regroupe toutes les fonctions parlementaires exercées sur les autres pouvoirs d'État au sein de cette catégorie appelée fonctions de contenu politique. De ce point, nous analyserons exclusivement ces fonctions par rapport au Gouvernement. Elles sont catégorisées en 3 ordres : l'investiture du Gouvernement, le contrôle de l'activité gouvernementale et l'exigence de la responsabilité politique du Gouvernement.

Ces trois catégories des fonctions de contenu politique constitueront la structure même de ce chapitre qui sera divisé en trois sous-points abordant chacun l'activité parlementaire de la première législature dans ces champs.

5.1. L'investiture du Gouvernement

La fonction de désignation de la personne appelée à animer l'institution Gouvernement est sans doute la plus décisive, sinon essentielle, dans les régimes parlementaires. Elle obéit à l'aspect fondamental de contrôle du Parlement à travers le critère « d'orientation politique ». En effet, le concept d'orientation politique est un type de contrôle qui s'exerce sur les titulaires ou les animateurs d'un organe politique de l'État. Il consiste principalement dans le recrutement et la désignation, ou, à l'opposé, la révocation des personnes appelées à animer un pouvoir d'État. En vertu de ce pouvoir de désignation, l'Organe constitutionnel qui contrôle nomme pour l'organe contrôlé, la personne qui doit suivre la même orientation politique ; il convertit donc l'organe contrôlé en un produit à lui (le créateur entraîne la créature), par ce même moyen de contrôle. Il peut destituer le titulaire de l'organe contrôlé, s'il ne suit pas l'orientation politique fixée[88].

Il convient de préciser qu'il existe deux possibilités d'intervention parlementaire. D'une part, les prescriptions constitutionnelles peuvent prévoir seulement la désignation du Premier ministre sur la base de

---

[88] Viga P. *Op. Cit* p. 85

son « Programme de gouvernement » et celui-ci est libre de choisir son équipe de ministres sans que le Parlement puisse statuer sur la convenance de tel ou tel ministre. D'autre part, il peut s'agir de la désignation et de l'approbation de toute l'équipe gouvernementale par le pouvoir législatif. Ce dernier cas était le modèle préconisé par la Loi Fondamentale.

Le vote d'investiture est une manifestation initiale de la confiance que le Parlement octroie au Gouvernement. Cette confiance vise à réconforter l'équipe gouvernementale de l'appui parlementaire nécessaire au programme politique envisagé et sert comme un engagement explicite et public de la majorité parlementaire à l'action gouvernementale.

5.1.1. L'investiture du Gouvernement Lumumba

M. Lumumba, nommé formateur du premier Gouvernement congolais, présenta à la Chambre des Représentants, le 22 juin à 22heures une équipe gouvernementale composée de 27 ministres. Il obtint la confiance de la Chambre des représentants avec 74 voix sur les 137 sièges pourvus, la majorité absolue étant de 69 voix. Au Sénat, le Gouvernement Lumumba obtint 60 voix, avec 12 voix contre et 8 abstentions.

5.1.2. L'investiture du Gouvernement Ileo

L'ordonnance du 5 septembre 1960 révoquant le Premier ministre et certains ministres[89], prise par le chef de l'État Kasa-Vubu et contresignée par les ministres J. Bomboko et A. Delvaux, qui enclencha la première crise gouvernementale congolaise, tire tout son fondement juridique de l'Art. 22 de la LF du 19 mai 1960 sur les structures du Congo. Cet article stipule : « le chef de L'État nomme et révoque le Premier ministre et les ministres ».

L'interprétation littérale, et partant aisé (peut-être intéressée) de cette prescription constitutionnelle à laquelle s'était prêté le Président s'est buté logiquement à l'interprétation systématique de plusieurs articles de cette même Loi Fondamentale faite par le Cabinet Lumumba[90]. L'absence de tout arbitrage juridictionnel susceptible

---

[89] Paru au Moniteur congolais n° 40 du 3 octobre 1960.

[90] Voir arguments développés dans le communiqué du Conseil des ministres de la République du Congo, réuni en séance extraordinaire le 5 septembre 1960.

d'émettre une jurisprudence d'autorité en la matière, l'échec des plusieurs initiatives politiques de réconciliation entre les deux hommes politiques congolais ainsi que les velléités d'imposer le Gouvernement Ileo sont des circonstances qui n'avaient fait qu'accentuer les difficultés de résorption de la crise.

Le Gouvernement Ileo ne se présenta jamais aux Chambres pour son investiture, bien conscient qu'il n'obtiendrait pas la confiance, car M. Lumumba disposait toujours de sa majorité. Bien plus, l'intervention du Parlement dans cette rupture entre le chef de l'État et le Premier ministre était nettement en faveur de ce dernier. Ainsi le nous pouvons déceler les actes parlementaires suivants :

- Le 7 septembre la Chambre des représentants annula, par 60 voix contre 19 sur les 137 membres, les mesures de destitution réciproque prises par M. Kasa — Vubu et M. Lumumba
- Le 8 septembre, par 41 voix contre 2 et 6 abstentions sur
- 84 membres, le Sénat rejeta la décision prise par le chef de l'État.
- Le 13 septembre, les Chambres réunies (contrairement aux dispositions constitutionnelles) adoptent une résolution accordant les pleins pouvoirs à M. Lumumba, ainsi que la Constitution d'une commission parlementaire chargée de contrôler l'usage de ce régime des pleins pouvoirs.
- L'ajournement des Chambres réunies en session ordinaire de septembre, pour une durée d'un mois, par l'ordonnance du 14 septembre[91].

5.1.3. L'investiture du Gouvernement Adoula I

Le Gouvernement Adoula est le fruit d'une longue tractation politique pour une réconciliation nationale effective. Il eut le mérite de mettre fin à trois pouvoirs centraux, à savoir le Gouvernement Iléo, le Gouvernement Gizenga de Stanleyville et le Conseil des commissaires généraux dirigé par M. Bomboko. Ainsi, sous les auspices de l'ONUC, les deux Chambres réunies en conclave à Lovanium accordèrent leur confiance à M. Cyrille Adoula, le 2 août[92].

---

[91] Publié au Moniteur congolais n° 40 du 3 octobre 1960.

[92] Voir à ce sujet Les Annales parlementaires, année 1961 n° 6, deuxième session extraordinaire 1961, séance publique du 2 août.

5.1.4. Controverse autour de l'investiture du Gouvernement Adoula II

Par l'ordonnance du 11 juillet 1962 portant composition du Gouvernement remanié de Cyrille Adoula, le chef de l'État abrogeait l'ordonnance du 2 août qui installa ce gouvernement après les tractations de Lovanium. Cependant il comportait un fait inédit : bien que son objet portât sur le remaniement de l'équipe gouvernementale, cette ordonnance visait l'ensemble du Gouvernement. Raison pour laquelle, tout en affirmant qu'une nouvelle investiture ne lui était pas nécessaire, M. Adoula décida de présenter son équipe remaniée aux deux Chambres et de solliciter un vote de confiance. Cette démarche, jointe au fait de l'abrogation de l'ordonnance du 2 août, offrait une ressemblance avec une demande d'investiture[93].

La controverse qui s'ensuivit était liée au nombre de voix obtenues lors de ce vote de confiance. En effet M. Adoula obtint 66 voix favorables, 44 voix contre et 6 abstentions. Ce nombre de voix était valable pour un vote de confiance et non pour l'investiture d'un gouvernement. L'opposition entendait cela comme un échec au vote d'investiture qui exigeait la majorité absolue, c'est-à-dire 69 voix et exigeait de ce fait la démission du Gouvernement Adoula II.

5.2. La fonction de contrôle du Gouvernement

Le contrôle parlementaire a essentiellement trois objectifs : vérifier l'accomplissement de la Constitution et des lois de la République, vérifier leur ajustement au programme de la majorité parlementaire, amener le Gouvernement à rectifier ses orientations si on constate une certaine déviation.

Cependant, il faut souligner que la fonction de contrôle ne se limite pas seulement à ces trois aspects. Elle implique à tous égards une perspective d'influence sur l'activité gouvernementale, car il ne s'agit pas d'une simple activité de vérification, mais de critique passible des sanctions politiques.

De plus, il faut établir une distinction entre la requête d'information et la fonction de contrôle. En effet, l'activité de contrôle requiert d'être en possession de l'information nécessaire sur les aspects et le développement de l'activité gouvernementale. Ces informations permettent d'évaluer la justesse des agissements des membres de

---

[93] Les dossiers du CRISP, *Congo 1962*, CRISP, Bruxelles, p. 63

l'équipe gouvernementale par rapport aux alternatives en présence. Le Parlement dispose de ses propres structures, chargées de fournir l'information requise, mais l'initiative de l'information peut provenir du Gouvernement lui-même. En droit parlementaire français par exemple, en dehors des déclarations de politique générale prévues à l'Art 49 alinéas 1 de la Constitution, celui-ci peut faire des déclarations devant les Assemblées. Le Gouvernement annonce son intention de les faire suivre ou non d'un débat. Avec ou sans débat, elles ne sont pas suivies de vote[94]. Aussi, à côté des informations fournies au Parlement par le Gouvernement, il y a bien sûr celles qu'il réclame. Les commissions peuvent demander aux ministres de leur communiquer les renseignements dont ils ont besoin, soit pour l'examen des projets de loi qui leur sont soumis, soit plus généralement pour accomplir leur mission. Elles peuvent demander l'audition de tel ministre ou de tel haut fonctionnaire ou encore de telle personne dont elles jugent l'opinion importante[95].

5.2.1. Les procédures de contrôle sans vote

Les procédures sans vote sont des procédures d'information, car les Assemblées ne sont pas appelées à émettre des votes sur l'objet consacré à la séance. Ces procédures peuvent être initiées par le Gouvernement lui-même ou à l'initiative du Parlement. Ces procédures sont : les déclarations du Gouvernement, les questions, l'interpellation et les motions.

Les déclarations du Gouvernement : Comme il est dit dans le paragraphe antérieur, les déclarations du Gouvernement sont purement informatives et ne sont pas accompagnées d'une quelconque mise en jeu de la responsabilité politique.

Les questions : Les questions aux membres du Gouvernement consistent en une pétition d'information au Gouvernement sur un fait, sur un point concret de l'activité gouvernementale. Cependant, la finalité réelle des questions n'est pas en rapport avec l'obtention d'information sur un fait ou des données inconnues par le député qui la formule. La question, telle qu'elle se développe dans la pratique constitutionnelle comparée, possède une claire intentionnalité

---

[94] Art. 132 du RAN

[95] Guchet Y. *Op. Cit.* p. 174.

politique. Elle a pour but de signaler une certaine déficience dans l'activité gouvernementale ou de l'administration.

Il existe deux catégories de questions : orales et écrites. Mais la question doit être écrite et présentée préalablement pour permettre la préparation de la réponse. La réponse peut être orale ou écrite selon le désir du député qui l'a formulée. La question écrite, posée à un ministre ou au Premier ministre porte sur la politique générale du Gouvernement et doit être sommairement rédigée et se limiter aux éléments strictement indispensables à sa compréhension. La question orale peut revêtir deux formes différentes : les questions orales sans débat et les questions orales avec débats. La question d'actualité a été conçue pour donner un regain d'intérêt aux questions orales.

L'interpellation : Elle consiste à ouvrir un débat parlementaire sur un aspect important de la politique du Gouvernement. Ce débat a pour objet de ramener le Gouvernement à préciser clairement son approche sur le thème objet du débat, ce qui peut amener les Assemblées à émettre un jugement valorisant au travers d'un vote sur la position du Gouvernement. Le professeur Jorge de Esteban considère que l'interpellation est un instrument parlementaire spécifiquement conçu pour assurer un contrôle politique sur le Gouvernement, car elle permet aux Assemblées de former un jugement politique sur un aspect global de la politique du Gouvernement, lequel jugement peut se matérialiser dans une motion à la fin des débats[96]. Contrairement aux questions qui ont un caractère précis, l'interpellation a un caractère général et permet de cerner l'orientation de la politique gouvernementale sur une matière donnée comme la défense, la politique extérieure ou la politique intérieure.

Les motions : Il s'agit d'une proposition de résolution de caractère non législatif soumis à la considération et au vote de l'Assemblée. Elles permettent aux Chambres et aux groupes parlementaires d'adopter un jugement de valeur sur la politique gouvernementale.

5.2.2. Le contrôle par les commissions

Les commissions permanentes : Outre leurs attributions en matière législative, les commissions permanentes assurent l'information de l'Assemblée pour lui permettre d'exercer son

[96] Esteban J. et al. *Op. Cit* p. 200

contrôle sur la politique du Gouvernement[97]. Pour recueillir ces informations, les commissions procèdent à l'audition des membres du Gouvernement ou des personnalités extérieures.

Les missions d'informations : Les commissions permanentes peuvent confier à un ou plusieurs de leurs membres une mission d'information temporaire, portant notamment sur les conditions d'application d'une législation. Ces missions peuvent être communes à plusieurs commissions.

Les commissions d'enquête : Elles sont un instrument classique de contrôle parlementaire. Elles sont constituées par le Parlement pour réaliser une enquête sur n'importe quel fait d'intérêt public. Les commissions d'enquête sont formées pour recueillir des éléments d'information sur des faits déterminés, soit sur la gestion des services publics ou des entreprises. La proposition de résolution doit déterminer avec précision les faits qui donnent lieu à l'enquête, soit les services publics ou les entreprises nationales dont la commission doit examiner la gestion.

5.3. La responsabilité politique du Gouvernement

L'exigence de la responsabilité politique du Gouvernement est le moyen le plus puissant dont disposent les Assemblées pour obliger le Gouvernement à démissionner parce qu'il a perdu sa confiance. La responsabilité politique n'est pas équivalente aux procédures de contrôle, bien que les liens qui les unissent soient très étroits. Pour qu'il existe responsabilité, il faut préalablement un contrôle. La responsabilité politique n'est pas de ce fait une procédure de contrôle, mais plutôt une matérialisation des conséquences du contrôle politique exercée par les Assemblées sur le Gouvernement. En dernière instance, si à travers les procédures de contrôle, le Gouvernement n'arrive pas à rectifier, l'Assemblée se voit obligée de rompre le pacte politique de confiance initié lors de l'investiture de l'exécutif.

Cependant, il faut reconnaître que le terme de responsabilité qui désigne la relation de solidarité réciproque entre le Gouvernement et la majorité parlementaire est impropre. Emprunté au droit civil, il évoque l'idée de faute et de sanction, comme l'observait René Capitant, alors qu'il s'agit d'un accord politique que sanctionne la

[97] Voir par exemple l'Art. 145 RAN en droit parlementaire français

démission du cabinet lorsqu'il vient de perdre la confiance de l'Assemblée[98].

L'exigence de la responsabilité politique du Gouvernement peut revêtir deux modalités : l'une positive et l'autre négative : la question de confiance et la motion de défiance (ou motion de censure).

5.3.1. La question de confiance

La Loi Fondamentale n'a pas organisé la question de confiance au sens strict du terme. Elle a adopté un système d'investiture pur et simple, car le Premier ministre et toute son équipe devaient se soumettre à un premier débat sur la Constitution même du Gouvernement. Aux termes de l'Art. 42 de la LF :

> *« Après sa Constitution, le Gouvernement se présente dans chacune des Chambres en vue d'obtenir sa confiance. Celle-ci est acquise à la majorité absolue des voix de tous les membres qui les composent ».*

Ainsi la mise en jeu de la responsabilité politique n'est pas assimilable à l'investiture, car le Gouvernement qui engage sa responsabilité politique à travers la question de confiance doit être nommé et en fonction.

Il est vrai que la question de confiance est une initiative gouvernementale, que la majorité parlementaire peut récupérer pour renégocier certaines positions au sein de celle-ci. Mais fondamentalement, il faut considérer la question de confiance comme une procédure parlementaire à disposition du Gouvernement dont l'objet consiste à fortifier son autorité politique. Elle est un moyen efficace de pression gouvernementale sur le Parlement. Elle est liée à l'approbation d'un programme gouvernemental, d'une déclaration de politique générale ou d'un projet de loi. Dans ce cas le Gouvernement menace de démissionner s'il n'obtient pas la confiance sur le programme, la déclaration ou le projet de loi présenté.

Durant la première législature congolaise, il n'y a eu que la question de confiance posée par le Gouvernement Adoula le 16 juillet 1962, portant sur la configuration du Gouvernement remanié. Nous avons fait allusion à cette controverse dans la section relative à l'investiture.

---

[98] Capitant R. *Régimes parlementaires*, dans les mélanges R. Carré de Malberg, Sirey, 1933, cité par Avril P. et Gicquel J *Op. Cit.* p. 253

En droit Parlementaire comparé, la question de confiance est délibérée préalablement en Conseil de ministres et doit porter essentiellement sur le programme gouvernemental ou sur une déclaration de politique générale. Tel est le cas de l'Art. 49 alinéas 1 de la Constitution française qui stipule que

« Le Premier ministre après délibération du Conseil des ministres engage devant l'Assemblée nationale la responsabilité du Gouvernement sur son programme ou éventuellement sur une déclaration de politique générale [99]»

5.3.2. La motion de censure (individualisée)

Aux termes de l'Art.45 de la LF :

« La responsabilité individuelle d'un membre du Gouvernement est mise en cause par le dépôt d'une motion de censure. La motion de censure n'est recevable que si elle est signée par un cinquième au moins des membres de l'une ou de l'autre Chambre. »

Aux termes de l'Art. 46 de la LF, la censure d'un membre du Gouvernement entraîne sa démission. Elle n'entraîne pas la démission de ce gouvernement.

Ce principe a été admis par dérogation au principe de la solidarité ministérielle qui caractérise les régimes parlementaires européens. À ce sujet M. Périn croit que les raisons pour adopter ce système ont trait au besoin de localiser les crises, à l'exigence de permettre au Parlement congolais de renvoyer un ministre sans faire tomber tout le Gouvernement et enfin, de limiter le plus possible les occasions des crises ministérielles générales.

5.3.3. Les motions de censure adoptées sous la première législature

Sous la première législature, l'inventaire des motions de censure déposées au bureau des Chambres s'élève à 5 dont 4 furent adoptées et une, celle déposée contre M. Bomboko qui n'aboutit pas, car le bureau avait jugé exagéré le rythme et l'utilisation très opportuniste de présentation des motions de censure.

Dans cette section nous présentons les différentes motions soumises ainsi que les griefs retenus contre les ministres en cause et le sort du vote.

---

[99] Voir aussi à ce sujet l'Art. 112 de la Constitution espagnole.

5.3.3.1. La motion à charge du ministre Bisukiro

Cette motion fut la première dans les Annales parlementaires de la première législature. Elle fut déposée durant la IVe session ordinaire du Parlement (mars-début août).

Les griefs retenus étaient formulés en quatre ordres [100]:

- Fomenter les troubles au Kivu et occasionner l'éclatement de la province.
- La création de la société SOCOGEKI, société de type communiste. Par cette création, le ministre Bisukiro tombait dans les incompatibilités prévues aux articles 199, 200, 201, 202 et 203 de la LF.
- Avoir exporté des marchandises sans payer les frais douaniers, commettant ainsi l'escroquerie des plus flagrantes en l'endroit de l'État dont il était membre.
- Tentative de vente du parc national Albert aux étrangers.

Cette motion fut adoptée et le ministre en cause fut démis de ses fonctions par l'ordonnance n° 56 du 28 avril 1962, paru au Moniteur congolais n° 13 du 21 mai 1962.

5.3.3.2. Motion de censure n° 2/S.O. 1962 déposée à la Chambre des représentants contre le ministre des Finances, M. Arthur Pinzi[101]

Cette motion de censure fut déposée durant la même session ordinaire que celle contre M. Bisukiro. Les griefs retenus contre le ministre Pinzi étaient regroupés en 6 points :

- Avoir autorisé la vente et vendu à son profit personnel le stock d'ivoires qui se trouvait à Matadi ;

---

[100] Voir les Annales parlementaires, Chambre des représentants, du 13-4-1962, pp 6-7-8. Les députés signataires : Matabishi Samuel, Kalemire Yuma, Kambale Théophile, Kageni Gabriel, Muminia, Ngbangala, Bintondi Isaac, Payaka, Shako, Pelendo Joseph, Mayimbango, Ilenda., Kashale., Ndudri, Mosoko., Katimba, Bondhe, Bula Vital, Katombe, Kupa., Yambe, Dericoyard, Bolya,, Menote, Iba, Ambroise, Ebale, Fumu-Tamuso, Mutshungu.

[101] Voir les Annales parlementaires, Chambre des représentants, 20-4-1962. Les députés signataires de cette motion : Katombe, Iba Ambroise, Fumu-Tamuso, Udar, Mulundu, Kasongo Joseph, Pelendo, Kabengele, Massa, Dombo, Malago, Niamadjumi, Kambale, Bula, Bondhe,, Kupa, Tshiala, Mubanga, Kinkie, Ndundri,, Mutshungu, Ekombe, Ngbangala, Boketshu, Katimba, Muminia, Tumba-Mwasipu, Moanda, Shako, Afuluta, Mopipi, Amula, Ebala, Bolya.

- Avoir fabriqué ou fait fabriquer de fausses quittances ;
- N'avoir pas présenté, dans le délai imparti, le rapport financier réclamé par la Chambre des Représentants ;
- S'être fait ministre touriste et commerçant ;
- N'avoir pas obtempéré à l'ordre du Premier ministre lui enjoignant de regagner la République ;
- D'avoir participé, en refusant d'obtempérer à l'ordre du Gouvernement de rentrer à Léopoldville, à la destruction de l'Autorité.

Cette motion avait été adoptée par la Chambre des Représentants et le ministre en cause fut démis de ses fonctions par l'ordonnance n° 57 du 28 avril 1962.

5.3.3.3. Motion de censure à charge de M. Justin Bomboko, ministre des Affaires étrangères

Le 22 juin, une autre motion de censure était déposée au Sénat contre le ministre Justin Bomboko. Les griefs à charge se résumaient en quatre points :

- N'avoir pas fourni toutes les explications voulues sur la gestion des bourses d'études remises à la République du Congo ;
- Avoir omis, conformément à l'Art. 37 de la Loi Fondamentale, de soumettre au Parlement l'accord Congo — O.N.U. dans les délais impartis ;
- l'Accord Congo-O.N.U. spécialement en ses Arts. 4, 19, 20, 24, 27, 31, 33, 35, 36 et 48, portait atteinte à la souveraineté nationale ;
- Cet accord unilatéral constitue un acte anticonstitutionnel, un acte de trahison et punissable par le code congolais.

Cette motion n'avait pas été soumise à discussion et vote, car l'enceinte du Parlement était entourée de policiers et soldats et la séance fut reportée. Plus tard, la question fut traitée par la Conférence des présidents des commissions. Celle-ci estimait que lorsque quelqu'un a commis des fautes, on doit lui faire observer avant de passer à des sanctions aussi sévères que celles préconisées. Et en conclusion, elle considéra que l'utilisation de la motion de censure était exorbitante et décida de maintenir le ministre en cause dans ses fonctions.

5.3.3.4. Motion de censure n° 1/S.O. 1962/1963 à charge du ministre de la Justice, M. Weregemere

La motion de censure contre M. Weregemere, ministre de la Justice fut déposée à la Chambre le 4 décembre. Elle était signée par 29 députés. Elle comportait les griefs suivants :

- Avoir instauré plusieurs mesures arbitraires qui ont provoqué un climat de terreur, obligeant ainsi les élus et leur peuple à vivre des situations d'hésitation, de méfiance et d'incertitude quant à la fin de la crise ;
- Avoir profité des vacances parlementaires pour déclencher une campagne de dénigrement tendant à dissoudre le Parlement en élaborant une ordonnance à cette fin ;
- Avoir élaboré une ordonnance illégale et excitatrice mettant ainsi Léopoldville dans l'état d'exception sans avis du Parlement ;
- Avoir instauré à l'ancienne prison de Ndolo un camp de concentration pour brimer ses ennemis politiques ;
- Avoir durant son ministère, favorisé les évasions à Makala, par suite de plusieurs mesures vexatrices à l'égard des prisonniers ;
- Par plusieurs visites inopinées du ministre à Makala à 5 heures du matin, il a été pris pour un évadé ;
- La mauvaise gestion des prisons
- Avoir procédé à la condamnation de plusieurs citoyens sans motif ni dossier prouvant leur culpabilité.
- Avoir exercé une forte pression sur la magistrature et procédé aux arrestations des juges lorsque ces derniers auraient libéré un prisonnier prévenu de plusieurs mois dont la culpabilité n'était pas établie.

Cette motion fut adoptée et le ministre démis de ses fonctions

5.3.3.5. Motion de censure à charge de M. Jason Sendwe

Cette motion fut déposée au bureau du Sénat le 26 décembre 1962. Les griefs à charge tournaient principalement autour des problèmes politiques de son ministère. Cette motion fut votée à la séance du 28 décembre sans que M. Sendwe eu l'occasion d'achever sa défense, par 45 voix avec4 voix contre et 4 abstentions[102].

5.3.3.6. La motion de censure contre M. Dericoyard

À la séance du 18 décembre, une cinquième motion de censure fut déposée à l'initiative du député Dundry du MNC-L contre le ministre des Affaires économiques.

Les signataires de cette motion reprochaient au ministre Dericoyard les faits suivants :

- Avoir inventé le nom de sociétés sans aucun statut
- Avoir utilisé ces sociétés fictives pour se faire octroyer des quotas à l'importation pour un montant de 5 300 000 F ;
- Boycott de l'économie de certaines nouvelles provinces
- Utilisation de l'argent du Crédit au Colonat et de l'A.C.M.A.F. comme argent personnel ;
- Inertie du département des Affaires économiques dans le domaine des prix des marchandises ;
- Corruption du ministre par les étrangers qu'il favoriserait au détriment des nationaux ;
- Détournement à des fins personnelles des devises mises par l'O.N.U.C. à la disposition du Gouvernement.

Cette motion n'aboutit pas, car elle ne recueillit que 57 voix, avec 30 contre et 7 abstentions.

5.4. La motion de défiance

La LF utilise le concept de motion de défiance dans le sens opposé de la motion de censure individualisée, ce qui revient à dire qu'elle assimile la motion de défiance à la motion de censure dirigée contre toute l'équipe gouvernementale. La motion de défiance, selon le professeur Jorge de Esteban, est en essence un accord dans lequel les Assemblées, de leur propre initiative, déclarent que le Gouvernement ne bénéficie plus de sa confiance. Par la motion de défiance, les Assemblées expriment le manque de confiance au Gouvernement, mais simultanément, elles rejettent toute autre alternative au

---

[102] Voir les développements sur cette motion dans le Compte Rendu analytique du Sénat, n° 19 du 26-12-1962, p.174.

Gouvernement en question. Pour ce professeur, l'objet de la motion de défiance consiste en la substitution de l'équipe gouvernementale mise en cause par une autre équipe, sans nécessité de passer par de nouvelles élections. Avec la motion de défiance, il n'y a pas de crise gouvernementale sinon la substitution automatique d'un gouvernement par un autre[103].

Aux termes de l'Art. 43 de la LF, « *la responsabilité solidaire du Gouvernement est mise en cause par le dépôt d'une motion de défiance* »

5.4.1. Les conditions de recevabilité de la motion de défiance

La LF posait une seule condition de recevabilité de la motion de défiance. Elle exigeait la présentation par un cinquième des membres de l'une ou de l'autre Chambre. En effet, cette condition procédurale était destinée à dissuader les Parlementaires d'utiliser la motion de défiance de manière irresponsable et visait à assurer une certaine stabilité de l'équipe gouvernementale.

Cependant en droit parlementaire comparé, cette condition numérique pour la recevabilité de la motion de défiance est élevée à un dixième. Tel est le cas de l'Art. 113 de la Constitution espagnole et l'Art. 49 alinéas 2 de la Constitution française. Afin d'éviter une utilisation abusive des dispositions constitutionnelles ou réglementaires, ces dispositions interdisent aux signataires d'une motion de défiance de signer une autre motion au cours de la même session. En droit parlementaire espagnol, il existe une condition supplémentaire de recevabilité. Elle consiste dans l'inclusion du nom d'un nouveau candidat Premier ministre dans la motion de défiance. Ce modèle importé de la Loi Fondamentale de Bonn, implique que la doctrine appelle ce genre de motion « constructive », car elle a pour objet d'éviter les majorités négatives, c'est-à-dire les majorités qui se forment juste pour la chute de l'équipe gouvernementale, mais qui sont incapables de constituer une majorité de gouvernements[104].

[103] Esteban J. et al., *Op Cit*, p. 211
[104] ibidem, p. 213

5.4.2. La procédure de vote

En général, à partir du dépôt de la motion de défiance, le Gouvernement ne peut plus dissoudre le Parlement. Aux termes de l'Art. 43 alinéa 3 de la LF, le délai entre le dépôt de la motion de défiance et le vote est de 48 heures. L'objet de ce délai raisonnable est d'éviter les présentations et le vote immédiat après un débat houleux, une ambiance surchauffée et passionnée. Le Premier ministre Lumumba avait tenté de l'expliquer à la Chambre des représentants, à la séance du 7 septembre, consacrée à la discussion de l'arrêté de révocation des ministres par le chef de l'État [105]:

Le vote de la motion de défiance devait être nominal et public. La motion de défiance n'était adoptée que si elle recueillait les deux tiers des voix des membres présents de l'une des deux Chambres ou bien, dans chacune des Chambres, la majorité absolue des voix de tous les membres qui la composent.

5.4.3. Les effets de la motion de défiance

L'adoption de la motion de défiance oblige juridiquement les ministres, aux termes de l'Art. 44 de la LF, à remettre leur démission au Premier ministre, qui la transmet ainsi que la sienne au chef de l'État. Jusqu'à la formation d'un nouveau gouvernement, les affaires courantes sont traitées par le Gouvernement démissionnaire.

Il faut souligner cependant que s'agissant d'une motion de défiance constructive, il n'y a pas de crise de gouvernement, car le candidat Premier ministre inclus dans la motion de censure est automatiquement investi par le Parlement à travers l'adoption de la motion de défiance. Cependant, la non-adoption d'une motion de défiance n'implique pas une conséquence particulière dans les rapports entre le Gouvernement et le Parlement. Le Gouvernement récupère donc le plein exercice des fonctions constitutionnelles, dont celle de dissoudre le Parlement.

Il faut aussi observer que très souvent, les dispositions constitutionnelles rendent difficiles l'adoption d'une motion de défiance, mais elle est un instrument de contrôle parlementaire à disposition de l'opposition pour obliger le Gouvernement à modifier dans une certaine mesure sa politique. En effet, le débat politique de caractère général qui précède le vote permet à l'opposition d'exprimer

[105] Voir les Annales parlementaires, n° 19 du 7 septembre 1960.

son opinion sur la situation politique ou sur certains aspects importants de sa politique. Selon les circonstances, elle peut forcer le Gouvernement, plus que par tout autre moyen de contrôle, à tenir compte de l'opinion de l'opposition.

5.4.4. La motion de défiance dans l'histoire de la Première législature

La première motion de défiance contre un gouvernement dans l'histoire constitutionnelle congolaise fut celle déposée à la Chambre le 26 novembre 1962 contre le Gouvernement Adoula. Elle était signée par 29 députés. Cette motion comportait les griefs suivants[106] :

- L'inconscience du Gouvernement de M. C. Adoula, devant les problèmes nationaux ;
- Les mesures arbitraires instaurées par le Gouvernement dont il n'a pas lui-même le contrôle, qui créent ainsi un climat de terreur et d'insécurité dans les populations ;
- Les tentatives du Gouvernement pour dissoudre le Parlement ;
- La campagne de dénigrement à des fins menées jusqu'ici par le Gouvernement à l'endroit des Parlementaires, tendant à provoquer un conflit entre le Gouvernement et le Parlement ;
- L'attitude du Gouvernement qui met en cause la bonne foi et l'honneur des parlementaires, ce qui constitue un outrage au Parlement souverain ;
- Les mécontentements répétés des populations à ces agissements du Gouvernement qui devient impopulaire ;
- Le comportement du Gouvernement qui révolte les populations ; le Parlement, par sa qualité d'organe suprême de la Nation, n'a cessé de le rappeler à l'ordre, mais c'est resté sans effet ;

Dans les domaines politique, économique, financier et social, le Gouvernement n'a fait aucune réalisation pour la prospérité et le progrès de la Nation ; par contre le trafic des produits stratégiques du pays, notamment le diamant, or, etc. a augmenté régulièrement ;

- Dans le domaine politique les actes du Gouvernement vont à l'encontre des principes démocratiques de la République et tendent à provoquer une nouvelle crise.

---

[106] Esteban J. *Op Cit* p.217.

- Les agissements du Gouvernement sont de nature à aliéner la Souveraineté nationale[107] ;

La réunion de la Chambre prévue pour le 27 fut reportée par le président au 28 afin de respecter les 48 heures de délai imposées par la Loi Fondamentale avant le vote d'une motion de défiance. C'est la raison pour laquelle la discussion ne fut entamée qu'à 12 H 35 le 28 novembre, en présence du Premier ministre. De nombreuses interventions eurent lieu pour appuyer la motion de défiance. MM. Kama pour le P.S.A., Zola pour l'Abako, Bolikango pour le Puna et Badjoko pour le M.N.C.-L furent les porte-parole les plus importants de l'opposition.

Le vote par appel nominal, auquel 99 députés prirent part, donna 50 voix en faveur de la motion de défiance, 47 contre et deux abstentions, dont celle du président de la Chambre. L'Art. 43 de la Loi Fondamentale stipule que la motion de défiance ne peut être adoptée que « si elle recueille ou bien les deux tiers des voix des membres présents d'une des deux Chambres, ou bien, dans chacune des deux Chambres, la majorité absolue des voix de tous les membres qui la composent ». II aurait donc fallu 66 voix en faveur de la motion de défiance pour qu'elle soit acceptée[108].

Au Sénat, la motion ne fut même pas mise aux voix. M. Anany, ministre de la Défense nationale, se chargea de la défense du Gouvernement.

---

[107] Les signataires : MM. Yumbu Gabriel, Kemishanga Machias, Mungamba Ferdinand, Umani Senghie, Nzeza-Landu Edmond, Eleo Ambroise, Bondhe Théodore, Amani Amid, Tumba-Mvasipu Dominique, Shako Joseph, Sebakunzi Phocas, Rwanika Simón, Kaben-fele André, Ndinga Dominique, Kufulu Joseph, Birere Augustin, Peti-Peti André, Kama Sylvain, Kihuyu Etienne, Badjoko Charles, Bahito Paul, Mongali Michel, Yulibani ívnoít, Tatí Joseph, Mukwidi Thomas, Mulundu, Masena Joachim, Lumanza Albert, Kabangi-Numbi Fortunat. (C.R.A., Chambre des Représentants, n° 6, 28-11-1962, pp. 12-13.)

[108] Voir Congo 1962, *Op. Cit.* p102.

CHAPITRE 6

Le chef de l'État Kasa-Vubu à la recherche de la plénitude de la fonction gouvernementale

6.1. Le statut politico-constitutionnel ambigu du chef de l'État

La question relative au statut du Chef de l'État du Congo est un des points qui avaient cristallisé les débats de la Table Ronde belgo-congolaise de 1960. La partie belge entendait tout « naturellement » que le roi des Belges devait continuer d'exercer les fonctions de chef d'État au Congo jusqu'à la ratification de la Constitution ou il serait représenté dans ses fonctions par un mandataire spécial. Ensuite, pour la période définitive, la question du chef de l'État devait figurer dans les matières à débattre entre les Gouvernements belge et congolais. Le ministre du Congo belge, Ruanda-Urundi, Auguste De Schrijver insinua cette option dans son exposé à la plénière de la Table Ronde du27 janvier 1960. Cependant, la Commission sur les « structures de l'État », dans sa session du 3 février, établissait une relation directe entre la question de désignation du chef de l'État et la désignation du formateur du premier Gouvernement du Congo indépendant. Les travaux de cette session eurent le mérite de disséquer la question en deux problématiques différentes. La première, celle concernant la période transitoire jusqu'au 30 juin 1960 ; et la seconde, celle concernant la période séparant le 30 juin 1960 de la ratification de la Constitution congolaise[109].

Si pour la période transitoire, la désignation du Roi des Belges ne posait aucun problème juridique majeur, elle soulevait cependant la question politique concernant la procédure et les modalités liée au

[109]« Le problème du chef de l'État au Congo », *Courrier hebdomadaire du CRISP* 7/1960 (n° 53), p. 1-4.

choix du formateur du Gouvernement appelé à diriger le pays à partir du 30 juin 1960. Au sein de la Commission sur les structures du Congo, deux tendances s'exprimaient : La CONAKAT, la BALUBAKAT, le Parti National du Progrès, le porte-parole des chefs coutumiers, l'Union congolaise, l'Union Mongo, optèrent pour que le Roi choisît le formateur, après consultation des partis. Tandis que le cartel ABAKO-M.N.C.-P.S.A. - Parti du Peuple préconisait une formule faisant dépendre le choix du formateur d'une décision des Chambres, si possible entre le 15 et le 20 juin. Finalement, la Commission admit une formule de compromis entre les deux tendances qui fut adoptée à la plénière de la Table Ronde du17 février : « les Assemblées congolaises pourraient exprimer un vœu quant à la personne du formateur, la désignation officielle étant ensuite faite par le Roi ».

Cependant, pour la période allant du 30 juin 1960 à la ratification de la Constitution, la question du chef de l'État posait des difficultés plus grandes. La position du Gouvernement belge à travers le ministre de Schrijver préconisait que le Roi des Belges assumât la fonction de chef de l'État congolais jusqu'à la ratification de la Constitution congolaise, laquelle définirait la formule définitive. Cette formule était aussi appuyée par le P.N.P., les chefs coutumiers, l'Union Mongo, BALUBAKAT-FEDEKA, l'Alliance Rurale, l'Union congolaise, La CONAKAT et l'ASSORECO. À l'opposé, le Cartel, le M.N.C. - Lumumba ; le C.E.R.E.A soutenaient la thèse de la désignation d'un chef de l'État dès le 1er juillet. C'est finalement le 17 février que la session plénière de la Table Ronde adoptait une solution intermédiaire qui invitait les Chambres à se prononcer à ce sujet avant le 30 juin 1960. Si aucun accord ne se réalisait avant cette date, la « direction de l'État » congolais serait assurée par le président d'une des Assemblées[110].

Les résolutions de la Table Ronde au sujet de la désignation du chef de l'État furent moulées dans la Loi Fondamentale du 19 mai en 4 articles :

Art. 11 : « Dans les quarante-huit heures qui suivent la désignation du président du Sénat et la Constitution définitive de son bureau, les Chambres se réunissent en Assemblée commune. Cette Assemblée se prononce sur le choix du chef de l'État ».

---

[110] « Le problème du chef de l'État au Congo » *Op. Cit.*

Art. 12 : « La désignation du Chef de l'État est acquise à la majorité des deux tiers de tous les membres qui composent les deux Chambres réunies ».

Art. 13 : « Si dans un délai de huit jours à dater de la réunion des Chambres en Assemblée commune, la majorité prévue par l'article 12 n'a pu être atteinte, la fonction de chef de l'État est provisoirement assumée par le président du Sénat ».

6.2. L'ÉLECTION DE M. KASA VUBU COMME CHEF DE L'ÉTAT

Conformément aux dispositions de la LF précitées, deux candidats se présentèrent pour assumer les fonctions de chef de l'État : M. Kasa-Vubu, président général de l'ABAKO et M. Bolikango, président du PUNA (ex-ASSORECO et Front de l'Unité Kangula). Dès le premier tour, au scrutin secret, M. Kasa-Vubu était désigné par 159 voix contre 43 à son concurrent, et 11 votes blancs ou nuls. Pour les auteurs du CRISP, le succès net de M. Kasa-Vubu (trois quarts des suffrages) est dû à 4 facteurs principaux :

- La personnalité du candidat a entraîné des votes en sa faveur, au-delà des affinités ethniques et politiques : M. Kasa-Vubu, par son rôle dans la conquête de l'indépendance, s'est assuré des sympathies et respects actifs que l'éclipse de janvier-février 1960 n'avait pas profondément entamés. A contrario, le passé administratif récent de son concurrent devait normalement jouer en faveur de M. Kasa-Vubu dans les partis nationalistes.
- La situation provinciale à Léopoldville et le risque d'éclatement du pays par son pôle Bas-Congo constituaient des facteurs politiques en faveur de l'élection de M. Kasa-Vubu. Pour le PSA, par exemple, la clé de la province de Léo résidait dans le choix du chef de l'État.
- Pour beaucoup d'élus en outre, l'équilibre et la stabilité politique seraient mieux servis par un tandem de tête Kasa-Vubu-Lumumba que par la présence à la tête de l'État d'une personnalité moins marquée ou moins complémentaire. Ce raisonnement a été tenu par les fédéralistes.
- Le fait que M. Bolikango ait négocié avec M. Lumumba sans se retourner vers le Cartel et conclu un accord avec le formateur pour se faire porter aux fonctions de chef de l'État (alors que le Cartel ne s'était pas prononcé entre MM. Bolikango et Kasa-Vubu) a provoqué un certain mécontentement qui a sans doute

valu à M. Kasa-Vubu les voix de plusieurs partis (notamment le MNC-Kalonji).

6.3. CONTRADICTIONS AUTOUR DE LA FONCTION D'INTÉGRATION DU CHEF DE L'ÉTAT KASA-VUBU

Comme nous l'avons dit plus haut, la LF avait institué des structures binaires à trois niveaux : un exécutif bicéphale, un Parlement bicaméral et un État fédéral. Les considérations émises antérieurement ne mettent pas en cause la nature parlementaire du régime politique, bien plus, elles tendent à démontrer que la LF était une copie fidèle de la Constitution belge. Ainsi on s'accordera aussi pour conclure que le parlementarisme de la LF était dualiste, c'est-à-dire que le Gouvernement était politiquement responsable non seulement devant l'Assemblée, mais aussi devant le chef de l'État, qui participait donc activement à l'exercice du pouvoir[111].

L'interprétation de cet activisme du chef de l'État à l'exercice du pouvoir a été à la base de tous les conflits politiques qui ont émaillé la Première République. En effet, la dissociation des organes exécutifs (chef de l'État et chef de gouvernement) et la procédure de contreseing sont un mécanisme fondamental du régime parlementaire. La substance de la politique gouvernementale est l'apanage du chef de gouvernement. Le chef de l'État joue un important rôle d'intégration. Il a pour vocation d'incarner la continuité de l'État, il ne participe pas ou très peu à l'exercice du pouvoir, exception faite du choix du chef de Gouvernement et encore doit-il le choisir dans la majorité parlementaire[112]. Comme nous le savons, il n'en a pas été ainsi durant la Première République, les nominations des Premiers ministres n'ont jamais obéi à une telle conception du régime parlementaire, exception faite de M. Lumumba. Souvenons-nous des Gouvernements Ileo, Tshombe, Kimba.

Comme on peut le constater, sous la Loi Fondamentale, le chef de l'État était irresponsable devant le Parlement, et donc en marge des conséquences des luttes idéologiques. Sa mission consistait fondamentalement à garantir l'unité de l'État, ce qui constituait sa fonction d'intégration. Le chef de l'État — à l'époque le monarque — doit être tenu à l'écart des luttes politiques pour ne pas être affecté par

---

[111] Pactet P. *Op.Cit*, p. 146.
[112] Ibidem, p. 144

leurs aléas et par une éventuelle défaite. Mais en contrepartie, il s'abstient d'exercer un rôle actif. Politiquement irresponsable et par conséquent assuré de demeurer en fonction pour la durée de son règne ou celle de son mandat. Il est aussi sans autorité réelle[113].

À juste titre, certaines opinions se référaient à M. Kasa-Vubu, premier président du Congo indépendant comme un « monarque régnant ». C'est par un effort de systématisation de toutes les fonctions présidentielles et le contexte dans lequel le constituant belge a engendré la Loi Fondamentale que l'on comprendra la fonction d'intégration qui incombait à M. Kasa-Vubu. Son irresponsabilité politique n'est que le reflet de la neutralité politique que le constituant belge avait attaché à la fonction présidentielle. Le fondement de cette institution consiste en ce que toutes les forces politiques convergent en la personne du chef de l'État. II était une sorte de dénominateur commun, sa mission étant plus psychologique que juridique. II représentait l'unité de la nation congolaise. Sa signature apposée sur les lois et autres actes, contresignés par un ministre qui de ce fait en devient responsable devant le Parlement, ne constituait nullement une manifestation d'un quelconque pouvoir politique, sinon qu'elle était une forme de contrôle de l'accomplissement des conditions formelles prédéterminées par la Loi Fondamentale, parce que, par sa signature, la volonté majoritaire, c'est-à-dire d'une fraction de membres de la communauté nationale, s'imposerait désormais contre la volonté de la fraction minoritaire et deviendrait opposable à tous. Sa figure est donc une référence psychologique pour que tous les partis politiques agissent dans l'intérêt de l'État.

Comme nous le voyons, le statut de M. Kasa-Vubu, sous la Loi Fondamentale ne différait en rien de celui d'un monarque dans une monarchie constitutionnelle et parlementaire. La question que nous nous posons est celle de savoir pourquoi M. Kasa-Vubu ne l'entendait pas ainsi.

6.4. M. Kasa-Vubu, chef d'État africain au vrai sens du terme

Dans toute l'analyse de l'histoire politique du Congo sous la Première République, il s'avère que M. Kasa-Vubu n'était pas au-dessus de la mêlée ; il continuait d'être président de l'ABAKO,

---

[113] ibis

membre du cartel et continuait à croire aux résolutions du congrès de Kisantu[114] et était déterminé à leur mise en application. C'est avec raison que lors des discussions de la Table Ronde de Bruxelles, certains délégués congolais avaient fait observer que, dans la conception africaine, un chef doit nécessairement avoir un mot à dire et être efficace pour conduire la politique de son pays. La notion d'un chef irresponsable et dépourvu d'un pouvoir réel était une notion qui leur paraissait trop issue de la tradition historique européenne pour être intelligible aux yeux de la population. Pour la masse des Africains, un chef d'État est véritablement un dirigeant politique[115]. Contrairement à la conception du régime parlementaire qui nécessitait un personnage effacé, apolitique, qui représenterait un pouvoir neutre, au-dessus du jeu des partis politiques, les chambres congolaises vont porter leur choix sur un leader politique, un chef de parti ayant sa propre vision de l'exercice du pouvoir et des objectifs opposés à ceux du chef de gouvernement. Élu chef de l'État par le Parlement, Kasa-Vubu refusait, à juste titre, de se comporter comme un simple symbole[116].

Sur le plan de l'exégèse, copiant littéralement l'Art. 105 de la Constitution belge, la Loi Fondamentale par son Art. 21 stipule que « le chef de l'État n'a d'autres pouvoirs que ceux que lui attribue formellement la présente Loi ». Cependant, le deuxième alinéa de ce même article pose des conditions pour l'exercice de ces pouvoirs. Ainsi, conformément à la lettre de ce deuxième alinéa, le constituant avait prévu trois conditions que nous énumérons :

---

[114] Voir à ce sujet, Actualités congolaises (élections ; congrès de Kisantu, table ronde), Courrier hebdomadaire du CRISP3/1960 (n° 49), p. 1-14.
Ce congrès qui eut lieu du 24 au 27 décembre 1959 à Kisantu, dans les jardins renommés du Frère Gillet, était dû à l'initiative des partis du Cartel : Abako, M.N.C.-Kalonji, P.S.A. et Parti du Peuple. Tous les partis fédéralistes furent invités ; l'acceptation de la structure fédéraliste en était même la condition sine qua non. Les partis politiques participant au congrès avaient réaffirmé leur conviction dans le fédéralisme, seule forme capable d'assurer le développement harmonieux et l'épanouissement normal de tous les habitants. Le Congrès avait aussi réitéré son positionnement contre le tribalisme et le régionalisme, comme des facteurs de régression sociale, politique, économique et culturelle. Au point de vue social et économique, Le Congrès de Kisantu exprima ses tendances anti-capitalistes et socialistes.
[115] Périn F. *Op. Cit*, p 28
[116] Kamukuny Mukinayi A. *Op. Cit*. p.137.

- Le contreseing des ministres responsables, quand il s'agit de l'exercice du pouvoir exécutif. (Art. 17 de la Loi Fondamentale)
- Le principe de l'inviolabilité de la personne du chef de l'État, et partant, l'irresponsabilité politique du chef de l'État. (Art. 19 LF).
- En aucun cas, l'ordre verbal ou écrit du chef de l'État ne peut soustraire un ministre à la responsabilité. (Art.20 LF).

Les attributions du chef de l'État, sous la Loi Fondamentale, pouvaient être groupées en deux catégories :

Les pouvoirs « imparfaits » : Nous entendons par pouvoir imparfait les prérogatives reconnues au chef de L'État qui se limitaient seulement à un droit d'initiative, activant ainsi le processus suivant : l'exercice du pouvoir législatif, tel qu'il était organisé par l'Art.15 de la LF, et l'exercice du pouvoir constituant, organisé par les dispositions préliminaires de l'Art. 4 de la LF ; le pouvoir imparfait concernait aussi les prérogatives qui étaient réellement de la compétence du chef de l'État, mais qui n'auraient d'effet juridique qu'après l'application de la technique du contrôle interorganique par un autre pouvoir d'État, en l'occurrence les Chambres. C'est la procédure réglée à l'Art. 25 de la LF qui stipule que : « Le chef de l'État fait les traités. Les traités n'ont d'effets qu'après avoir reçu l'assentiment des chambres, sous forme de loi. »

Les pouvoirs propres : Les pouvoirs propres du chef de l'État sont détaillés dans les Arts. 22 à 32 :

- Le chef de l'État nomme et révoque le Premier ministre et les ministres.
- Il confère les grades dans les forces armées et la gendarmerie.
- II nomme aux emplois d'administration générale, sauf les exceptions établies par les lois. II ne nomme à d'autres emplois qu'en vertu de la disposition expresse d'une loi.
- II confère les ordres nationaux, civils et militaires, en observant à cet égard ce que la loi prescrit.
- Le chef de l'État a le droit de battre monnaie, en exécution de la loi.
- Il commande les forces armées de l'État.
- Il fait les règlements et ordonnances nécessaires pour l'exécution des lois, sans pouvoir jamais n'y suspendre les lois elles-mêmes ni dispenser de leur exécution.

- Il sanctionne et promulgue les lois (l'examen des lois à promulguer)
- Le chef de l'État a le droit de grâce (remettre, réduire ou commuer les peines, sans préjudice à l'application de l'Art. 41).
- Il convoque les Chambres en session extraordinaire.
- Il peut ajourner les Chambres, conformément à l'Art. 70.
- Il a le droit de dissoudre les Chambres, conformément aux Arts. 71 et 72.

Analysant cette option constitutionnelle d'un chef d'État irresponsable, le professeur Mampuya est convaincu que ce mimétisme constitutionnel ne pouvait en aucun cas montrer l'inadéquation d'une telle option, valable dans un contexte de neutralité du souverain belge, mais incongrue dans un État républicain où les prérogatives présidentielles, faute de limitations constitutionnelles expresses, s'entendent et s'appliquent par un chef de l'État, homme politique, partisan et ayant ses options, programmes et ambitions politiques. La pratique a, en Belgique, pallié cette absence de limites constitutionnelles en établissant une coutume constitutionnelle qui repositionne et limite les prérogatives royales. Le Congo, sans expérience constitutionnelle, n'avait donc pas de procédure extraconstitutionnelle qui pût s'imposer à titre de coutume en limitant les prérogatives présidentielles[117].

6.5. Le chef de l'État Kasa-Vubu dans la logique du régime de Weimar

Cette observation fort pertinente du professeur Mampuya, complété par la réalité historique des méthodes et procédures de nominations des différents Premiers ministres de la Première République, en l'occurrence Joseph Ileo, Cyrille Adoula à Lovanium, Moise Tshombe et Évariste Kimba, nous amène à affirmer à notre modeste avis, que M. Kasa-Vubu était dans la logique du régime de Weimar. Il admirait la politique de Hindenburg et on se souviendra que c'est ce dernier qui avait occasionné la chute des différents Gouvernements de Brünig, de Papen et Scheicher, provoquant ainsi l'avènement du national-

[117] Mampuya K. « Les crises congolaises ont toujours une dimension constitutionnelle », in *le Potentiel,* édition spéciale 30 juin, n° 1657 du 29 juin 1999 — Kinshasa.

socialisme d'Adolf Hitler. Cependant, entre la Loi Fondamentale du 19 mai 1960 et la Constitution de Weimar, il n'y avait pas de concordance.

En effet, dans le régime de Weimar[118], le chef de l'État se trouvait dans une position prééminente et était habilité à prendre des décisions politiques importantes. Il avait un droit de veto suspensif sur les actes du Parlement. À la différence de M. Kasa-Vubu, il était élu au suffrage universel direct et son mandat était de 7 ans (Art. 41-43, I). Il intervenait en matière législative par son pouvoir de dicter les normes en cas de nécessité (Art. 48, II) et même plus tard, les Gouvernements dépendaient plus de lui que du Reichstag. Par le fait de son élection indirecte, Kasa-Vubu avait une signification politique réduite seulement à la représentation.

Afin de réaliser ses objectifs et rester dans sa propre vision du pouvoir, le chef de l'État Kasa-Vubu fera sa propre lecture de la Loi Fondamentale, et face au régime parlementaire instauré par cette loi, il affichera l'attitude d'un chef actif et même celle d'un chef de gouvernement. Dans cette intention, il va aussi considérer le Gouvernement comme un organe qui répond de ses actes devant lui et ainsi transformer en même temps le pouvoir exécutif formel en pouvoir exécutif réel en sa faveur. L'acte le plus spectaculaire de cette transformation des pouvoirs fut la révocation du Premier ministre Lumumba[119].

6.6. La chute du Gouvernement Lumumba dans la perspective de la procédure juridico-constitutionnelle de la formation du Gouvernement

Il est frappant, à l'analyse de l'article 47 de la L.F[120], de constater que, contrairement à la procédure et la pratique constitutionnelle de

[118] La Constitution allemande de Weimar promulguée le 11 novembre 1919 établit une République fédérale avec neuf États (Landers) et l'élection d'un Président au suffrage direct. Le chef de l'État avait à son tour le droit de choisir et nommer le chancelier appelé à former un gouvernement. Le Président pouvait démettre le Conseil de ministres et disposait d'un droit de veto sur les lois votées à l'Assemblée nationale. En outre, afin de maintenir l'ordre et la sécurité publique, le Président pouvait suspendre des libertés publiques.

[119] Kamukuny Mukinay A. Op Cit, p. 137.

[120] « *Avant le 30 juin 1960 et après la proclamation officielle des résultats des élections pour la Chambre et le Sénat, le premier Gouvernement est constitué de la manière suivante : Compte tenu des résultats des élections et après consultation des*

formation du Gouvernement dans les régimes parlementaires européens, aucune mention n'est faite sur l'origine politique du formateur. Cette disposition fait allusion seulement à l'aptitude à former un gouvernement qui jouirait de la confiance du Parlement. Si donc on prétend que la Loi Fondamentale est une transposition du régime parlementaire belge, comment s'expliquerait donc cette omission expresse de la procédure qui d'ailleurs est reprise dans la Constitution belge du 7 février 1831 dans sa version révisée de 1893 et 1920, 1921, de 1967, 1971 et finalement 1993.[121]

En effet, la disposition de l'Art. 96 de la Constitution belge[122] est si claire qu'il n'est même pas nécessaire d'insister sur les cas où la nomination serait conséquence des nouvelles élections, car la coutume constitutionnelle et le sens commun veulent que la tâche de formateur soit confiée au candidat du groupe politique qui jouit visiblement de la majorité, comme dans le cas d'ailleurs de l'Art. 99 de la Constitution espagnole de 1978, les consultations et l'information à travers le président de la Chambre n'étant formalités si nécessaires en droit constitutionnel.

L'Art. 22 de la Loi Fondamentale qui stipulait que « Le chef de l'État nomme et révoque le Premier ministre et les ministres » est sans nul doute la disposition constitutionnelle dont l'interprétation littérale faite par Kasa-Vubu a été à l'origine de la première crise gouvernementale.

Le législateur belge de la Loi Fondamentale, s'inspirant de l'Art. 96 et de la longue pratique constitutionnelle des monarchies parlementaires européennes devait sûrement être conscient des difficultés pratiques et de la complexité d'une telle disposition pour un

---

principaux groupes et personnalités politiques, le roi des Belges désigne un formateur dont la tâche consiste à réunir une équipe ministérielle apte à obtenir la confiance du Parlement : Sur proposition du formateur, le roi des Belges nomme le Premier ministre et les ministres »

[121] Voir les différentes révisions de la Constitution belge dans Alvarez Velez MI. et Fuencislas Alcón Yustas M. Las constituciones de los quince Estados de la Unión Europea, textos y comentarios, Dykinson, Madrid, 1996, p.143.

[122] *« Le roi nomme et révoque ses ministres. Le Gouvernement fédéral présentera sa démission au roi si la Chambre des représentants approuve par majorité absolue de ses membres une motion de défiance dans laquelle elle propose au roi la nomination d'un successeur du Premier ministre ou dans le cas où la Chambre proposerait la nomination d'un successeur dans les 3 jours qui suivent la non-acceptation d'une motion de confiance. Le roi nommera le Premier ministre proposé, qui entrera en fonction au moment où le Gouvernement fédéral prêtera serment. »*

État jeune comme l'était le Congo. S'agissait-il d'un piège qui trahissait leurs velléités de prolonger la colonisation ? Ici n'est pas le lieu d'un tel débat. Toujours est-il que le manque d'une jurisprudence constitutionnelle et l'inexpérience politique des acteurs congolais ne pouvaient nullement favoriser une compréhension de la nature et les limites de l'intervention du chef de l'État dans la formation du Gouvernement.

Historiquement l'intervention du chef de l'État dans la formation du Gouvernement, c'est-à-dire, la nomination du Premier ministre et des autres membres du Gouvernement, a été consacrée constitutionnellement, dans la période du deuxième post guerre, couronnant ainsi une longue pratique politique dans les régimes parlementaires. Par cette voie, les Constitutions européennes ont formulé une garantie constitutionnelle pour éviter les velléités arbitraires qui découlaient souvent de l'imprécision et qui obéissaient à des impératifs politiques. Dès lors, cette intervention se circonscrit dans un cadre strictement juridico-processal. La notion de procédure juridique, empruntée du droit privé judiciaire, s'étant ainsi convertie en un concept général de la théorie du droit, a été très utile à la théorie constitutionnelle[123].

À cette contradiction, il faut ajouter l'incohérence des articles 44 et 22 de la LF. En effet, l'Art.44 stipule : « En cas d'adoption d'une motion de défiance dans les conditions prévues à l'Art.43, les ministres remettent leur démission au Premier ministre qui la transmet ainsi que la sienne au chef de l'État ». Ainsi l'unique condition susceptible d'activer la nomination d'un autre gouvernement est la démission collective du cabinet comme conséquence d'une motion de défiance. Par cette motion, le Gouvernement se trouve empêché d'exercer ses fonctions parce qu'il ne jouit plus de la confiance du Parlement. À l'opposé, l'Art. 22, qui précise que le chef de l'État nomme et révoque le Premier ministre et les ministres, ne peut être interprété isolément, car l'exercice de cette compétence est conditionné par l'effectivité d'une démission collective par la suite d'une motion de défiance. Ce manque flagrant de précision au sujet d'une procédure de formation du Gouvernement soutient la thèse d'un piège sciemment préparé par le législateur belge contre la jeune République congolaise. Avec raison conclut le professeur Ngoy-Ndouba, d'où le caractère dualiste du régime dans ce sens que le chef

---

[123] Revenga Sanchez M. *Op. Cit*, p.12.

de l'État avait les prérogatives semblables à celles du Parlement en ce qui concerne la révocation ou la démission des membres du Gouvernement. Peut-on trouver pareille stipulation et semblable pratique en droit constitutionnel belge [124]?

Tout compte fait, Le Gouvernement parlementaire, par son jeu complexe et délicat, échappe dans une large mesure à une réglementation légale. Il vit surtout d'usages, de traditions, des conventions communément acceptées[125]. Comment alors expliquer que la classe politique belge, consciente de l'inexpérience politique des Congolais a pu léguer un régime parlementaire fort complexe et avec des lacunes voulues au sujet de la formation du Gouvernement. L'hypothèse du complot reste en vigueur.

Ainsi, avec la chute du Gouvernement Lumumba, le président Kasa-Vubu eut la main mise effective sur les Gouvernements futurs. La suite n'a révélé qu'une succession d'actes juridiques en flagrante violation de la Loi Fondamentale, allant de l'installation de deux gouvernements fantoches et non investis par le Parlement (le Gouvernement Ileo et le Gouvernement des commissaires généraux) à la marginalisation progressive du pouvoir parlementaire et la mise en place d'une commission constitutionnelle extra-parlementaire.

6.7. Installation de deux gouvernements fantoches non investis par le Parlement

Ayant révoqué son Premier ministre Lumumba, M. Kasa-Vubu, par l'ordonnance présidentielle du 5 septembre 1960, nomme Joseph Ileo président du Sénat, Premier ministre avec en plus les ministères de la Défense et de la Justice. Celui-ci présentera sans succès son gouvernement pour investiture aux Chambres majoritairement lumumbiste, le 12 septembre ; elles le rejetèrent, le qualifiant « somptueux Premier ministre d'un Gouvernement illégal ». Il convient de signaler que plusieurs ministres du Gouvernement Ileo appartenaient aussi au Gouvernement Lumumba, et participaient simultanément aux réunions de deux gouvernements. Ce gouvernement vécut de septembre 1960 à février 1961 et dut, de fait, abandonner le pouvoir au Collège des commissaires et se contenter d'une existence presque complètement théorique. Réinstallé le 9

[124] Ngoy-Ndouba K. *Op Cit*, p. 124.
[125] Esmein A. *Op. Cit*, p.158.

février 1961, le Gouvernement Iléo étendit son pouvoir sur les provinces de Léopoldville et de l'Équateur et sur une partie, d'ailleurs variable, de la province du Kasaï. Il ne put se faire admettre ou s'imposer, ni au Katanga, ni au Kivu, ni en Province orientale[126]..

La même logique extraconstitutionnelle poussa le colonel Mobutu à perpétrer, le 14 septembre son premier coup d'État, en neutralisant l'exécutif bicéphale de Lumumba et Kasa-Vubu, procédant à l'installation du Collège des commissaires généraux, avec à sa tête, Jean Marie Bomboko[127]. Il faut cependant noter, comme le souligne d'ailleurs le professeur Kamukuny, que dans l'objectif de gagner la confiance du chef d'État-major de l'armée et rentrer dans ses faveurs, le président Kasa-Vubu dut prendre un acte inconstitutionnel, le décret-loi constitutionnel du 29 septembre 1960 pour concéder rétroactivement l'exercice du pouvoir exécutif et du pouvoir législatif à ce collège[128]. Lorsque la situation a fini par s'apaiser, il a suffi au chef de l'État de remettre en selle le Gouvernement provisoire dirigé par Ileo en prenant un autre acte inconstitutionnel, le décret-loi constitutionnel du 9 février 1961, pour conférer les deux pouvoirs étatiques au Gouvernement Ileo en déchargeant le Gouvernement des commissaires généraux[129].

---

[126] « Onze mois de crise politique au Congo » *Op. Cit*

[127] Ce collège exerça pendant cinq mois le pouvoir de fait à Léopoldville, mais ne put se faire reconnaître ni par le Parlement congolais, ni par les instances internationales.

[128] L'article 2 de ce décret-loi constitutionnel stipule que : Jusqu'à l'accomplissement de la mission du conseil des commissaires généraux 1) Les Chambres législatives sont ajournées ; 2) Le pouvoir législatif dévolu aux Chambres par la Loi Fondamentale du 19 mai 1960 est exercé par le Conseil des commissaires généraux sous forme de décrets lois contresignés par le président du Conseil et le commissaire général intéressé ; Justice 3) Le pouvoir exécutif dévolu au Premier ministre et aux ministres est exercé respectivement par le Président du Conseil des commissaires généraux et par les commissaires généraux.

[129] Kamukuny Mukinayi A. *Op. Cit* p. 63.

CHAPITRE 7

La dynamique des oppositions à M. Lumumba

7.1. La notion d'opposition politique

Tout régime démocratique implique, selon la théorie politique, la présence de forces d'opposition. Cela sous-entend, entre autres, que la minorité reconnaît à la majorité le droit de prendre des décisions, à condition que la majorité reconnaisse à son tour le droit de la minorité de différer d'opinion et de proposer d'autres lignes de conduite[130]. Cependant, il n'est pas aisé de définir la notion d'opposition politique. Une large littérature des sciences politiques s'est penchée sur cette notion, sans requérir, comme il est normal, l'unanimité des auteurs. Chaque définition proposée prend en compte un aspect partiel qui parait essentiel dans la caractérisation du concept. Il en est ainsi que certains auteurs définissent « l'opposition politique » à partir de ses « acteurs », de sa « fonction » et du « locus d'action ». Suivant ce schéma, les acteurs sont les partis politiques, c'est-à-dire les groupes politiques organisés et les acteurs non mobilisés sur la scène publique, exclus démocratiquement de l'exercice du pouvoir, qui manifestent leur désaccord vis-à-vis de l'action gouvernementale[131]. L'activité consiste à contrôler le Gouvernement (la théorie de *checks and balances*) et le cas échéant à l'évincer et à le remplacer par un gouvernement qu'il aura choisi. Dans une telle perspective, le *locus*

[130] Schmitz G. *L'opposition dans un régime parlementaire*, Service d'information et des recherches parlementaires, Parlement du Canada, 1998. http://www.parl.gc.ca/Content/LOP/researchpublications/bp47-f.htm

[131] Voir les intéressantes publications de Dahl RA. (dir.) *Political Oppositions in Western Democracies*, New Haven, CT, Yale University Press, 1966 ; Dahl RA. *Polyarchies : Participation and Opposition*, New Haven, Yale University Press, 1971. Cet auteur a suggéré qu'une opposition existe lorsque « B s'oppose au comportement d'un gouvernement A »

d'action a généralement eu trait à un objet spécifique : le Parlement. Dans ce sens, Ionescu et de Madariaga présentent l'opposition parlementaire comme « la forme la plus avancée et la plus institutionnalisée de conflit politique [132]». Pour leur part, Nathalie Brack, et Sharon Weinblum[133], proposent une définition omnicompressive de la notion d'opposition politique : « Toute position d'opposition, de critique, de réserve, exprimée dans la sphère publique par des acteurs mobilisés au travers de différentes modalités non violentes ; les cibles de leur opposition et de leurs critiques pouvant être le Gouvernement en place et/ou ses politiques et/ou l'élite politique et/ou le régime politique dans sa totalité ».

7.2. La nature de l'opposition politique à Lumumba

La complexité de la crise institutionnelle qui sévit au Congo-Kinshasa dès les premières heures de son indépendance induite à s'appesantir, un tant soit peu, sur le développement évolutif des oppositions à la personne de Lumumba et contre l'orientation de son action gouvernementale, et surtout d'appréhender sa nature politique et sociale et son impact sur le cours de la crise congolaise. D'emblée, les analyses du CRISP pointaient dans ce sens, en affirmant que dans le contexte résultant d'une telle situation de crise, s'inscrivent des oppositions de personnes ou de groupes, de jeux d'influence et des interventions qui n'ont pas provoqué l'événement ou la situation, mais qui peuvent en constituer des facteurs d'accélération ou de gauchissement[134].

Alors, est-il possible de déterminer les contours et la nature de l'activité d'opposition exercée contre le Gouvernement Lumumba ? Exercice difficile en tenant en compte la pluralité des acteurs mobilisés agissant sur la scène publique congolaise avec leurs connexions étrangères et la diversité des actions tous azimuts entreprises pour contrecarrer le mandat exécutif de M. Lumumba et l'accomplissement de ses visées politiques. En d'autres termes, l'exercice consisterait à clarifier la nature des oppositions à Lumumba.

---

[132] Ionescu G. et de Madariaga I. *Opposition-Past and Present of a Political Institution*, London, The New Thinker Library, 1968, p. 2.

[133] Brack N. et Weinblum S. « Pour une approche renouvelée de l'opposition politique », *Revue internationale de politique comparée* 2/2011 (Vol. 18), p. 13-27.

[134] Le développement des oppositions au Congo, *Courrier hebdomadaire du CRISP* 1960/32 (n° 78), p. 1-20.

Comme point de départ dans cette tâche, il conviendrait de faire appel à la typologie des oppositions politiques établies par la doctrine. Une partie majoritaire de celle-ci distingue d'une part, une opposition perçue comme « normale », « classique » ou « constitutionnelle », et d'autre part, une forme « déviante », « déloyale » ou « antisystème », perturbant le régime démocratique. D'autres auteurs, comme c'est le cas de Kircheimer[135] distinguent trois types d'opposition : l'opposition « classique » ou « loyale » offrant une alternative aux politiques choisies tout en reconnaissant au Gouvernement le droit d'être au pouvoir ; l'opposition « de principe », s'opposant tant aux politiques du Gouvernement qu'aux fondements du système constitutionnel ; et enfin, « l'élimination de l'opposition », le groupe minoritaire s'opposant alors aux détenteurs du pouvoir, mais sans proposer d'alternative.

Le premier élément qui nous donnerait une indication sur la nature des oppositions à Lumumba serait le degré de structuration idéologique ou programmatique des regroupements politiques qui concourraient dans le processus politique de la Première République. Le sociogramme réalisé par le CRISP[136] révèle que si les partis politiques étaient forcés de se fonder sur des groupes ethniques ou régionaux homogènes ou monolithiques, au niveau du pouvoir central, il était loisible aux leaders des groupes de pratiquer librement un jeu d'alliance au gré de leurs dispositions naturelles ou de leur intérêt politique. Les leaders politiques congolais pouvaient agir à Léopoldville sans devoir rendre des comptes aux groupes qui les avaient élus. Aussi, les rapports entre les élus d'un même parti se révélaient-ils plus orageux à Léopoldville même. On le vit au moment de l'investiture du Gouvernement à la Chambre : les conflits d'appétits ministériels firent que le Gouvernement recueillit 74 voix au lieu de 125 escomptés. Et de conclure ce sociogramme en disant que les oppositions parlementaires revêtaient un caractère personnel et passionnel, plus que structurel et fondamental. Cependant, il faut observer que ces oppositions, furent-elles superficielles et déconcertantes et contradictoires dans leurs formes, ne doivent pas être considérées comme des mécanismes fondamentaux du naufrage

---

[135] Kircheimer O. *Politik und Verfassung, Frankfurt am Main*, Suhrkamp, 1964, cité par Carbone Giovanni M. et St-Sauveur Annabelle Larouche, « Comprendre les partis et les systèmes de partis africains. Entre modèles et recherches empiriques », *Politique africaine*, 4/2006 (N° 104), p. 18-37.

[136] « La formation du premier Gouvernement congolais », *Op. Cit*

de la Première République, mais bien des conditionnements ont exacerbé la crise dans ses multiples dimensions.

7.3. TABLEAU POLITIQUE DES OPPOSITIONS À M. LUMUMBA

Il n'est pas aisé d'établir une représentation des relations des oppositions à M. Lumumba compte tenu de la pluralité et la diversité de ses adversaires politiques (acteurs), la complexité des espaces d'interaction à partir desquels les acteurs se mobilisaient et surtout leur capacité d'influencer M. Lumumba à rectifier sa vision politique.

Afin de mieux cerner la position des acteurs de la crise institutionnelle de la Première République, Jean Claude Willame s'est livré à cet exercice difficile et établit, dans son ouvrage « Patrice Lumumba. La crise congolaise revisitée[137]. » Cinq grilles représentent des oppositions à Lumumba à partir des critères de la position institutionnelle et de la stratégie de ces acteurs. Pour notre part, nous les avons réduites à trois grilles.

7.3.1. Les oppositions « personnelles »

La première catégorie est constituée par les leaders politiques qui ont été écartés lors de la formation du Gouvernement Lumumba et ses anciens colégionnaires du MNC qui ont pris ombrage avec l'ascension fulgurante de Lumumba[138]. Les deux groupes ont en commun une rancune « personnelle » tenace contre celui-ci. Trois personnages reflètent le mieux la nature de cette opposition. Il s'agit de Jean Bolikango, Joseph Ileo et Albert Kalonji. Jean Bolikango, aîné de tous les acteurs politiques de la Première République est de l'ethnie mungala. Étant un des premiers évolués Congolais, son activisme politique remonte aux années 50. Président de la Fédération des bangalas (*Liboke ya bangala*), association ethnique qui se transformera plus tard en parti politique, le PUNA, il fut aussi président de l'ASSORECO (il participera sous ce label à la table Ronde avec Victor Promontorio comme conseiller) et président fondateur de l'interfédérale de groupes ethniques congolais. Sa

[137] Willame JC. Patrice Lumumba. *La crise congolaise revisitée.* Paris : Karthala, coll. Les Afriques/Histoire immédiate, 1990

[138] Gijs A.S. « Une ascension politique teintée de rouge. Autorités, Sûreté de l'état et grandes Sociétés face au "danger Lumumba" avant l'indépendance du Congo (1956-1960) », *Revue Belge d'Histoire Contemporaine* XLII 2012 1, pp. 11-58.

rancune personnelle envers Lumumba est due à ses échecs électoraux. Candidat malheureux à l'élection au poste de chef de l'État face à Joseph Kasa-Vubu et à la présidence de la Chambre des représentants face à M. Kasongo, M. Bolikango réclamait sans succès plusieurs portefeuilles ministériels dans le Gouvernement Lumumba. N'ayant pas obtenu gain de cause, il constituait avec Joseph Ileo un tandem déterminé à évincer Lumumba, même en marge de la légalité. Il fut nommé ministre de l'Information et ministre de la Défense dans le premier Gouvernement Ileo du 12 septembre 1960 et ministre de l'information dans le second Gouvernement Ileo de février 1961.

La rancune de Joseph Ileo et d'Albert Kalonji remonte à la scission du Mouvement National Congolais (MNC) en juillet 1959, lorsque P.E. Lumumba se fait évincer de la présidence du Comité Central provisoire du parti. L'opération d'éviction est conduite par Joseph Ileo, Cyrille Adoula et Joseph Ngalula[139]. La fraction regroupée à l'origine autour de M. Ileo prendra en août 1959, le nom de MNC Kalonji, après le ralliement de M. Albert Kalonji, président de la section du MNC Kasai[140]. Ils n'ont jamais supporté le succès électoral de Lumumba, qui l'a propulsé au-devant de la scène politique à l'aube de l'indépendance. M. Cyrille Adoula occupera le portefeuille de ministre de l'Intérieur dans le premier Gouvernement de M. Ileo, tandis que M. Albert Kalonji sera ministre de la Justice. Bien plus, dans le cas de ce dernier, il reprochait à M. Lumumba de n'avoir inclus dans son gouvernement « de large union nationale », aucun de ses partisans, préférant les candidats de l'UNC pour les Luluas et la COAKA pour le reste. C'est ainsi qu'au sein du Gouvernement Lumumba, il n'y avait aucun ministre Muluba, exception faite de deux secrétaires d'État : J. Lumbala et A. Tshibangu[141].

Ces oppositions personnelles ont eu pour conséquence la recomposition des regroupements politiques, non sur base des assises idéologiques ou les clivages tribaux ou encore les antagonismes entre fédéralistes et unitaristes-nationalistes des partis politiques, mais bien en fonction des affinités de sympathie ou d'antipathie à M. Lumumba.

Dans ce sens, il convient de signaler qu'après la proclamation des résultats électoraux, et avant la mise en place des institutions, la scène politique congolaise était caractérisée par un mouvement de

---

[139] Des « anciens » qui ont joué un rôle prépondérant dans l'éveil de la conscience nationaliste congolaise

[140] Vandelinden J. *Crise congolaise 1950-1960*. Complexe, Bruxelles 1985

[141] Willame JC. *Op. Cit*

négociations tous azimuts pour la Constitution des alliances postélectorales, des manœuvres pour présenter une plateforme susceptible d'avoir les voix requises pour l'investiture au Parlement. Cependant, déjà autour du 25 mai, deux tendances clairement antagonistes se dessinaient : Le regroupement Ileo qui devait aboutir à la formation du Cartel d'Union Nationale et la coalition autour du MNC Lumumba qui aboutira à la Constitution du Cartel Lumumba.

À ce moment, avant que les résultats électoraux ne soient connus, deux partis avaient donc pratiquement rejoint les positions du MNC Lumumba : le PSA et le CEREA. Ces deux partis avaient comme caractéristique commune un programme économique d'inspiration socialiste[142]. À cette alliance devaient s'ajouter la COAKA et l'UNC dans le Kasaï. Ainsi le MNC Lumumba et ses alliés pouvaient espérer contrôler 3 gouvernements provinciaux (Province orientale, Kivu et Kasaï) et totalisaient 64 sièges à la Chambre sur 137[143].

7.3.2. L'opposition de la hiérarchie catholique

Aux deux cercles d'opposition de M. Lumumba — personnelle et politique —, il faut ajouter les positionnements de la hiérarchie catholique à Léopoldville. Ce nouveau cercle se compose principalement de Mgr. Malula, évêque auxiliaire de Léopoldville et Mgr. Gillon, recteur de l'Université de Lovanium.

En plus de l'aversion presque naturelle et caractérielle de Mgr Malula pour Lumumba dont il n'appréciait pas le comportement et certains écarts de langage[144], il faut situer l'opposition officielle de la hiérarchie catholique en rapport avec le projet de laïcisation de l'espace politique, la promotion de valeurs républicaines et l'interprétation de la laïcité de l'État tel qu'il ressort du discours — programme de 1960 — en ce qu'il précise que :

> *« Le Gouvernement s'engage à assurer aux habitants de la République les garanties de libertés humaines, en tout premier lieu la liberté de religion. Le Gouvernement empêchera par tous les moyens à une*

[142] Congo 1960. *Op. Cit*, p. 268

[143] Idem, p 269

[144] Selon Mgr Jean Jacot, cité par JC Willame (J. C. Willame, *Patrice Lumumba, la crise congolaise revisitée*, Paris, Karthala, 1990, p. 376.), il y avait « une incompatibilité totale entre Malula et Lumumba. Bien avant l'indépendance Malula ne cachait pas sa méfiance à l'égard de Lumumba, et ce, pour toutes les raisons : politiques, sociales et aussi personnelles ».

religion, quelle qu'elle soit, de s'imposer directement ou indirectement, notamment par la voie de l'enseignement... La République du Congo sera un État laïque, démocratiquement gouverné par le peuple pour le peuple »

La hiérarchie catholique prit très en mal ces propos et y réagit tout aussi fortement. Du laïcisme, Mgr Malula dira alors que « ce déchet de la civilisation occidentale, importé au Congo par les ennemis de Dieu, n'est nullement de nature à nous ennoblir ». Le décor était ainsi planté : Lumumba sera qualifié pêle-mêle d'ennemi de Dieu, communiste, athée, anticlérical, et tutti quanti. Le 1er juillet 1960, Mgr. Malula exprimera plus franchement l'opposition de l'Église face au Premier ministre en adressant un message réparateur dans lequel il prit à contre-pied ce que Lumumba avait déclaré la veille, lors des cérémonies du 30 juin[145].

Cette opposition s'insurgeait aussi contre la politique d'information du Gouvernement radicalisé dans la personne du ministre Kashamura. En effet, la hiérarchie catholique dénonçait « une information dirigée, contrôlée et dénaturée ». Pour sa part, Mgr Gillon accusait M. Lumumba d'avoir un projet de nationalisation de l'université de Lovanium.

---

[145] Balagizi C. *La laïcisation de l'espace politique en République démocratique du Congo. Une analyse critique des rapports église catholique État de l'indépendance à 2008.* http://www.memoireonline.com/08/11/4779/m_La-lacisation-de-lespace-politique-en-republique-democratique-du-Congo-une-analyse-critique-4.html

CHAPITRE 8

Le pouvoir provincial

L'article 8 de la Loi Fondamentale stipulait que : « l'État du Congo comprend des institutions centrales, provinciales et locales ». La formulation de cet article fait apparaitre clairement deux ordres institutionnels : le premier, le pouvoir central dont les institutions étaient : le chef de l'État, le Gouvernement dirigé par le Premier ministre, la Chambre des représentants et le Sénat et enfin les Cours et tribunaux[146]. Le second, l'ordre institutionnel provincial. Aux termes de l'Art. 7 de la LF, « L'État du Congo est constitué, dans ses limites au 30 juin 1960, de six provinces, à savoir : Équateur, Kasaï, Katanga, Kivu, Léopoldville, orientale, dotées chacune de la personnalité civile. Une loi peut en créer d'autres ». Ainsi, conformément à l'Art. 8 précité de la LF, deux institutions concouraient à l'exercice de ce pouvoir provincial : le Gouvernement provincial, dirigé par un président et l'Assemblée provinciale.

La forme de l'État revoyant à la fois « la consistance du pouvoir dont l'État est titulaire »[147], et l'organisation de « la structure interne du pouvoir étatique »[148], est une réponse, coulée en moule juridique, à des questions relatives à l'organisation administrative de l'État qui doit être aménagée pour un fonctionnement harmonieux, et devant se traduire par la participation des citoyens à la gestion de leur pays afin de maitriser leur propre destin, accroître par conséquent la légitimité

[146] C'est un peu plus loin, dans le chapitre V (articles 185-197) que la Loi Fondamentale mentionne le pouvoir judiciaire qui devait normalement figurer dans l'Art. 8 sous le nom de « cours et tribunaux ».

[147] Mpongo-Bokako Bautolinga E. *Institutions politiques et Droit constitutionnel*, Tome 1 : théorie générale des institutions politiques de l'État, Kinshasa, Collection « Droit et Société », Éditions universitaires africaines, 2001, p.119.

[148] Idem, p. 128

des dirigeants et œuvrer pour la promotion du développement[149]. Depuis l'entrée en vigueur de la LF, une intense controverse s'est développée au fil des années dans la doctrine, tentant d'apporter arguments de toute nature pour assigner la forme de l'État issue de la LF dans une grille traditionnelle d'État unitaire ou d'État fédéral.

8.1. La question de la forme de l'État à la Table Ronde belgo-congolaise

Déjà à la Table Ronde belgo-congolaise, l'option à faire par la conférence entre un régime unitaire décentralisé et un régime fédéral apparaissait comme le cap le plus dangereux. Sur ce terrain s'affrontaient apriori les partis fédéralistes d'une part (cartel ABAKO-P.S.A.-M.N.C.-ABAZI — Parti du Peuple-F.G.C. ; la Conakat ; l'Union Mongo) et les unitaristes de l'autre (ASSORECO ; M.N.C. Lumumba ; Cartel katangais). Parti National du Progrès, chefs coutumiers et A.R.P., non homogène sur ce terrain, penchaient plutôt vers l'unitarisme, sauf pour les matières intéressant les terres et les ethnies comme telles[150]. Cependant, tous les partis présents à la Table Ronde ayant manifesté la crainte du séparatisme, les représentants belges entendaient rester neutres et ne spéculèrent pas sur la division des Congolais en fédéralistes et unitaristes. Ils appuyaient l'idée d'une unité politique et économique du Congo tout en évitant le débat sur les mots. C'est ainsi que concernant cette question, ils usèrent d'une procédure qui devait normalement satisfaire les deux parties (fédéralistes et unitaristes) : on définit les institutions centrales et leurs compétences propres ; on admit ensuite l'existence d'Assemblées et de gouvernements provinciaux (avec une loi institutionnelle provinciale), on définit quelques compétences propres des provinces ; on énuméra des matières mixtes, on prévit une procédure de recours en cas de conflits de compétence, etc. Le tout fut rédigé en termes assez généraux, en soulignant nettement que le régime instauré ne durerait que jusqu'à la ratification de la Constitution congolaise[151].

---

[149] Kamukuny Mukinayi A. *Op Cit* p. 130

[150] « La Conférence de la Table Ronde Belgo-Congolaise (20 janvier - 20 février 1960) » *Courrier hebdomadaire du CRISP* 12/1960 (n° 78) p. 1-20

[151] Ibis

8.2. La Loi Fondamentale du 19 mai 1960 et l'hypothèse d'un État fédéral

Au sein de l'académie congolaise, beaucoup d'auteurs, par exemple Victor Djelo Empenge[152], Faustin Toengaho Lokundo[153] et Vunduawe Te Pemako[154] ont argumenté que la Loi Fondamentale du 19 mai 1960 mettait en place un État fédéral au Congo. Cependant, pour notre part, nous estimons que tel n'a pas été le cas. En effet, même si la LF reconnaissait aux entités composantes de l'État congolais, qui sont les provinces, un pouvoir constituant[155], un pouvoir exécutif et un pouvoir législatif, il est difficile de soutenir l'hypothèse d'un État fédéral par rapport à la théorie générale de l'État. Une fédération est avant toute chose une opération contractuelle et consentante des entités-bases ayant pour but le transfert des compétences et l'érection d'un pouvoir supérieur dans lequel elles se reconnaissent et confient la direction du « projet national » en jouissant du monopole des attributs de la souveraineté internationale.

L'État fédéral moderne fut « inventé » à Philadelphie en 1787. Inspiré par les idées de Montesquieu, la série d'articles du *The Federalist* écrit par Hamilton (assisté de J. Madison et de J. Jay) pour convaincre ses compatriotes de la sagesse de la nouvelle Constitution n'en est pas moins l'exposé le plus complet et le plus pénétrant de l'idée fédérale appliquée à la politique moderne[156]. L'invention américaine étant un fédéralisme par association, postule en toute orthodoxie une « fédération » construite à travers la signature du « pacte fédératif », l'acte de naissance de la fédération, qui est une

---

[152] Djelo Empenge Osako V *Contribution à l'étude des tendances unitaristes et fédéralistes dans l'évolution politique et constitutionnelle du Zaïre*, thèse de doctorat en Droit public, université de Liège, 1974.

[153] Toegaho Lokundo F. *Les Constitutions de la République Démocratique du Congo*, Kinshasa, PUC, 2008, p. 235

[154] Vunduawe et Pemako F « La décentralisation territoriale des responsabilités au Zaïre. Pourquoi et comment ? », *Zaïre-Afrique*, n° 165, Kinshasa, mai 1982, p.267.

[155] Art. 160 LF « Une Constitution provinciale organisant la structure administrative et politique de chaque province dans le cadre des mesures générales fixées par la présente loi, sera élaborée par chaque Assemblée dans le plus bref délai. L'Assemblée ne pourra en délibérer si deux tiers au moins des membres qui la composent ne sont présents. Nulle disposition ni modification ne sera adoptée si elle ne réunit au moins les deux tiers des suffrages ».

[156] Friedrich CJ Universalis « federalisme », Encyclopaedia Universalis (en ligne), consulté le 25 octobre 2015. URL http//www.universalis.fr/encyclopaedia/federalisme

opération à la fois contractuelle et fondatrice d'une nouvelle institution. Cette double nature du pacte fédératif, élaborée par Olivier Beaud, signifie que l'« opération fédérale » repose à la fois sur un échange de libres consentements entre les États, et le pacte fédératif fonde une nouvelle institution, personne morale à part entière qui dépasse les États membres tout en prolongeant le projet politique dont ils furent les initiateurs. Cette nouvelle personne collective (la « Fédération » avec une majuscule) rassemble à la fois les États membres, pôle pluraliste de la Fédération, et les organes fédéraux (ou « fédération » avec une minuscule), qui en constituent le pôle unitariste[157].

En l'absence d'un « pacte fédératif » et dans l'hypothèse vraisemblable d'un État fédéral congolais issu de la Loi Fondamentale du 19 mai 1960, il ne peut s'agir d'un fédéralisme par dissociation, produit de la désagrégation de la colonie belge unitaire au 30 juin 1960. Dans ce cas, ladite hypothèse ne peut se soutenir qu'en extrayant du texte constitutionnel la magnitude de l'autonomie politique des provinces d'une part, et de la participation à l'exercice du pouvoir fédéral, d'autre part. Sur ce point, nous souscrivons aux arguments présentés par le professeur

Kamukuny[158] car ils sont d'une portée pédagogique convaincante en démontrant que la structure étatique complète a du mal à être réalisée par la province de 1960. En effet, il argue que dans le cas d'espèce, une exégèse de ce texte n'induit pas l'existence d'une organisation étatique complète attendue d'un État fédéré. Celui-ci doit disposer d'une Constitution propre effective (les institutions politiques consacrant l'existence des pouvoirs classiques de l'État, le Parlement, le Gouvernement, les cours et tribunaux, demeuraient inachevés). La province, ne disposant pas de pouvoir judiciaire propre, ne peut pas être alignée comme un État fédéré, bien plus, si l'on observe le rôle régulateur du Commissaire d'État[159], représentant du Gouvernement

---

[157] Beaud O. *Théorie de la Fédération*, Paris, PUF, 2009 (nouv. éd.)

[158] Kamukuny Mukinayi A. *Op.Cit.*

[159] Art. 184. LF

« Outre les droits et prérogatives qui lui sont reconnus par les autres dispositions de la présente loi, le commissaire d'État :

– dirige les services de l'État existant dans la province ;

– assure les relations qu'appelle la coordination entre les institutions provinciales et centrales ;

– prend, en cas d'urgence dûment motivée et sous forme de règlement, les mesures d'exécution qu'impose à la province, une loi, une ordonnance loi ou une

central en provinces, qui est au four et au moulin jusqu'à réglementer l'exercice du pouvoir des autorités provinciales qu'il surveille en permanence.

8.3. La Loi Fondamentale et l'hypothèse d'un État unitaire régionalisé

Le professeur Ngoy-Ndouba soutient que la forme de l'État issue de la Loi Fondamentale est celle d'un régionalisme constitutionnel qui n'apparaissait pas dans les débats académiques des années 60, car la doctrine constitutionnelle et la théorie politique n'avaient pas suffisamment systématisé les postulats de l'État unitaire régionalisé. Les prémisses se rapportant à cette figure s'étayaient à travers des adjectifs collés au substantif « fédéral ». Il en est ainsi des auteurs du CRISP[160] qui soutenaient que la LF échafauda un régime parafédéral provisoire ou François Perin qui était convaincu qu'il s'agissait d'une forme hybride réunissant à la fois les caractéristiques du fédéralisme et quelques éléments d'un État unitaire parfait[161].

Pour argumenter leur prise de position, les auteurs du CRISP partent du double satisfecit tant des fédéralistes que des unitaristes, en ce que les fédéralistes modérés y voient une traduction assez fidèle de leur souci de concilier l'exigence régionale et celle de l'unité, tandis que les unitaristes y voient la mise en œuvre d'un système qui assure au moins l'existence d'un pouvoir central ainsi que la reconnaissance officielle de l'unité politique et économique du Congo, et qui dote celui-ci des moyens d'intervention en cas de tentative de sécession.

L'architecture argumentale de François Périn s'articule principalement autour de trois idées : la première fait allusion à la large autonomie politique et administrative des provinces et à certaines caractéristiques propres d'un État fédéral, visibles dans la L.F.A l'échelon national, un Sénat est constitué par des membres désignés par des Assemblées provinciales sur un pied de parfaite égalité, quel que soit le nombre d'habitants dans la province, qui représente non pas directement la population, mais bien la province en tant que collectivité territoriale de l'État. La seconde idée tient en

---

ordonnance, si deux rappels successifs adressés, selon le cas, au président de l'Assemblée ou au président du Gouvernement provincial, sont restés sans suite. »

160 « La Conférence de la Table Ronde Belgo-Congolaise (20 janvier - 20 février 1960) » Op. Cit

161 Périn F. *Op. Cit*

compte le système de répartition des compétences entre le pouvoir central et le pouvoir provincial. Et enfin, la troisième idée concerne la physionomie des institutions provinciales. L'existence d'une Assemblée législative provinciale et d'un gouvernement élu par cette même Assemblée et dont le gouverneur ne sera pas désigné par le pouvoir central ». De plus, F. Périn trouve ce qui rapproche l'État de la Loi Fondamentale de la forme unitaire dans le fait que,

« Contrairement à ce qui se passe pour les États fédéraux, les provinces ne se voient pas attribuer le pouvoir souverain résiduaire ». Selon l'auteur, « *dans la plupart des États fédéraux, les pouvoirs des institutions centrales sont des pouvoirs d'attribution. Tout ce que la Constitution n'attribue pas formellement et expressément au pouvoir central est considéré comme étant de la compétence des États locaux. Il n'en est rien en ce qui concerne l'État congolais tel qu'il est décrit par la Loi Fondamentale* »[162]

Ainsi l'hypothèse du régionalisme constitutionnel de 1960 se confirme par le fait que les provinces étaient des entités politiquement et administrativement décentralisées. Elles jouissaient d'une autonomie à la fois politique, administrative et financière, sans la moindre emprise (du moins juridiquement) du pouvoir central. Dotées des organes propres de gestion, les institutions politiques provinciales (Assemblées et gouvernement) jouissaient d'une légitimité propre et séparée par rapport à celle des institutions politiques nationales et des animateurs du pouvoir central. Ainsi conformément à l'Art. 107 de la LF, les membres des Assemblées provinciales étaient élus au suffrage universel direct et l'Assemblée provinciale dont ils sont membres élisait le gouverneur de province, le vice-gouverneur et investissait les ministres provinciaux qui étaient politiquement responsables, individuellement ou collectivement, devant l'Assemblée provinciale.

8.4. L'OPTION FÉDÉRALE DE LA CONSTITUTION DE LULUABOURG

Dans le mémoire de M. Lihau accompagnant le projet de Constitution à l'intention du Gouvernement, il est clairement dit[163]

> *« Si les membres de la Commission se sont rendu compte que l'État congolais, suivant le projet de Constitution qu'ils élaboraient, aurait une structure sans nul doute fédérale, ils se sont cependant mis d'accord pour*

[162] Cité par Ngoy-Ndouba K. *Op. Cit*

[163] Lire Mémoire explicatif de Lihau M. *Op. Cit* p.52.

ne pas utiliser une terminologie qui ferait songer à un régime fédéral. Ceci dans le but d'apaiser les esprits.»

Aussi, la Commission a proposé que la terminologie utilisée fût celle d'un État unitaire dans un premier projet de Constitution dont le texte entrerait en vigueur immédiatement après le référendum. Un second projet contenant une terminologie propre à un régime fédéral sera joint à ce premier projet »[164]

Inspirée du découpage territorial opéré par les lois du 9 mars et du 27 avril 1962, modifiant l'Art. 7 de la Loi Fondamentale concernant le nombre des provinces et fixant les critères de leur création[165], La Constitution du 1er août 1964, dite de Luluabourg avait établi 21 provinces autonomes. Chaque province disposait d'un pouvoir constituant qui l'habilitait à disposer de sa propre Constitution.

Les Arts. 48,49 et 50 de cette Constitution garantissaient l'autonomie politique des provinces en consacrant la répartition des compétences entre les provinces et l'État fédéral. L'Art. 48 déterminait les compétences exclusives de la République fédérale [166]; l'Art 49 établissait les compétences concurrentes exercées par l'État et les provinces, et finalement l'Art. 50 fixait les compétences exclusives propres aux provinces, et partant, faisant partie du domaine exclusif, affranchi de toute tutelle des organes fédéraux[167]. La cour constitutionnelle assumait les conflits de la distribution verticale des compétences de l'État[168]. La participation des provinces à l'exercice du pouvoir fédéral était lisible dans le caractère bicaméral du pouvoir législatif et la composition et la représentativité des provinces au Sénat. A cela s'ajoute aussi la participation des Assemblées provinciales à l'élection du président de la République. En effet, aux

---

164 Ngoy Ndouba K. *Op. Cit*
Aux termes de l'article 178, alinéa 1, de cette constitution, « La terminologie correspondant aux structures politiques qui sont organisées par la présente constitution, sera utilisée dans les actes officiels, à partir de la troisième législature suivant l'entrée en vigueur de la présente constitution ».

165 Vunduawe Te Pemako F. La décentralisation territoriale des responsabilités..., *Op.Cit*. p.265.

166 Il s'agit des prérogatives souveraines de l'État : Affaires étrangères et Diplomatie, Défense nationale et monnaie auxquelles il faut aussi ajouter la police nationale, la police de la capitale, la sûreté extérieure ainsi l'enseignement supérieur et universitaire.

167 Les institutions politiques et administratives provinciales, la loi électorale provinciale, la police provinciale et l'enseignement primaire et secondaire.

168 Le titre XI de la Constitution du 1er août 1964 lui est entièrement consacré.

termes de l'Art. 55 de la Constitution de Luluabourg, le président de la République était élu pour un mandat de cinq ans (immédiatement renouvelable une fois) au suffrage universel indirect par un corps des grands électeurs, composé des membres du Parlement (députés et sénateurs) de la ville de Léopoldville. A cette prérogative, il faut aussi ajouter que les provinces participaient aussi à la procédure de révision de la Constitution. Ce mécanisme constitutionnel tendait à garantir l'autonomie reconnue aux provinces par la Constitution.

8.5. L'ÉTENDUE DU POUVOIR PROVINCIAL

8.5.1. L'étendue du pouvoir provincial sous la Loi Fondamentale du 19 mai 1960

Sous la Loi Fondamentale du 19 mai 1960, le pouvoir provincial exercé par le Gouvernement provincial et l'Assemblée s'étendait sur toutes les affaires d'intérêt provincial. Il s'exprimait à travers l'exercice de deux catégories de pouvoirs : d'une part le pouvoir constituant et d'autre part, une autonomie administrative, organique et financière dont les provinces étaient titulaires.

Le pouvoir constituant des provinces qui ressort de l'Art. 160 de la LF, impliquait la faculté attribuée aux Assemblées d'organiser des structures administratives et politiques. Il s'agissait très clairement un pouvoir fixant le cadre d'exercice du pouvoir politique et d'agencement des institutions qui y concourent, dans le strict respect des prescrits de la LF. Dans ce sens, chaque province avait le droit de disposer de sa propre Constitution.

L'autonomie provinciale se dégage du système de répartition des compétences organisée aux Arts. 219, 220 et 221 de la LF. Cette autonomie, lisible à l'Art.220 qui énumère les matières relevant de la décision exclusive du pouvoir provincial, porte principalement sur des aspects de libre administration (institutions politiques et administratives provinciales, la loi électorale provinciale, la police provinciale, l'enseignement primaire et secondaire, l'octroi et l'exploitation des concessions minières, des sources d'énergie hydraulique destinées à satisfaire les besoins de la province, les infrastructures de transport d'intérêt provincial, les institutions locales et finalement le droit pénal relatif aux sanctions de l'exécution des édits de l'Assemblée provinciale.

En dernier lieu, les provinces jouissaient d'une autonomie financière, consacrée par l'Art. 153 de la LF qui stipulait que l'Assemblée vote annuellement et en séance publique le budget des dépenses de la province pour l'exercice suivant et les moyens d'y faire face.

8.5.2. L'étendue du pouvoir provincial sous la Constitution de Luluabourg

La Constitution de Luluabourg ayant établi clairement les bases constitutionnelles d'un État fédéral, le statut des provinces s'est vu affranchi de la tutelle de l'État central dans les matières relevant de la libre administration et d'organisation des institutions politiques provinciales. L'exégèse des Arts. 48, 49 et 50 fait apparaître que l'État central s'est réservé les attributions souveraines de l'État : Affaires étrangères et Diplomatie, Défense nationale et monnaie. C'est pour ainsi dire que seule la République fédérale bénéficiait de la personnalité juridique internationale, les membres de la Commission constitutionnelle ayant voulu par là « écarter la possibilité de représentation des provinces à l'étranger »[169]. Il convient d'y ajouter notamment la police nationale, la police de la capitale, la sûreté extérieure ainsi que l'enseignement supérieur et universitaire[170]. Comme dans tout État fédéral, les 21 provinces jouissaient d'un pouvoir constituant et d'une autonomie administrative, organique et financière en plus de participer à la conformation des institutions politiques centrales : le Sénat et l'élection du chef de l'État, chef de l'exécutif national et le pouvoir de révision constitutionnelle.

[169] Mémoire explicatif De La Constitution,… *Op.Cit.* p.57.

[170] Balingene K. *L'expérience Congolaise de L'état Fédéral : la Constitution de Luluabourg revisitée.* http://www.la-constitution-en-afrique.org/article-l-etat-de-la-constitution-de-luluabourg-50986845.html

CHAPITRE 9

Vers un Congo disloqué

9.1. La trilogie du Sud-Kasaï

L'acte de création de la « Province minière » fut signé le 8 août 1960 à Élisabethville par Albert Kalonji pour le MNC/K, Ilunga pour le Mouvement Solidaire Muluba (MSM), Yamba pour le MNC-JC et Kadjinga pour le Parti du peuple[171]. Il est certainement très difficile de déterminer la nature juridique de l'entité politique créée dans la province du Kasaï par Albert Kalonji Ditunga[172]. S'agissait-il d'une sécession du Congo « non consommée » d'une partie de la province du Kasaï ? Ou d'une rébellion ayant pour vocation l'émergence d'une nouvelle province « autonome » au sein d'un Congo fédéral ? Bien que toute la littérature se rapportant à ce sujet s'en réfère au concept de sécession, l'acteur principal de cet épisode historique du Congo, le « Mulopwe » Kalonji Albert Ditunga, dans une interview accordée au journal levif.be[173], s'incline vers la deuxième option. Dans ce plaidoyer, il dégaine deux arguments : le premier d'ordre géopolitique, le Sud-Kasaï étant un « bout » enclavé et entouré des provinces hostiles. Le second argument relaye sa lutte nationaliste d'un Congo uni et fédéral.

---

[171] Omasombo Tshonda J (Dir) : Kasaï Oriental : Un nœud gordien dans l'espace congolais, Musée royal de l'Afrique centrale, Tervuren 2014, p.180

[172] Kalonji Ditunga Mulopwe, A : Congo 1960. La sécession du Sud Kasai, Éditions Kakangayi-l'Harmattan, 2005

[173] www.levif.be, numéro 129 janvier 2010

« *Il était prévu dans les négociations que nous aboutissions à un pays fédéral. Kasa-Vubu, Tshombe, moi, ainsi que tant d'autres leaders, nous étions pour et les négociations étaient très avancées. Malgré cette situation, ma province était enclavée et voisine des provinces plus ou moins hostiles, il m'était pratiquement impossible de déclarer une sécession* ».

Partant de cette perspective, le « Mulopwe » justifie son entreprise comme une réponse de survie collective du peuple Muluba expulsé par les Lulua, victime de la répression des forces lumumbistes (ANC), réfugié sans aucune protection ni aide logistique.

> *« N'étant pas une province reconnue, nous n'émargions pas au budget du Congo. Le Congo nous a attaqués, il a tué nos fils et filles. Nous avions des orphelins et des veuves, il fallait créer les écoles, assister la population. Personne ne pouvait nous donner des moyens pour le faire. Cela, parce que nous n'existions pas légalement. Il ne fallait pas attendre jusqu'à ce que le Gouvernement de Kinshasa l'acceptât »*

À vrai dire, quelle que soit sa nature juridique aux contours flous (État minier, État autonome du Sud-Kasaï, monarchie constitutionnelle, monarchie de droit divin), cette entité sud-kasaienne est la résultante de deux dynamiques politiques qui relèvent d'une part des antagonismes historiques et ethniques au sein de la province kasaienne entre les lulua, autochtones de la région et les « transplantés[174]» baluba[175] et d'autre part de la double frustration électorale et de positionnement stratégique du MNC-Kalonji (À Léopoldville et en province du Kasaï).

9.1.1. Profil démographique et antagonisme ethnique de la province du Kasaï

La province du Kasaï, selon sa configuration coloniale était composée de quelques grandes villes comme Kabinda, Lwebo, Mwene Ditu, Tshikapa, Luluabourg, Lusambo, Tshimbulu, Luiza Kambayi (Lubao), Port Francqui (Ilebo), le chef-lieu de la province fut d'abord Lusambo, dans l'actuel Sankuru, et plus tard, transféré à Luluabourg.

Luluabourg, nouveau centre politique régional, peuplé d'habitants déjà urbanisés, concentrait en son sein deux grandes ethnies luba :

---

[174] « L'affaire Kalonji et les problèmes du Kasaï. », *Courrier hebdomadaire du CRISP* 31/1959 (n° 31), p. 9-18.
Les Baluba, originaires du Sud-Est, et refoulés dans la seconde moitié du 19e siècle par des bandes guerrières, cherchèrent refuge auprès de leurs demi-frères Bena Lulua, qui les acceptèrent, notamment dans le territoire de Luluabourg, dans les limites d'une condition sociale inférieure et assez précaire.

[175] Mabika Kalanda A. *Baluba et Lulua. Une ethnie à la recherche d'un nouvel équilibre*, Éditions de Remarques congolaises, coll. Études congolaises n° 2, 1959. Bruxelles.

d'une part les luba lubilanji, originaires du Sud-Est et refoulés dans la seconde moitié du 19e siècle par des bandes guerrières, étaient majoritaires et représentaient 56 % de la population de Luluabourg. D'autre part, les Luba lulua (bena lulua), vrais autochtones de la région, réunis coutumièrement (et politiquement) autour du grand chef Kalamba[176], ne représentaient que 25 % de la population de Luluabourg[177]. Du point de vue socioéconomique, les luba lubilanji, « transplantés » dans la région de Luluabourg partaient initialement d'une condition sociale inférieure et assez précaire par rapport aux luba lulua. Gens entreprenants et bons cultivateurs, les luba lubilanji jouèrent la carte européenne à l'arrivée des Blancs, avec l'accord des Lulua qui préféraient rester à l'écart[178]. Ils devinrent les premiers élèves des Missions et les premiers travailleurs et employés. Leur avance leur permit d'occuper les postes clés au sein du développement économique et social ultérieur, au point de susciter une réaction de plus en plus vive des Bena Lulua, battus sur leur propre terrain. Cette réaction prend corps dans le groupement des « Lulua-Frères », dont la Direction est à Luluabourg et qui dispose de ressources financières importantes assemblées par les cotisations de tout un peuple[179].

Hormis ces données démographiques, le conflit ouvert entre les deux ethnies luba était foncièrement politique. L'action et le positionnement de l'administration coloniale y étaient pour beaucoup.

---

[176] À l'arrivée des Européens, les populations Lulua n'étaient pas encore stabilisées. Les divers groupes ne niaient pas leur parenté, mais aucun des nombreux chefs n'avait encore réussi à asseoir son pouvoir politique sur tous les autres. Cependant, à l'arrivée de Von Wisman, Kalamba était un des notables les plus en vue, sinon le plus en vue, et il ne cachait pas son désir de s'assujettir tous les autres chefs. Ce Kalamba Mukenge, grâce à l'appui de Von Wisman, réussit à s'imposer. Ceux qui lui étaient hostiles furent éliminés. (« "L'Affaire Kalonji" et les problèmes du Kasaï. », *Courrier hebdomadaire du CRISP*32/1959 (n° 32), p. 17-21)

[177] Young C. *The Politics of Cultural Pluralism*, 1965, p.175-177

[178] À ce propos, Young, Crowford (Op.Cit)

"*From 1891 to 1925, sporadic resistance was encountered in lulua areas. Secure in a stable social order, rural lulua did not have the same incentives to seek out of European posts or the mission stations. In the course of time, lulua did move into the modern sector in some numbers, especially after World War II and became acute only in 1958. Land was becoming scarcer and the presence of large and prosperous rural luba communities in lulua areas was a major irritant. And in Kananga, lulua found themselves immediately up against luba schoolmasters and personnel officers*" (The Politics of Cultural Pluralism, p.176)

[179] « L'affaire Kalonji et les problèmes du Kasai. », *Courrier hebdomadaire du CRISP* 31/1959 (n° 31), p. 9-18.

En effet, compte tenu de leur marginalisation socio-économique par rapport aux luba lubilanji, les Lulua cherchaient l'aide de l'Administration pour appuyer leurs revendications. Le Chef Kalamba Mangole Sylvestre avait demandé à l'Administration « la reconnaissance de l'existence d'un royaume Lulua » et « la reconnaissance des droits de la famille issue de Kalamba Mukenge à accéder au titre de Roi des Lulua ». À cette revendication d'unité et de royauté lulua, il faut ajouter la question de la reconnaissance des droits de propriété de la terre appartenant aux Lulua et l'exigence de soumission des luba lubilanji à l'autorité coutumière Lulua, sous menace d'expulsion[180].

Et, a contrario les luba-lubilanji suspectaient les intentions de l'Administration à leur égard du fait de leur adhésion massive au M.N.C., dont plusieurs leaders sont d'origine Kasaïenne : J. Ngalula (de Lusambo), A. Kalonji, P. Lumumba, etc. enjoignant au Gouvernement provincial de proclamer si oui ou non, il souscrivait aux impertinentes revendications des Lulua[181].

9.1.2. La double frustration électorale et l'erreur de positionnement stratégique du MNC-Kalonji

La scission du Mouvement National Congolais en deux ailes (Lumumba et Kalonji) jouera un rôle prépondérant dans le cours des événements politiques au Congo. La rivalité entre les deux hommes politiques est une donne importante à prendre en compte dans le décryptage de la crise politique de la Première République. Comme nous l'avons aussi mentionné au point 25.1 concernant le tableau politique des oppositions à Lumumba, M. Albert Kalonji fait partie des leaders politiques, coreligionnaires de Lumumba dans le MNC qui ont pris ombrage avec l'ascension fulgurante de Lumumba. Albert Kalonji lui-même reconnaitra en 2010 qu'à la Table Ronde de Bruxelles, « dès que Lumumba a mis ses pieds à Bruxelles, on n'a plus parlé de moi. Il n'y en avait que pour lui. » Déjà on retrouve Kalonji très actif dans le cartel anti-Lumumba, candidat à la formation du premier Gouvernement congolais, avec à sa tête Ileo Joseph. Cependant, les partis du Centre sur lesquels M. Iléo avait fondé sa coalition subirent tous une défaite plus ou moins accentuée (MNC-

---

[180]Termes de la motion adressée à M. De Jaegher, Gouverneur de la Province, signée par Kalamba et par Barthélemy Mukenge, président de l'association Lulua -Frères

[181] Idem

Kalonji, Unimo et Cartel Katangais). M. Iléo, élu de justesse comme conseiller provincial à Léopoldville, était le plus directement atteint par l'insuccès de l'Unimo (Union des Mongo) et ne pouvait plus guère remplir le rôle d'arbitre d'une coalition anti-Lumumba[182]. Aux élections législatives, le MNC-Kalonji venait en sixième position avec 8 sièges sur les 137 constituants la Chambre des représentants, 30 de moins que le MNC-Lumumba et alliés (MNC-Lumumba, COAKA, MNC-Fumu Tamuso, Umerbazi)[183], même s'il faut souligner qu'en termes de votes de préférence, M. Kalonji obtint un score très élevé, venant en deuxième position, après M. Lumumba, avec 78 076 voix[184]. Malgré son activisme anti Lumumba, celui-ci exigeait des postes ministériels clés au Gouvernement. Hors du Gouvernement central, dont il avait refusé le portefeuille de l'Agriculture[185] que lui proposait Lumumba, Albert Kalonji prit la tête de l'opposition parlementaire plutôt radicale. Durant un mois, il pourfendit l'action gouvernementale avant de se replier dans son fief à Bakwanga[186].

D'autre part, aux élections provinciales, le panorama était identique à celui des législatives. M. Kalonji, qui ne réussit pas à se débarrasser de cette image de Luba « supérieur » aux autres peuples de la province, se considérait lui-même comme le leader des Luba et tenait ceux-ci et son parti MNC-K pour les héritiers naturels du pouvoir colonial. Après les élections provinciales, le bureau de l'Assemblée provinciale du Kasaï fut alors constitué uniquement de députés du Front commun, ce qui mit les dirigeants luba dans une position de plus en plus difficile face à l'hégémonie croissante du camp Lumumba et de la présence Lulua[187]. Le MNC-Kalonji, parti initialement majoritaire au Kasaï, se retrouvait quelques jours après les élections avec 20 sièges contre 50 au front commun. À la prétention du MNC-Kalonji de former le Gouvernement, le MNC-Lumumba opposait son front commun comprenant plus des deux tiers des élus. Malgré sa victoire électorale, la coalition lumumbiste dirigée par le Lulua-Frère

---

182 « La formation du premier Gouvernement congolais. », *Op. Cit*

183 Le MNC-Kalonji obtint dans la province du Kasai : Luluabourg (47.526 voix) Sankuru (81.895 voix), Kabinda (40.736 voix). Kasai 21.465 voix)

184 « Les élections législatives au Congo », *Courrier hebdomadaire du CRISP* 1960/22 (n° 68).

185 Selon les dires de Kalonji, M. Lumumba lui avait offert le poste d'ambassadeur à l'ONU ou le ministère de l'Agriculture. Il déclinera l'offre.

186 Omasombo Tshonda J. (Dir) : *Kasai Oriental : Un nœud gordien dans l'espace congolais*, Musée royal de l'Afrique centrale, Tervure 2014, p.180.

187 Idem

Barthélemy Mukenge Shabantu offrit à M. Ngalula le poste de ministre provincial de l'Intérieur et deux autres ministères. Le MNC-Kalonji ayant exigé le poste de vice-gouverneur et des finances, et faisant le porte-étendard des luba-lubilanji se sentit sous-estimé et lésé.

C'est dans ce contexte politique de double frustration électorale, tant à Léopoldville qu'à Luluabourg, symbolisé dans le slogan populaire « Lulua anganyé » que M. Ngalula, Kalonji et d'autres leaders luba-lubilanji lancèrent le mot d'ordre de « retour », et donc l'exode. Ils décidèrent la division de la province et la formation d'un gouvernement Muluba sur les territoires de Bakwanga, Mwene-Ditu, Tshikapa (territoire séparé des autres territoires baluba homogènes par des centaines de kilomètres de zones à majorité lulua), Port-Francqui et Gandajika.[188] Cette action politique avait une base juridique évasive se rapportant au droit international des peuples à l'autodétermination.

Ainsi la justification officielle de la naissance d'une administration provinciale propre consistait dans la gestion des flux migratoires venant de toute part, et l'assistance humanitaire aux « réfugiés ou déplacés » ainsi que la prise en charge et l'autodéfense face aux exactions, persécutions et meurtres perpétrées par l'armée loyaliste, l'ANC.

9.1.3. Conflit de leadership, chaos et fin de la sécession

La création de l'État sud Kasai a été une aventure périlleuse qui a marqué négativement la conscience collective du peuple luba. Théâtre d'un cycle de violence mettant aux prises d'une part les autorités politico-militaires de Léopoldville et celles de l'entité politique nouvellement créée, et d'autre part, les populations luba lublilanji entre elles, l'État du Sud-Kasaï témoigne des ambigüités, de l'impréparation et des velléités égoïstes de son élite. Ses deux principaux protagonistes, A. Kalonji et J. Ngalula, avaient des visions politiques contradictoires, conduisant à des méthodes et des alliances diamétralement opposées.

D'emblée la confusion sur les adjectifs et la dénomination officielle de la nouvelle entité politique présageait le chaos institutionnel et les multiples improvisations qui ne tardèrent pas à se manifester. Proclamée officiellement par A. Kalonji le mardi 9 août 1960, la

[188] « La formation du premier Gouvernement congolais. », *Op. Cit.*

nouvelle entité s'étant muée de province en État se dénommait tantôt « Etat minier », tantôt « République minière ». Plus tard, l'Assemblée législative du Sud-Kasaï adoptait le 12 juillet 1961 la version définitive de la Constitution de « l'État fédéré du Sud-Kasaï » qui était un « État souverain et démocratique et l'un des États de la République fédérale du Congo ». Il garda la monnaie et l'hymne national congolais, mais s'était doté d'un drapeau et d'armoiries propres. Il fabriqua des timbres fiscaux et postaux. Il avait sa propre « armée » dont l'embryon était les milices de la jeunesse kalonjiste. La republiquette enclavée, aux prises avec les défis d'installation des « déplacés », la famine et autres problème logistiques, se caractérisait aussi par un « flou » institutionnel à tous égards. En l'espace de quelques mois, elle connut trois Constitutions et 6 gouvernements[189].

L'Etat autonome du Sud-Kasaï fut aussi durant son biennal de vie (1960-1962), le scénario d'une vague de massacres et des tueries généralisées dont l'ampleur n'a pas d'égal dans l'histoire de la République du Congo. Ce cycle de violence aux allures génocidaires se décline en trois épisodes : D'abord les massacres des civils par l'ANC sous l'égide du Colonel Mobutu, ensuite les assassinats des nationalistes lumumbistes par les autorités de Bakwanga avec la complicité de la Sûreté nationale de Léopoldville et enfin les massacres inter-luba opposant les partisans de Kalonji et les partisans de Ngalula ayant donné cours à la fin de la sécession du Sud-Kasaï (les Bena Mukuna et les Bena Tshibanda - les gens d'en haut et d'en bas).

Cette typologie des massacres du Sud-Kasaï puise ses origines psychologiques dans la violence ayant mis aux prises les luba-lulua et les luba lubilanji dans les limites de Lulualourg. Cette rivalité des peuples d'une même ethnie a été soigneusement préparée et entretenue par l'administration coloniale belge comme en témoigne l'épisode de

[189] Le premier Gouvernement du Sud-Kasai fut formé à Luluabourg avant même que l'Étatdu Sud-Kasaï ne soit constitué. Il ne fut pas reconnu par Kalonji. Le second, formé entre juillet et août 1960 s'installa à Bakwanga. Kalonji le rejoignit, après son échec à Léopoldville, il en était le président de fait, et Joseph Ngalula son Premier ministre. Le troisième exécutif était un gouvernement en exil. Il fut constitué en août 1960 et fonctionna jusqu'en octobre 1960. Le quatrième, constitué en janvier 1961, communément appelé « Gouvernement de Bakwanga », après l'exil de Léopoldville, se caractérisait par l'incorporation en son sein des personnalités de souche bakwanga. Le cinquième Gouvernement s'était constitué entre février et mars 1961. Le sixième Gouvernement fut installé en mars 1961. Il ne comprenait que des personnalités issues du clan ethnique de Kalonji.

l'assassinat de M. Modeste Kambala ka Mudimbi qui fut l'étincelle qui mit le feu aux poudres, avec l'objectif de capitaliser les dividendes de la séparation[190]. Même si le pacte de réconciliation et de pardon entre les deux lignages luba célébré à Ntenda, communément connu sous le nom de « Ndondu wa ku Ntenda » est un précédent historique puisé dans les mécanismes de droit coutumier du Congo, qui a fait ses preuves jusqu'aujourd'hui, il faut reconnaitre que les pertes en vie humaine ont créé un traumatisme psychologique qui perdure jusqu'à ce jour au vu de la brutalité employée par les guerriers de deux bandes.

Pires firent encore les massacres perpétrés par les troupes de l'ANC dans le Sud-Kasai entre le 24 août 1960 et le 5 septembre. Décidées à mettre fin à la sécession, les troupes de l'ANC venu de Luluabourg et de Stanleyville, sous les ordres directs du colonel Mobutu et profitant de l'absence du Premier ministre Lumumba, massacrèrent la jeunesse du MNC-Kalonji qui, ayant répondu à l'appel lancé par M. Kalonji depuis Élisabethville où il s'était « exilé », tenta de repousser « l'envahisseur ». Les villages de Bena Makala sur la route de Tshimbombo, la cathédrale de Bonzolo et Kasengulu et Tshilenge resteront toujours dans la mémoire collective des lulua-lubilanji comme le théâtre d'une version congolaise de l'holocauste dont les responsables n'ont jamais répondu de leurs actes devant la justice.

D'autre part, le pouvoir de Léopoldville (excepté Adoula) décida d'envoyer à Bakwanga sept partisans lumumbistes. Leur transfert de Léopoldville à Bakwanga fut organisé par Ferdinand Kazadi, celui-là même qui avait escorté Lumumba à Élisabethville un mois plus tôt. Six des sept partisans furent assassinés en février 1961[191]. Ces

---

[190] http://www.mbokamosika.com/article-le-conflit-luba-lulua-ou-la-tragedie-d-un-memepeuple-112070906.html
« *Un sujet belge, avec ses domestiques autochtones luba lubilani surprit Modeste kambala ka Mudimbi, un notable lulua de notoriété publique à la campagne. Sous la conduite de ce Belge, ce notable fut assassiné dans les conditions ignobles et innommables. Le lendemain de ce forfait, les Belges répandirent le bruit que les baluba de Kalonji avaient tué Modeste Kambala. Ce qui en partie, n'était pas faux. Mais les maîtres à penser de ce crime, c'était la communauté belge.* »

[191] Omasombo Tshonda J.: *Op. Cit.* « à une demande de renseignements [...] adressée par Dayal, Kalonji a répondu le 17 février que les détenus Fataki, Finant, Nzuzi, Elengesa, Muzungu, Kamanga avaient comparu devant une cour de justice composée des chefs coutumiers du Sud-Kasaï. Les cinq premiers ont été condamnés à mort pour crime contre le peuple muluba et exécutés. Kamanga a été condamné à cinq ans de prison. [...] Il faut ajouter vraisemblablement le nom Lumbala, Jacques, qui n'a pas fait l'objet d'une demande de Dayal. »

assassinats exécutés par le front anti-Lumumba qui s'étayait stratégiquement sur l'axe Léopoldville-Bakwanga et Élisabethville par la Sûreté nationale de Nendaka avec l'appui politique de Flubert Youlou à Brazzaville sont révélateurs du climat politique de terreur et d'une culture politique basée sur l'élimination physique des opposants politiques.

L'ingouvernabilité de la nouvelle entité était due aussi au conflit de leadership qui opposait M. Kalonji Albert et Joseph Ngalula. Les alliances qui se tissèrent d'un côté et d'un autre, avaient des implications plus larges au niveau national et jouèrent un rôle décisif dans la liquidation de la sécession sud-kasaienne. En effet, au départ, le conflit qui éclata entre le président de la République, Joseph Kasa-Vubu, et le Premier ministre, Patrice Lumumba, fut bien accueilli chez les Luba Lubilanji. Il pèsera favorablement au rapprochement entre Léopoldville et Bakwanga après la neutralisation de Lumumba. Le Collège des commissaires généraux créé à Léopoldville dès le 14 octobre 1960, qui comptait sept membres luba Lubilanji, décréta un cessez-le-feu, favorisant le retour au calme dans la province sécessionniste. Le mariage d'intérêt était évident entre le pôle d'Élisabethville et Léopoldville. M. A. Kalonji était « allié » à Moise Tshombe tandis que Joseph Ngalula pouvait compter sur ses amis du Groupe de Binza, spécialement sur Cyrille Adoula et Ileo. Une fois les forces lumumbistes neutralisées, Léopoldville était soucieuse de rétablir la légalité constitutionnelle. C'est dans cette optique que deux décisions importantes furent prises : en premier lieu, l'option militaire pour réduire la sécession, chose qui fut faite, après 4 mois de campagne. La sécession du sud-Kasaï prit fin officiellement le 2 octobre 1961. En second lieu, le démembrement de la province du Sud-Kasaï et la création officielle de la province du Sud-Kasaï, à travers la Loi du 14 août 1962 portant création de la province du Sud-Kasaï, comprenant les territoires de Bakwanga, Gandajika, Mweneditu (soumis au referendum), Kamiji (en territoire de Dibaya).

Aussi, à l'option militaire du Groupe de Binza, faut-il ajouter le facteur interne inhérent aux méthodes de gouvernement d'Albert Kalonji. Son autoritarisme, ouvertement déclaré par le titre usurpé (car il ne provenait d'aucune lignée royale connue) de « Mulopwe », l'utilisation instrumentale du pouvoir coutumier et enfin son népotisme officiel ne pouvait qu'engendrer de vives oppositions, aux premiers rangs desquels se trouvait Joseph Ngalula. Celui-ci, appuyé par Léopoldville se rétablit comme gouverneur de la nouvelle province par un coup d'État qui mit Kalonji en déroute. Capturé le 30 décembre 1961, il partira en exil à Barcelone.

En guise de conclusion, la sécession de la province du Sud-Kasaï était une opération conçue par M. Kalonji visant à créer un support territorial à ses ambitions personnelles de pouvoir. Si par un concours de circonstances M. Lumunba l'avait inclus dans son gouvernement lui accordant un ministère politique relevant et si Barthelemy Kalanga, leader des Lulua-frères à Luluabourg, avait accordé à Ngalula Joseph les postes qu'il exigeait, sûrement que le MNC Kalonji n'allait pas instrumentaliser de la sorte les sentiments et les réflexes ethniques des luba lubilanji. Son autoritarisme, et son folklorisme coutumier ne sont que des éléments supplémentaires en appui à cette thèse.

9.2. L'État sécessionniste du Katanga

9.2.1. Les racines politiques de l'option sécessionniste katangaise

Romain Yakemtchouk dans son essai « Aux origines du séparatisme Katangais [192]» avait déjà scruté, en 1988, avec beaucoup de perspicacité, les facteurs conjugués historiques, sociologiques et politiques ayant constitué progressivement la substance de ce « particularisme Katanga ».L'État du Katanga est le nom pris par la province du Katanga lorsqu'elle déclara unilatéralement son indépendance, deux semaines après l'accession du Congo à l'indépendance. Un acteur est souvent mis en exergue : Moïse Kapenda Tshombe. Mais la sécession katangaise, sous l'impulsion d'acteurs belges, fut en tout cas une émanation des milieux d'affaires pro-occidentaux et en premier l'Union Minière du Haut Katanga (UMHK).[193]

Tout a commencé dès le lendemain de l'indépendance de l'ex-Congo belge, le 30 juin 1960. Le film du drame Katanga s'initia le 11 juillet, avec la proclamation de l'indépendance de l'État du Katanga, à Élisabethville. Un « État » que personne ne reconnaîtra jamais en tant que tel sur le plan international, malgré le soutien affiché ou officieux de certains pays, mais qui en prend tous les attributs : un drapeau

---

[192] Yakemtchouk, R, *Aux origines du séparatisme Katangais*, académie royale des sciences d'outre-mer, Classe des Sciences Morales et Politiques, Mémoires in-8°, Nouvelle Série, Tome 50, fasc. 1, Bruxelles, 1988

[193] Voir Wibyala N, *La résistance katangaise de 1960 à 1963* publié le 18/06/2012 par Mwanashaba. http://mwanashaba.centerblog.net/169-la-resistance-katangaise-de-1960-a-1963

(rouge et blanc barré de vert et marqué de trois croisettes ces croix en cuivre utilisées depuis le XIXe siècle comme monnaie, et restées, jusqu'à aujourd'hui les emblèmes de la province), un hymne (La Katangaise), une devise (« Force, espoir et paix dans la prospérité ») et même une monnaie (le franc Katanga, frappé symboliquement de croisettes)[194].

Le séparatisme Katangais trouve ses origines dans l'identité et l'idéologie de deux grandes forces cofondatrices de ce conglomérat, dénommé Rassemblement Katangais ou la Confédération des associations tribales du Katanga (CONAKAT). Il s'agit d'une part des forces tribales avec une motivation séparatiste d'ordre purement ethnique, et d'autre part, l'Union Katangaise, émanation politique d'un groupement professionnel de colons belges, l'Ucol-Katanga (Union des Colons), défenseurs d'une politique de présence européenne au Katanga, avec une motivation d'ordre économique, préconisant une alliance avec la Belgique, sous la forme d'une communauté belgo-congolaise. L'identité et les motivations politiques de ces deux forcent aux confluents, constituent la base idéologique et le programme séparatiste de la CONAKAT.

En guise de premier volet de l'explication du séparatisme Katangais, il faut souligner, comme l'a fait le professeur Jean Ziegler[195] dans ses critiques de l'ouvrage de Jules Chomé intitulé « Moïse Tshombe et l'escroquerie katangaise »[196], le palier des motivations ethniques, surgissant des subconscients collectifs de différents groupes africains en présence.

C'est effectivement en décembre 1957, lors des premières élections communales que l'on perçoit les premières velléités séparatistes qui culmineront à la proclamation de l'indépendance de l'État du Katanga, le 11 juillet 1960. Tout est parti de la frustration des « Katanga authentiques » lors de ces premières assises électorales de décembre 1957. En l'absence de listes des partis politiques dans les communes d'Élisabethville (actuel Lubumbashi), les candidats kasaiens qui, s'étant appuyés sur la solidarité tribale, au-delà de toute allégeance partisane, enlevèrent la majorité des sièges. Des quatre bourgmestres,

---

[194] Voir l'article publié par Tshitenge Lubabu, MK, *Chronique katangaise*, dans Jeune Afrique, Dossier, 30 avril 2013.

[195] Le Monde diplomatique, mars 1996.
https://www.monde-diplomatique.fr/1966/10/ZIEGLER/27490

[196] Chomé J. (1996). *Moïse Tshombe et l'escroquerie katangaise*, Éditions de la fondation Jacquemotte Bruxelles, 1966.

trois étaient kasaiens, tandis que le quatrième était un syndicaliste mukusu, ressortissant du Kivu[197]. Ainsi, la CONAKAT, qui fut créée au lendemain de ces élections communales, était au fait, comme l'avait déclaré le nouveau leader de ce regroupement récemment élu, Moise Tshombe, « un mouvement de réaction contre la situation existante chez nous. Il est l'œuvre des Katanga authentiques »[198]. Prétendant regrouper théoriquement toutes les associations tribales de la province, en réalité, la base ethnique de la CONAKAT était sensiblement réduite aux Lunda, Basanga, Bayeke et les Babemba. Les Tshokwe, réunis autour des ATCAR et les Baluba du Katanga au sein de la Balubakat et ceux du Kasaï au sein de la FEDEKA (Fédération des associations tribales de la province du Kasai), s'organisèrent autour de Jason Sendwe, au sein du Cartel.

Officiellement, la CONAKAT n'avait jamais exprimé les velléités séparatistes. Sa position se limitait à réclamer :

> *« un État autonome et fédéré où les rênes de commande politique devront être entre les mains des Katangais authentiques et de tous les hommes de bonne volonté qui montrent et ont montré par leurs actes qu'ils collaborent sincèrement avec eux pour le progrès et l'émancipation rapide duKatanga[199] ».*

Durant le déroulement de la Table Ronde de Bruxelles, les déclarations et prises de position officielles de délégués de la CONAKAT ne laissaient entrevoir aucune intransigeance séparatiste, l'option officielle étant que l'État congolais devrait obligatoirement revêtir la forme « d'un État fédéral qui conciliera l'unité de l'ensemble congolais avec le maximum de pouvoirs à réserver au profit des États membres ou fédérés ».[200] La menace d'une déclaration d'indépendance n'a été utilisée que quelques fois comme une stratégie de négociation pour faire adopter les thèses de la CONAKAT.

Le second volet des racines séparatistes de la CONAKAT est fortement marqué par la préservation des intérêts économiques de la Belgique au Katanga : il n'était aucunement question de laisser le Katanga et ses mines dans le giron congolais. Les thèses de ce volet étaient soutenues par un associé puissant de la CONAKAT, l'Union

---

[197] Rubbens A. (1958). « La consultation populaire du 22 décembre 1957 à Élisabethville », *Problèmes sociaux congolais, Bulletin du CEPSI*, N° 42 sept. 58

[198] Courrier d'Afrique (10.12.1959) id

[199] Remarques Congolaises, 21.1.1960, p, 30.

[200] Voir les Propositions des représentants de la CONAKAT, 30.1.1960.

Katangaise, parti fédéraliste européen, dirigé par M. A. Gavage, qui demanda son adhésion à la CONAKAT vers le milieu de l'année 1959. Ce mouvement politique des Européens du Katanga, qui dictait de facto les positions politiques de la CONAKAT, centrait sa lutte politique autour de l'idée d'une association du Congo avec la Belgique, « une communauté belgo-congolaise, qui constituera le cadre institutionnel, au sein duquel les États membres de cette communauté discuteront et règleront les questions d'intérêt commun. Car Le Congo a tout intérêt à rester associé avec la Belgique, la personne de Sa Majesté le roi des Belges peut fort heureusement former le symbole de l'Association entre les deux pays[201] ».

9.2.2. La Belgique et la gestion politico-militaire de la sécession

Le Congo n'était plus, depuis le 30 juin 1960, une colonie belge, mais il est difficile d'affirmer que la Belgique n'était dès lors plus engagée au Congo. Malgré l'indépendance, la Belgique entendait jouer un rôle de premier plan dans le devenir de ce jeune État, en veillant, par des moyens politiques, parfois téméraires, à assurer un type de pouvoir congolais, acceptable pour l'opinion, pour les sociétés, pour les agents belges intéressés aux territoires congolais.

Le Congo était donc une affaire d'État, distant de querelles partisanes, autour de laquelle il y avait un large consensus parmi l'élite politique et économique belge. S'il y eut - jusqu'à un certain point - changement de politique congolaise entre le gouvernement Eyskens-Lilar de 1960-1961 et celui de Th. Lefevre-P.R. Spaak, l'un et l'autre se situaient sur une même longueur d'onde, à savoir celle d'une stratégie politique à déployer envers le Congo, et d'une influence à exercer au niveau même de la décision politique au Congo[202]. Ainsi, le « drame » ou « épisode » Katanga est un volet essentiel dans l'explication des vicissitudes des relations diplomatiques et de la coopération entre les deux pays. Dès le départ, à l'échelon international le rôle et le parrainage des autorités belges de la stratégie militaire, politique et diplomatique dans la naissance et le développement de la sécession katangaise ont lourdement pesé sur les relations entre Bruxelles et Léopoldville, entre la Belgique et les nations du groupe afro-asiatique ainsi qu'entre le gouvernement belge

---

[201] Voir Proposition des représentants de la CONAKAT, 30.1.1960.

[202] Gérard-Libois J. *Avant le voyage royal dix ans de relations Belgique-Congo*, Courrier hebdomadaire du CRISP 1970/18 (n° 483), p. 1-27.

et les Nations-Unies205. Il serait intéressant ici de cerner l'interaction entre les trois acteurs impliqués pour dresser le parallélogramme des acteurs politiques de la sécession : la Belgique, L'ONU et les autorités katangaises dans la gestion politico-militaire de la sécession. L'intervention des autres acteurs tels les autorités du gouvernement central (Léopoldville), les mouvements lumumbistes (Stanleyville et Brazzaville), sera abordée dans la partie consacrée aux solutions à la crise.

Au moment de la Déclaration unilatérale d'indépendance, le lundi 11 juillet 1960 à 22h30, M. Moise Tshombe, assuré de l'appui des milieux financiers et économiques opérant au Katanga ainsi que d'un large appui de la population, escomptait avec beaucoup d'espoir une reconnaissance de la Belgique et de la Rhodésie. Cette même Déclaration d'indépendance s'avérait être un réquisitoire contre le gouvernement Lumumba, taxé d'autoritarisme communiste et d'orchestrer des troubles, la terreur, la désorganisation et l'effritement de l'autorité sur toute l'étendue du territoire national, pour en tirer les dividendes politiques. La conclusion de ce réquisitoire était simple :

> *« Le Katanga ne peut se plier à de telles menées. Le gouvernement Katanga a été élu par une assemblée provinciale élue elle-même sur la base d'un programme d'ordre et de paix. « Dans ces circonstances, et devant les menaces que ferait peser sur nous une plus longue soumission à l'arbitraire et à la volonté communiste du gouvernement central, le mouvement Katanga a décidé de proclamer l'indépendance du Katanga. »*

Cependant, le destinataire principal de ce message était en réalité la Belgique sur laquelle se fondait tout l'espoir pour consolider et consommer la sécession. L'appel était pressant, on y reconnait clairement l'option soutenue par l'Union Katangaise, celle de l'institutionnalisation d'une autonomie par rapport au Gouvernement de Léopoldville et de la communauté belgokatangaise :

> *« Cette indépendance est totale. Cependant, conscient de la nécessité impérieuse d'une collaboration économique avec la Belgique, le Gouvernement du Katanga, auquel la Belgique pour protéger les vies humaines vient d'accorder l'assistance de ses propres troupes, demande à la Belgique de s'unir avec le Katanga en étroite communauté économique. »*

La mutinerie de la Force Publique, initialement dirigée contre le Premier ministre Lumumba à qui on reprochait d'avoir écarté de son gouvernement les Leaders Bangala (Bolikango) et Baluba du Kasaï (Albert Kalonji) et partant, d'être en connivence avec le général Janssens dans son projet « après l'indépendance est égal à avant l'indépendance », fit le lit de la sécession katangaise. Elle servira de prétexte pour annoncer un projet longuement muri[203]. La neutralisation des éléments de la Force Publique casernés au Camp Massart (Camp Major Vangu), par les forces belges qui débarquèrent de Kamina[204] à Élisabethville, le 10 juillet, sur ordre de Bruxelles, créa les conditions psychologiques et sécuritaires nécessaires pour proclamer l'indépendance du Katanga. L'intervention des militaires belges était donc déterminante sinon dans la création, au moins dans la possibilité de création d'un Etat sécessionniste. Dès le départ,

> *« Au Katanga, au contraire, l'objectif numéro un, exprimé par le Major Weber commandant les forces belges d'intervention, mais immédiatement promu conseiller militaire de M. Tshombe - était d'assurer le maintien de l'activité économique et administrative sur place, par un rappel immédiat de tous les Européens, hommes, femmes et enfants, qui avaient cherché refuge en Rhodésie [205] ».*

Cette opération de sécurisation de l'activité économique du Katanga, cette « oasis de paix » permit la consolidation du processus sécessionniste. L'armée belge, au-delà de la mission de « protéger des vies belges en danger » occupait tous les centres importants du Katanga, notamment Kolwezi et les gares frontière de Sakania et Dilolo. Elle assurait aux autorités katangaises non seulement la perception des recettes (taxes, impôts, redevances…) indispensables

---

[203] Selon le Courrier hebdomadaire du CRISP 1960/27 (n° 73) consacré aux « Positions belges devant le problème de la sécession Katangaise », il semble qu'en deux circonstances au moins, la proclamation de l'indépendance du Katanga ait été autre chose qu'une menace en l'air : en décembre 1959 à l'occasion du voyage royal. En juin 1960 la CONAKAT aurait tenté de faire sécession : une première fois, avant que le parlement belge ne vote la modification de la règle du quorum, condition sine qua non de la constitution d'un gouvernement « CONAKAT et alliés directs ». Plus tard, à la veille de l'indépendance (le 26.6), H. Ganshof fut avisé d'une tentative de coup d'État à Élisabethville et de l'arrestation d'un Belge qui, chargé de lettres de créance, devait, dit-on, proclamer l'indépendance du Katanga à New York, en présence de M. Kibwe, ministre des Finances du gouvernement provincial Katanga.

[204] Les bases militaires belges de Kitona et Kamina restaient accessibles aux forces militaires, couvrant les zones vitales du Bas-Congo et du Katanga.

[205] « La politique « Katangaise » de la Belgique. (Juillet 1960 - décembre 1962) I », *Op. Cit*.

pour le financement de son budget, mais aussi les recettes en devises nécessaires pour le financement d'importations vitales et pour le développement des entreprises minières.

Même si la Belgique n'avait jamais reconnu de jure l'indépendance de l'État du Katanga, les actions qu'elle entreprit officiellement au Katanga ne prouvaient pas moins sa détermination à « sauvegarder » cette partie du territoire congolais. Après la rupture des relations diplomatiques entre le jeune État du Congo et la Belgique, intervenue le 14 juillet 1960, décidée de commun accord entre le président Kasa-Vubu, Chef de l'État et M. Lumumba, chef du Gouvernement ; le Congo était devenu une priorité pour le Gouvernement Gaston Eyskens III.

La politique d'encadrement de la sécession katangaise courut et devait s'opérer officiellement à travers la Mission technique belge (MISTEBEL), accréditée à Élisabethville dès le 20 juillet 1960 avec à sa tête le Comte Harold d'Aspremont-Lynden, Chef de Cabinet du Premier ministre. Cette mission était le pivot sur lequel se matérialisait toute la politique belge du Katanga. En tant qu'organe de gestion du Katanga, elle prit en mains les problèmes essentiels au Katanga, pour le compte de M. Tshombe, G. Munongo et des autres dirigeants de la CONAKAT.

La MISTEBEL avait deux objectifs principaux : l'un d'ordre militaire et sécuritaire, pour consolider les frontières du Katanga et l'autre, d'ordre politique et diplomatique pour restructurer politiquement et diplomatiquement le Katanga.

L'objectif militaire et sécuritaire de la MISTEBEL était entre les mains du Major Weber, devenu conseiller militaire de Moise Tshombe. Il prit comme Chef de Cabinet, M. Lebrun et créât cinq départements : Affaires militaires, Propagande, Ravitaillement, Réfugiés et Santé Publique. Cet officier belge coordonnait toute la stratégie d'assistance militaire aux autorités d'Élisabethville. Il avait aussi pour mission principale l'encadrement du premier noyau de la gendarmerie katangaise reconstituée à partir du très petit noyau de soldats de l'ex-Force Publique ayant choisi de servir M. Tshombe, etc.. L'encadrement militaire était renforcé par des éléments venant de Belgique, de la gendarmerie belge, de l'ancienne Force Publique ou encore des forces métropolitaines d'intervention.

La consolidation des frontières du Katanga comprenait, tout naturellement, deux autres objectifs corollaires : l'organisation d'une opposition à l'implantation de l'ONUC et la répression des

« rebelles » Baluba du Nord (avec intégration de mercenaires rhodésiens, sud-africains et belges dans les groupes mobiles. Il convient aussi de signaler que l'assistance technique de la MISTEBEL, canalisée sous le Commandant Weber dépassait en fait l'assistance en hommes. Elle concernait également les fournitures d'armes à partir de Kamina où ont été entreposés certains stocks de l'ancienne Force Publique, des armes que les interventions militaires belges, en d'autres lieux, avaient permis de récupérer, ainsi que la quasi-totalité des éléments aériens de l'ex-Force Publique [206].

En outre, au volet de la restructuration politique du Katanga, il faut mentionner le rôle très actif joué par le professeur liégeois, René Clemens, conseiller politique de M. Tshombé, avec ses collaborateurs de la FULREAC (Fondation de l'Université de Liège pour les recherches scientifiques au Congo, au Rwanda et au Burundi, agissant aussi sous le parapluie de la MISTEBEL. René Clemens élabora une Constitution, en rupture totale avec la Loi Fondamentale du 19 mai sur les structures politiques du Congo. Cette Constitution composée de 66 articles fut promulguée le 5 aout 1960. Elle proclamait en son article premier que « Le Katanga est un État indépendant, souverain et constitutionnel ». Elle instituait un régime de type présidentiel qui s'appuyait sur deux autres institutions législatives : l'Assemblée nationale et le Grand Conseil. Cette dernière, une structure coutumière[207], composée de 20 membres élus parmi les chefs coutumiers était saisie de tous les projets de loi relatifs aux structures politiques, au régime fiscal, à l'organisation et à la compétence des juridictions de droit coutumier. Elle devait émettre son avis préalable sur tous les projets de loi, de règlements ou d'ordonnances relatifs à l'octroi de concessions minières. Les projets de loi non conformes à l'avis ne pouvaient être promulgués que s'ils étaient votés par l'Assemblée nationale à la majorité des deux tiers.

Le président du Katanga, élu à la majorité de deux tiers par l'Assemblée nationale et le grand Conseil réuni en congrès pour un mandat de quatre ans reconductible, disposait constitutionnellement d'une marge de manœuvre considérable. Tout le pouvoir exécutif était entre ses mains. Il se trouvait être à la fois, chef de l'État et chef du Gouvernement. En sa qualité de chef de l'exécutif, il pouvait désigner ses ministres, avec l'accord de l'Assemblée nationale, et les révoquer.

---

[206] « La politique « Katangaise » de la Belgique. (Juillet 1960 - décembre 1962) I », *Op. Cit*

[207] Article 31, 32,33 et 34 de la Constitution du Katanga du 5 aout 1960

Il pouvait aussi nommer aux emplois civils et militaires, ainsi que nommer, révoquer et suspendre les magistrats du parquet. Le président du Katanga détenait également des pouvoirs exceptionnels en période de crise. En tant que détenteur exclusif du pouvoir exécutif, il était le garant de l'indépendance nationale, de l'intégrité du territoire, du respect des traités et accords internationaux. Il était le chef suprême des armées et il veillait au respect de la Constitution et assurait la continuité de l'État[208].

La constitution de René Clemens, contrairement aux thèses des ultras qui optaient pour une séparation radicale et une indépendance totale du reste du Congo, adhéra, de par son article 2 au « principe de l'association avec d'autres contrées de l'ancien Congo belge pourvu qu'elles soient elles-mêmes organisées politiquement dans le respect de l'ordre et du droit.» Ainsi, L'État du Katanga s'engagea à ouvrir des négociations pour constituer avec elles une confédération sur l'égalité de partenaire[209].

Par ailleurs, il convient de signaler que la Constitution du Katanga du 5 aout 1960 n'avait jamais été réellement mise en application puisque l'état d'urgence, s'il n'est officiellement décrété qu'en octobre 1960, est, dans les faits, mis en place dès juillet.

---

[208] Articles 37, 38, 39, 40, 41 de la constitution du Katanga du 5 aout 1960

[209] Finalement le professeur René Clemens s'aligna sur la thèse défendue par le diplomate Rothschild qui coordonnait la cellule diplomatique à Élisabethville après la fermeture de l'Ambassade à Léopoldville.

TROISIÈME PARTIE

Expériences de résorption de la crise politique de la Première République

CHAPITRE 10

La crise gouvernementale et les dialogues politiques nationaux

10.1. La crise gouvernementale comme première dimension de la crise politique

La première dimension de la crise politique de la Première République a été, contre toute attente, une crise gouvernementale provoquée par la décision du président Kasa-Vubu prise le 5 septembre 1960, de révoquer le Premier ministre Lumumba et une partie du Gouvernement : MM. Bolamba, Gbenye, Gizenga, Kashamura, Lumbala et Mwamba. Prise en marge d'aucune procédure de mise en cause de la responsabilité politique du Gouvernement par les assemblées parlementaires (une motion de censure — défiance — et une question de confiance lorsqu'elles désapprouvent le programme ou une déclaration de politique générale du Gouvernement), ce premier passage en force du président Kasa-Vubu plongea le pays dans un scénario d'ingouvernabilité totale qui donna ainsi cours à la période des trois pouvoirs (février-juillet 1961)[210] qui revendiquaient l'autorité au Congo et se sont partagé, parfois simultanément, l'exercice de l'autorité effective au Congo.

- **Le Gouvernement de Joseph Ileo** à Léopoldville, reconnu par l'ONU et les puissances occidentales (son pouvoir s'étendait sur les provinces de Léopoldville et de l'Équateur et sur une partie de la province du Kasaï) ;
- **Le Gouvernement lumumbiste**, dirigé par Antoine Gizenga, à Stanleyville, reconnu par les puissances de l'Est et les pays

[210] Cornevin R. « Chronique du Congo Léopoldville », *Revue française d'histoire d'outre-mer*, 1965, Volume 52, Numéro 188, pp. 404-438.

africains révolutionnaires (Mali, Ghana, Guinée). Il étendit peu à peu son autorité dans les provinces du Kivu, de la Province orientale, le Nord-Kasaï, jusqu'à Lusambo, du Nord-Katanga jusqu'à Manono.

- **Le Collège des commissaires** mis en place et soutenu par le Colonel Mobutu d'abord, par le chef de l'État ensuite, exerça, de fait, pendant cinq mois, le pouvoir à Léopoldville, mais ne put se faire reconnaître ni par le Parlement congolais, ni par les instances internationales.

A ces trois pouvoirs centraux, il faut ajouter les deux pouvoirs régionaux qui concouraient aussi à l'exercice du pouvoir politique au Congo : le Gouvernement Tshombe, à Élisabethville, soutenu par la Belgique et le Gouvernement du Sud — Kasaï, installé à Bakwanga, qui n'a pas fait long feu. Dans son ouvrage intitulé « Introduction à la politique congolaise » Crowford Young[211] observait que :

« A la fin de l'année 1960, le Congo était divisé en quatre fragments autonomes : Léopoldville et Stanleyville réclamaient chacune le titre de capitale légitime, Bakwanga et Élisabethville déclaraient avoir fait sécession. Chacun de ces centres avait sa propre armée. En outre, Léopoldville, Stanleyville et Élisabethville, avaient chacune ses supporters à l'étranger, ce qui donnait à leur dispute un caractère international ».

Cette crise gouvernementale était l'interface d'une crise constitutionnelle exacerbée qui s'exprimait au travers d'une revendication de légitimité pour l'exercice du pouvoir politique sur l'ensemble du territoire congolais entre les deux pôles antagonistes de Léopoldville et Stanleyville. Outre cette question de légitimité politique, pour éviter la balkanisation définitive du jeune État congolais, il était aussi impérieux de concevoir et d'établir des mécanismes opérationnels, approuvés par tous les acteurs impliqués, concernant la réintégration de la province sécessionniste du Katanga, dont l'appareil militaire était contrôlé par des éléments étrangers, et partant, de résoudre les problèmes relatifs à la réorganisation de l'armée, le rétablissement de l'ordre public, la restauration de l'intégrité nationale et la remise en marche de l'appareil étatique.

---

[211] Crowdfort Y. *Introduction à la politique congolaise*, édition française par le CRISP, 1968, Version anglaise Politics in the Congo, Princeton University Press.

Ainsi, se situant dans le prolongement de la culture des négociations politiques initiées sous la formule des « Tables-Rondes » de Bruxelles[212], les instances de l'ONU-Congo ont déployé un effort effréné pour favoriser et parrainer des négociations directes, presque sans interruption durant ces onze mois, entre les différents acteurs de la crise politique congolaise. Ces négociations, appelées « conférences de la Table-Ronde »[213] devaient résoudre essentiellement deux contradictions : La première, celle de la sécession katangaise qui opposa, sauf durant de brèves périodes, le Gouvernement d'Élisabethville à ceux de Stanleyville et de Léopoldville. La seconde contradiction résidait dans le conflit entre le Gouvernement de Léopoldville et celui de Stanleyville quant à la succession du Gouvernement Lumumba. Voilà la trame de la première série des Tables Rondes intercongolaises, qui se révélèrent insurmontables sans arbitrage extérieur.

Ces négociations, qui accouchèrent toutes d'une souris, se déroulèrent en trois rounds, chacun ayant son contexte spécifique, ses objectifs propres et son issue : la Conférence de la table ronde de Léopoldville (25 janvier–16 février 1961), la Conférence de Tananarive à Madagascar (8–12 mars 1961) et la Conférence de Coquilhatville (Mbandaka) (23 avril–28 mai 1961).

10.2. La Conférence de la table ronde de Léopoldville (25 janvier – 16 février 1961). Un premier pas vers la convocation du Parlement

Marquée par le contexte de la crise gouvernementale du 5 septembre 1960 couplée par les sécessions du Katanga et du Kasaï, la conférence de la table ronde de Léopoldville, préparée par le Collège des commissaires généraux, entendait baliser le terrain pour aboutir à une réconciliation et une entente nationale. Le président Kasa-Vubu pour sa part, espérait que cette conférence serait le cadre pour « définir les structures politiques du Congo et les critères pour la délimitation des provinces, dénouer la crise et régler le problème des relations avec la Belgique ».

---

[212] Conférence de la table ronde politique belgo-congolaise (19 janvier–19 février 1960) et la Conférence de la table ronde économique belgo-congolaise (26 avril–16 mai 1960)

[213] cf. Verhaegen B. *Histoire des Tables Rondes congolaises.* Études congolaises, Revue de l'I.P.C, Léopoldville), n° 2, mai-juin 1960

La conférence fut dominée en l'absence de représentants katangais[214], par les personnalités réputées modérées comme M. Lihau ou favorables à une négociation avec Stanleyville comme MM. Adoula et Kama (P.S.A.)[215]. Durant le déroulement des travaux, deux thèses s'affrontèrent : d'une part, la thèse de la crise gouvernementale et d'autre part, la thèse de la crise institutionnelle. Concernant le volet de résorption de la crise gouvernementale, les tenants de cette thèse préconisaient le retour à la légalité dans le cadre des institutions légalement établies et reconnues par les instances nationales et internationales. Par contre, les tenants de la crise institutionnelle proposaient la révision de la Loi Fondamentale du 19 mai, de repenser les institutions, et de réformer les structures politiques en accordant plus d'autonomie aux provinces, particulièrement dans le domaine financier, tout en révisant leur nombre et leurs limites et en en créant — si possible — de nouvelles.

La conférence se déroula du 25 janvier au 16 février 1961. Sans la légitimité d'une assemblée parlementaire ni la représentativité de fait d'une table ronde, elle accoucha d'une souris. L'absence des délégués du Katanga (CONAKAT), de Stanleyville (MNC/L), de Bukavu (CEREA) et du Kwilu (PSA) était en soi une manière de récuser la validité de la Table Ronde de Léopoldville. Cependant, il convient de noter deux avancées importantes par rapport aux variables persistantes de la crise :

D'une part, une ouverture très nette des participants à l'égard des positions du Gouvernement de Stanleyville et un premier pas vers la convocation du Parlement, en profilant de quatre conditions pour ce faire :

- Libération de tous les détenus politiques y compris de M. Lumumba.
- Réouverture du Parlement et participation de tous les parlementaires à la Table Ronde.
- Constitution d'un gouvernement provisoire.
- Maintien de l'unité du Congo dans des structures fédérales

---

214 Malgré les concessions importantes faites par Léopoldville au Gouvernement Tshombe et l'envoi d'une délégation à Élisabethville conduite par l'actuel président du Sénat, M. Kumoriko, le Président Tshombe refusa de se faire représenter à la Conférence de Léo.

215 « Onze mois de crise politique au Congo », *Op. Cit*

D'autre part, la Table Ronde de Léopoldville qui eut la portée d'une « préconférence », ou « d'une conférence préparatoire », permit toutefois d'installer un gouvernement provisoire, le Gouvernement Iléo II[216] qui succéda au Collège des Commissaires généraux le 9 février 1961.

10.3. La Conférence de Tananarive (8–12 mars 1961). Le triomphe des thèses confédéralistes

La Conférence de Tananarive se déroula dans un contexte psychologique et politique favorable au rapprochement des acteurs de Léopoldville et Élisabethville. On a parlé d'« un axe Léopoldville, Élisabethville et Bakwanga » pour expliquer cette coalition contre les forces lumumbistes, lesquelles après l'annonce de la mort du Premier ministre Lumumba et des massacres de Bakwanga, étaient aux portes de Luluabourg. En outre, l'application de la résolution du Conseil de Sécurité du 21 février, enjoignant l'expulsion par l'ONU des mercenaires engagés au Katanga était une menace élevée pour le projet sécessionniste de Tshombe. Un partenariat avec Léopoldville tendait à récuser la légitimité de cette mesure prise par l'ONU.

La Conférence de Tananarive tint lieu du 8 au 12 mars 1961. Elle inscrivit à son ordre du jour la forme de l'État, les structures politiques et les relations avec l'ONU. Les résolutions de cette conférence[217] contestèrent les avancées de la conférence de Léopoldville, rejetant en fait l'engagement de convocation du Parlement et la formation d'un gouvernement responsable devant les Chambres. Elles consacraient une confédération d'États souverains dont le président serait Joseph Kasa-Vubu (Constitution confédérale sans allusion à l'unité du Congo. Le Rwanda et le Burundi y seraient admis comme des États confédérés), la création d'un Conseil des États, et d'une structure de coordination entre États, le rejet des résolutions du Conseil de Sécurité prônant l'usage de la force pour expulser du Congo les conseillers militaires et politiques qui ne faisaient pas partie de l'ONU.

---

[216] Le gouvernement Joseph Iléo II est le deuxième gouvernement composé par le Premier ministre Joseph Iléo et nommé par le Président Joseph Kasa-Vubu en février 1961. Ce gouvernement est mis en place juste après que le Collège des commissaires généraux du colonel Joseph-Désiré Mobutu ait fini son mandat. Il est suivi par le gouvernement Adoula le 2 août 1961.

[217] Voir Courrier Africain du CRISP du 28 mars 1961

Comme pour le round de Léopoldville, la Conférence de Tananarive aboutit à un échec à cause de l'absence des délégués de Stanleyville et de Bukavu. Par ailleurs, cette Conférence subit une forte empreinte katangaise. Le discours inaugural fut prononcé par Moïse Tshombe. Les documents de travail apprêtés pour la discussion avaient été préparés par les services du Katanga en sécession, ce qui explique que la thèse katangaise de la confédération d'États souverains ait prévalu[218].

10.4. Conférence de Coquilhatville (Mbandaka) (23 avril – 28 mai 1961). L'échec de M. Tshombe

Par son manque d'inclusivité et l'affirmation de thèses confédéralistes katangaises, les acquis de la conférence de Tananarive, taxée par les lumumbistes de « rendez-vous des assassins », furent progressivement remis en cause quelques jours après.

Ainsi, la Conférence de Coquilathville, réunie du 23 avril au 28 mai 1961, fut précédée d'un rapprochement, le 17 avril 1961 entre le président Joseph Kasa-Vubu et l'ONU. En effet, selon cet accord, l'ONU offrait au Gouvernement central un crédit en monnaies étrangères, en produits agricoles et en marchandises.

En plus, l'ONU promettait de rappeler M. Dayal, le représentant du Secrétaire général Dag Hammarskjöld. De son côté, le chef de l'État Kasa-Vubu acceptait la résolution de l'ONU du 21 février qui prescrivait le retrait et l'évacuation immédiate de tous les personnels militaire et paramilitaire, des mercenaires, et des conseillers politiques qui ne relevaient pas du commandement des Nations Unies, la réorganisation de l'armée congolaise, l'ouverture d'une enquête impartiale en vue de déterminer les circonstances de la mort de Lumumba et de ses compagnons, et le châtiment contre les auteurs de ces crimes[219]. On comprend ainsi aisément que la Conférence de Coquilhatville s'ouvrit le 23 avril sous des auspices défavorables aux thèses de M. Tshombe. Dès le lendemain de son arrivée à Coquilhatville, Tshombe exigea du président Kasa-Vubu la dénonciation de l'accord qu'il avait signé avec l'O.N.U. En outre, le leader katangais enjoignit que la Conférence proteste auprès de l'ONU

---

[218] Voir : Mutamba Makombo, JM *L'histoire des négociations en RDC, de l'avant indépendance à nos jours*, publié le 24 octobre 2016. http://archivistebateko.canalblog.com/archives/2016/10/24/34477680.html

[219] Idem

contre les attaques exercées par les contingents éthiopiens stationnés à Kabalo contre les forces de l'ordre katangaises et que la participation à la Conférence soit réservée et limitée uniquement aux autorités de droit et qui avaient de fait siégé à Tananarive.

Ainsi, dans cette perspective, la Conférence de Coquilavithville était censée être un cadre de discussions pour un « arrangement particulier » avec des modalités d'application, un additif de concrétisation des résolutions de la Conférence de Tananarive. Cependant, une fois M. Tshombe et ses conseillers européens arrêtés et transférés à Léopoldville, l'abandon des thèses confédérales de Tananarive et le recours au Parlement (résolution n° 18) s'inscrivirent facilement dans les conclusions de la Conférence[220].

Se fondant sur le principe de « la diversité dans l'unité et l'unité dans le respect des particularités régionales », la Conférence de Coquilhatville adopta, comme à Léopoldville, la forme fédérale de l'État avec une seule armée, et souhaita la convocation du Parlement comme solution à la crise constitutionnelle congolaise. Dû à la rupture brutale entre Léopoldville et Élisabethville, un consensus fut acquis à Coquilathville au sujet de la formation d'un gouvernement central unique et la réconciliation entre Stanleyville et Léopoldville. Aussi, un mandat fut-il donné au Premier ministre Ileo pour créer une commission constitutionnelle.

---

[220] « Onze mois de crise politique au Congo », *Op.Cit.*

CHAPITRE 11

La prouesse de Lovanium et le gouvernement d'union nationale de Cyrille Adoula

11.1. Gouvernement d'union nationale et légitimité politique. Quelques aspects théoriques

L'histoire politique de la RD Congo illustre le recours systématique à la formation des gouvernements dits « d'union nationale » comme un outil récurrent pour résorber les crises politiques qui ont semé les parcours des différentes républiques. Historiquement, cette expérience s'initia sous la Première République par l'investiture du gouvernement d'union nationale présidé par Cyrille Adoula, par les deux Chambres réunies le 3 août 1961 à Lovanium, initiative qui mit fin à onze mois de crise gouvernementale.

L'expression « gouvernement d'union nationale » correspond à la formation d'un gouvernement unissant l'ensemble des forces politiques face à une situation exceptionnelle, en particulier lorsque l'indépendance nationale, l'intégrité du territoire ou la continuité de l'État sont menacées. Historiquement, ce type de gouvernement suppose que « l'on embarque tout le monde », de l'extrême droite à l'extrême gauche[221]. Un gouvernement d'union nationale implique la mobilisation de tous les acteurs politiques, quelle que soit leur orientation idéologique, pour sortir le pays d'une situation de crise. C'est déjà arrivé dans l'histoire de la France, comme au moment de l'entrée en guerre en 1914 avec le gouvernement « d'union sacrée ». On y trouverait un spectre très large, allant de l'extrême droite catholique et royaliste avec Denys Cochin, à l'extrême gauche socialiste unifiée de Jules Guesde.

---

[221] Bayrou, F. *2012 états d'urgence*, Plon, 2011

On trouvera aussi cette unité nationale en 1926 avec le « gouvernement d'union nationale » de Raymond Poincaré. À l'époque, il fallait sauver le franc. Poincaré mit en place une coalition allant du centre-gauche à la droite. Une coalition très large que l'on retrouvera enfin le 23 novembre 1945, au sortir de la Seconde Guerre, avec le gouvernement d'« unité nationale » du General de Gaulle, qui rassemblait gaullistes, chrétiens-démocrates du MRP et socialistes de la SFIO.

Un gouvernement d'union nationale n'est pas à confondre avec des gouvernements de coalition ou les « grandes coalitions » qui sont des gouvernements qui regroupent le principal parti de droite et le principal parti de gauche. Ces coalitions sont des coalitions par défaut, en raison d'une représentation proportionnelle ne permettant pas de dégager une majorité nette. Cette formule est fondée sur la sélection démocratique des « formateurs » et des parties prenantes à la coalition par voie électorale[222]. Comme cas d'exemple, nous pouvons citer le Gouvernement CDU-CSU- SPD d'Angela Merkel entre 2005 et 2009, dont le centre (FDP) était écarté, ou en Italie, le Gouvernement d'Enrico Letta (28 avril 2013) regroupant des partis de gauche (Partito Democratico), du centre (Scelta Civica) et de droite (Il Popolo della Libertà).

Dans ses « réflexions sur une forme particulière de gouvernement : les gouvernements d'union nationale », Dzouma-Nguelet[223] note que le gouvernement d'union nationale, est un « gouvernement qui a la charge d'assurer le passage de la guerre ou conflit politique à la paix, un gouvernement de passage de la guerre comme régime de la politique fondée sur la destruction de l'autre, à la paix comme régime de la politique impliquant la tolérance de l'autre. Les gouvernements d'union nationale sont issus, par voie de négociation (non électorale), de la coalition des dirigeants et des représentants du mouvement armé, des partis politiques et des organisations de la société civile »

Cette définition de Dzouma-Nguelet, apporte deux éléments essentiels à l'appréhension théorique des gouvernements d'union nationale et de sa légitimité politique :

---

[222] Sindjoun V. (L), « Le Gouvernement de transition : Éléments pour une théorie politico-constitutionnelle de l'État en crise ou en reconstruction », *Op. Cit.*, p. 973

[223] Dzouma-Nguelet, H.M, « Réflexions sur une forme particulière de gouvernement : les gouvernements d'union nationale », *Annales de l'Université Marien NGOUABI*, 2010 ; 11 (3) : 52-79 Sciences juridiques et politiques.

- **Le gouvernement d'union nationale est une institution de passage**, une institution ad hoc. Cette caractérisation renvoie non seulement aux aspects temporaire et transitoire de l'institution, mais aussi à la nature des fonctions assignées à la même. En effet, la durée de vie d'un gouvernement d'union nationale est limitée à l'accomplissement des missions assignées dans le cadre de l'Accord politique de sortie de crise et dont l'exécution est temporellement encadrée. Ainsi, la fin du gouvernement est programmée dès son entrée en fonction. Sa légitimité politique est inhérente à la fonction de recherche de la paix et de la reconstruction de l'État.
- **L'exceptionnalité de sa composition est aussi une source de sa légitimité,** car les protagonistes qui concourent à sa formation se reconnaissent mutuellement et se mobilisent pour œuvrer ensemble contre la menace nationale, consolider la paix, rétablir le cadre démocratique normal, et partant, reconstruire l'État. Généralement, dans sa composition, un gouvernement d'union nationale est marqué par le recrutement des acteurs politiques armés qui en ont souvent le monopole, bien qu'il arrive que les partis politiques et les organisations de la société civile y soient représentés comme en Côte d'Ivoire (les accords de Linas-Marcoussis) et la transition RD congolaise après les accords de Sun – City, avec la formule 1 +4.

Le « Conclave » de Lovanium (une session parlementaire effectuée à l'université de Lovanium du 22 juillet au 2 août 1961) eut le mérite de déboucher sur le gouvernement Adoula dont la composition marque une incontestable volonté d'union nationale.

11.2. Le Conclave de Lovanium, matérialisation de la nouvelle ligne politique de l'ONU au Congo

L'histoire de la Rd Congo a décidément des points de repère qui ne demandent qu'à être revisités et interrogés. Dans la succession des rencontres politiques, observées sur la voie du dialogue national (les conférences de la Table-Ronde), les assises de l'université Lovanium (l'actuelle Université de Kinshasa, Unikin) ne furent pas une autre Table-Ronde. Ce ne fut pas une Conférence proprement dite. Ce fut une session parlementaire, mais une session particulière, de par les conditions de sa convocation, de sa tenue et du lieu. De toutes les sessions parlementaires, dans l'histoire du Congo indépendant, c'est la seule qui est restée célèbre au point que nombreux sont ceux qui ignorent sa nature strictement parlementaire.

Depuis l'ajournement du Parlement en septembre 1960, c'était le retour sur scène des Chambres. Au regard de l'insécurité généralisée, toutes les parties au conflit optèrent pour le site de l'université Lovaniun qui sécurisait plus, par sa forme de forteresse que le Palais de la Nation plus découvert. L'implication de l'ONU fut décisive, en amont et en aval. L'ONU s'occupa de toute la logistique transport, hébergement et sécurité des parlementaires ; la prise en charge onusienne fut totale.

De par son objectif et ses participants, cette session parlementaire fut éminemment politique. Ses participants, parmi les députés et sénateurs, furent l'essentiel des acteurs politiques impliqués dans la persistance de la crise congolaise. Ce fut tout le gratin du personnel politique congolais, donc les poids lourds. De leur rencontre pouvait être scellée la réconciliation nationale. Cette session parlementaire devait consacrer le « retour à la légalité constitutionnelle ». Devant investir un nouveau gouvernement, l'Assemblée s'appela « conclave », à l'instar de la réunion des cardinaux pour élire le pape à Rome.

Le Conclave de Lovanium était donc le cadre idéal pour résorber « la crise de gestion du pouvoir », marqué par un blocage institutionnel et une contestation à tous égards et réciproque de la légitimité politique. Le discours inaugural de ces assises prononcé par le président Kasa-Vubu, le 27 juillet 1961, illustrait pour le mieux le paysage politique du pays et les défis de ce « Conclave » :

> *« Ce qui convient au pays au moment où il va élaborer sa constitution, c'est un gouvernement de large union nationale dans toute la mesure du possible. Car il faut un esprit d'entente nationale pour régler le problème essentiel des futures structures du pays.et seul un gouvernement d'union nationale est capable de promouvoir les majorités spéciales requises pour le vote de la Constitution* [224] *».*

[224] http://www.fara-nza.com/2015/02/joseph-kasa-vubu-le-hero-oublie-de-tous.html

11.3. Les missions du Gouvernement d'union nationale de Cyrille Adoula

Aux séances d'ouverture du Conclave, presque tous les parlementaires étaient présents. Les annales parlementaires enregistrèrent la présence de 90 % des députés et 75 % des sénateurs. Seuls huit parlementaires de la CONAKAT séchèrent le Conclave, tandis que Gizenga autorisa les parlementaires réfugiés à Stanleyville à y assister. Ce taux de participation présageait déjà le succès de ces assises.

Les négociations en vue de la formation du Gouvernement ont duré huit jours, du 25 juillet au 2 août 1961. Une résolution présentée le 2 août par le bureau de la Chambre fut approuvée à l'unanimité : la crise était déclarée d'ordre constitutionnel. La Chambre ne reconnut ni le Gouvernement Ileo ni lc Gouvernement Gizenga comme successeur légal et incontesté du Gouvernement Lumumba. Cette déclaration eut pour résultat le compromis entre les deux blocs : les deux groupes furent unanimes à reconnaitre Adoula comme représentant, leader admissible ; en revanche, les lumumbistes ont permis que la légalité change de camp[225]. Ce consensus qui jaillit de Lovanium mit momentanément un terme à la crise de la Première République.

Tenant en compte les défis du moment et les circonstances de son investiture, le Gouvernement Adoula (du 25 juillet 1961 au 26 juin 1964) s'était assigné deux volets des missions principales à savoir : la recherche de la paix et la reconstruction de l'État d'une part, et le rétablissement des structures productives et économiques de l'État, d'autre part.

11.3.1. La recherche de la paix et la réconciliation nationale

La recherche de la paix était la principale préoccupation de tous les acteurs politiques mobilisés et les puissances étrangères impliquées dans le conflit politique congolais. Comme tout gouvernement d'union nationale, le Gouvernement Adoula se légitimait à partir de la logique des antipodes, de passage de la guerre à la paix : « Le désordre vécu que l'on hait et l'ordre désiré auquel on aspire ». Dans cette perspective, le Gouvernement Adoula était cadre par excellence de

---

[225] Dzouma-Nguelet, H.M, « Réflexions sur une forme particulière de gouvernement : les gouvernements d'union nationale », *Annales de l'Université Marien NGOUABI*, 2010 ; 11 (3) : 52-79 Sciences juridiques et politiques.

l'apprentissage de la tolérance de l'autre, et une structure de création de confiance entre belligérants naguère engagés dans des dynamiques de destruction mutuelle[226].

La recherche de la paix impliquait d'une part, la cessation de toute action violente comme expression de défense des intérêts collectifs légitimes[227], et d'autre part, la réunification du Congo par la résorption de la sécession du Katanga. C'est dans ce sens que s'expliquent les efforts constants de M. Adoula d'entabler des conversations directes avec M. Tshombe (plus de 200 réunions), avec l'appui de l'ONUC, pour négocier pacifiquement la réintégration du Katanga dans la République du Congo. Le point de départ de ces négociations directes entre, M. Tshombe, et Adoula étaient les accords de Kitona, par lesquels M. Tsombe avait accepté de prendre les mesures assurant la réintégration du Katanga dans la République du Congo.

Constatant le manque d'avancées significatives de ces négociations, le Secrétaire général intérimaire de l'Organisation des Nations Unies, U Thant, se vit dans l'obligation d'offrir « ses bons offices » et de proposer un plan de réconciliation nationale communément connu sous le nom de « Plan Thant »[228] comme base des discussions, entre M. Tshombe et M. Adoula. Celui-ci ne pouvait pas être discuté : il ne pouvait qu'être accepté ou rejeté. Il ne s'agissait donc pas d'une solution imposée, puisque chacun des protagonistes était libre de l'écarter ou de l'admettre. MM. Adoula et Tshombe choisirent le second terme de l'alternative[229]. Selon le schéma tracé par ce plan, il était proposé que l'on se mît d'accord sur un texte qui aurait effectivement mis fin à la sécession katangaise, et que l'on établît les organes nécessaires pour réaliser l'intégration de la province

---

[226] Dzouma-Nguelet, H.M, Réflexions sur une forme particulière de gouvernement… *Op.Cit.*

[227] Canivez P, « Qu'est-ce qu'un conflit politique ? », *Revue de métaphysique et de morale* 2008/2 (n° 58), p. 163-175. « *On peut dire que ces groupes entrent en conflit du fait de leurs intérêts opposés, à condition d'entendre la notion d'intérêt au sens le plus large. En réalité, un intérêt est tout ce pour quoi un groupe est prêt à entrer en conflit, qu'il s'agisse des intérêts économiques d'une classe sociale, des intérêts culturels d'une minorité ethnique, des intérêts stratégiques d'un État, etc.* »

[228] Dans sa version officielle, ce plan s'articulait sur 8 points de négociations : Revenus et devises, monnaie, dispositions militaires, affaires étrangères, amnistie, coopération avec l'ONU, reconstitution du gouvernement central.

[229] Quotidien Le Phare, « Congo-Zaïre : l'empire du crime permanent, Le "Plan Thant" pour réconcilier Tshombe — Adoula » du 4 octobre 2013

dans certains domaines précis. Le point 1 de ce plan, qui concernait les dispositions constitutionnelles, exposait que :

> *« D'ici au mois de septembre, le gouvernement central présentera au Parlement et appuiera devant celui-ci, jusqu'à la mise en vigueur un projet de Constitution visant à l'établissement d'un gouvernement fédéral pour le Congo ».*

Dans l'intervalle, les deux parties acceptèrent la constitution de quatre commissions : la commission militaire, la commission monétaire, la commission économique et fiscale et la commission des transports et communications : les dénominations des quatre commissions désignaient les domaines dans lesquels s'exercerait la réintégration progressive du Katanga.

Les négociations avortées entre Adoula et Tshombe provoquèrent, au siège des Nations Unies, une volonté déterminée d'en finir. Cette période marqua la dégradation de la situation intérieure du Congo, particulièrement de celle du Nord-Katanga, laissé à lui-même[230]. Ce fut finalement une opération militaire voulue et organisée par l'ONUC qui mit fin à l'aventure katangaise.

11.3.2. L'intégrité du territoire de la République et la reconstruction de l'État

Chacun des trois pouvoirs établis sous la crise gouvernementale de septembre 1960 (Léopoldville, Stanleyville et Élisabethville) chapeautait une structure militaire propre et administrait, selon ses propres critères, une portion du territoire national. Ainsi, un des « travaux d'Hercule » du gouvernement d'union nationale présidé par M. Cyrille Adoula était de réunifier et de moderniser l'Armée nationale congolaise (ANC) pour en faire un instrument efficace à même d'assurer et défendre l'intégrité territoriale.

Sous ce volet, il faut souligner la détermination du colonel Mobutu, qui avec l'appui et l'assistance technique de l'ONU, de la Belgique et d'Israël, s'impliquait dans un vaste chantier de pacification du pays et de réorganisation de l'armée. Dès janvier 1963, l'ANC sera restructurée. Le brassage (multi) ethnique dans les casernes militaires et le recours obligatoire à une même langue militaire, le lingala, le recrutement national, la rotation fréquente des militaires dans toutes

---

230 Brassinne de La Buissière, J. *La sécession du Katanga : témoignage (juillet 1960 – janvier 1963)* Séries : Outre-Mer, PIE Peter Lang, Bruxelles, 2016.

les provinces seront des atouts importants pour consolider l'armée nationale.

11.3.3. Le rétablissement des structures productives et économiques de l'État

À l'avènement du Gouvernement Adoula, le Congo était aux prises avec des problèmes monétaires, financiers et économiques. En plus, la pénurie des denrées alimentaires à Léopoldville[231] et le phénomène de hausse des prix provoquèrent aussi des problèmes sociaux, sous forme de grèves et des revendications salariales. À cette problématique économique, il faut ajouter l'exigence d'une réforme monétaire de dévaluation du franc congolais due aux conséquences économiques néfastes du fait que la valeur du franc congolais restait surélevée sur le marché officiel et s'écartait de plus en plus de son cours sur le marché parallèle. En effet, « l'accroissement des salaires nominaux avait entrainé, depuis 1960, une hausse considérable de l'Indice Général des Prix (dans le rapport de 1 à 3 en moyenne). Les salaires réels baissaient, mais la réduction du pouvoir d'achat de la monnaie congolaise ne se traduisait pas dans l'évolution officielle des taux de change. »[232]

Sous le Gouvernement Adoula (malgré les différents remaniements ministériels), la politique de redressement des structures productives et économiques de l'État se traduisit par trois décisions importantes :

- La création de la Commission consultative économique et sociale, par l'ordonnance n° 128 du 6 septembre 1962, composée de 4 représentants des secteurs de la production industrielle, de la distribution et des activités indépendantes, de 4 représentants des travailleurs et des consommateurs et de 4 représentants du Gouvernement.
- La création par l'arrêté n° 7 du 18 février 1963 portant création d'une commission d'Études (dite commission de redressement financier). Cette commission consultative, était chargée de donner des avis au Premier ministre, d'étudier et de proposer des

[231] À ce sujet, dans une allocution prononcée le 12 février 1963, M. Adoula annonçait avoir décidé de faire appel à toutes les régions du Congo où l'on constatait une superproduction de denrées alimentaires telles que le riz, le manioc, le maïs, ou la viande et le poisson, pour les acheminer vers la capitale, le Gouvernement se chargeant de trouver les moyens de transport adéquats pour ce faire.

[232] CRISP, *Congo 1963*

mesures pour lutter contre le déséquilibre financier et économique, plus concrètement, d'étudier les voies et moyens : d'augmenter les revenus publics, d'assurer le contrôle rationnel des dépenses publiques, une bonne utilisation des ressources en devises étrangères, la politique des crédits ou toute autre question relative à la politique fiscale, financière et économique du pays.

- Ordonnance n° 268 du 9 novembre 1963 portant fixation des taux d'achat et de vente des devises étrangères.
- Le relèvement du salaire minimum, annoncé par M. Adoula dans son discours du 16 mars 1963, dû à la dégradation du salaire réel par rapport à la hausse continuelle des prix.

11.3.4. Parfaire la réconciliation avec la Belgique

Après la rupture des relations diplomatiques entre le Congo et la Belgique, le 9 août 1960, le cours des événements semblait être en faveur d'une réconciliation entre les deux États, même si cette relation avait sa propre dynamique des vicissitudes. Le premier signe de ce dégel était l'établissement de la mission de liaison belge à Léopoldville, présidée par M. Logerstay, sous le gouvernement des commissaires généraux. Officiellement le rétablissement des relations diplomatiques entre le Congo et la Belgique se matérialisera sous l'initiative du Gouvernement Adoula et consacré par la nomination du comte de Kerchove de Denterghem comme ambassadeur de la Belgique à Léopoldville.

Dans l'objectif de parfaire la réconciliation, sous l'invitation du Gouvernement Lcfcvbre-Spaak, une délégation composée par MM. Adoula, Bomboko et Bamba séjournèrent en mission à Bruxelles du 25 février au 1ermars 1963. Officiellement connue sous le terme de « entretiens Adoula-Spaak, cette mission avait en outre, deux objectifs principaux :

- Régler les problèmes inhérents au contentieux belgo-congolais[233].

[233] Voir à ce sujet Lejeune, C. « Le contentieux financier belgo-congolais », *Revue belge de droit international, BDI* 1969.2 - pp. 535 à 564 et « Le contentieux belgo-congolais », *Courrier hebdomadaire du CRISP*, vol. 283, no. 15, 1965, pp. 1-25.
Il s'agit des problèmes économiques et financiers non réglés par les deux tables-rondes de Bruxelles de 1960 et notamment la question de la propriété de l'ancien

- Améliorer et réorganiser l'assistance technique et militaire belge.

Malgré les divergences de vues, le Premier ministre Adoula et le ministre des Affaires étrangères Spaak préparèrent l'avenir en étudiant et en mettant au point les nouveaux fondements des assistances techniques civile et militaire. Le premier pas fut l'établissement d'une convention d'assistance médicale en février 1963. Par la suite, une deuxième convention d'assistance technique en matière d'enseignement fut signée en mai 1963 et une convention générale d'assistance technique intervint en septembre. Cette dernière prévoyait la création et la mise en place d'une Commission mixte belgo-congolaise chargée de négocier les modalités de l'aide bilatérale[234].

11.3.5. La réforme de la Loi Fondamentale du 19 mai 1960

Le Gouvernement Adoula déposa sur les bureaux des Chambres un projet de constitution fédérale, suivant le schéma tracé par le "Plan Thant". Ce projet prévoyait la répartition ci-après de pouvoirs entre le Gouvernement central et les États :

Les pouvoirs énumérés ci-dessous seront réservés exclusivement au gouvernement central : affaires étrangères ; défense nationale (autre que les fonctions de police locale) ; douanes ; monnaie, contrôle des changes et politique fiscale ; commerce inter-états et commerce extérieur ; droit de fixer des impôts d'un montant suffisant pour les besoins du gouvernement central ; nationalité et immigration ; postes et télécommunications.

Les gouvernements des états avaient le contrôle de leur propre administration et étaient munis de tous les pouvoirs, autres que ceux qui sont expressément réservés au gouvernement central, y compris la police locale aussi bien que le droit de fixer des impôts suffisants pour faire face aux activités des gouvernements locaux.

---

portefeuille de la colonie, le sort des biens belges au Congo, le statut des parastataux.

[234] Brassinne de la Buissière, J, « La coopération belgo-zaïroise 1960-1985 », *Courrier hebdomadaire du CRISP,* vol. 1099-1100, no. 34, 1985, pp. 1-78.

CHAPITRE 12

Résorber la crise constitutionnelle par les méthodes et procédures anticonstitutionnelles

La monopolisation de la fonction exécutive par M. Kasa-Vubu n'était pas suffisante pour accomplir sa vision politique. Le Parlement à majorité lumumbiste était une entrave pour son projet d'un meilleur contrôle et une maitrise parfaite de tout l'espace politique congolais. Il s'ensuivit un bras de fer entre M. Kasa-Vubu et l'institution Parlementaire. Ce processus aboutit non seulement à une marginalisation progressive du Parlement, sinon à son effacement total de la scène politique de la première législature. Il se réalisera intelligemment en plusieurs étapes.

12.1. La convocation de deux Chambres en constituante

Usant des prérogatives de l'Art. 30 qui l'habilitait à convoquer les Chambres en session extraordinaire, le chef de l'État, par son ordonnance n° 184 du 26 août 1963[235], convoqua effectivement les deux Chambres en Constituante, c'est-à-dire une session extraordinaire qui ne s'occupera que de l'élaboration de la Constitution avec une durée de session de 100 jours. Cette limitation de l'objet de la convocation du Parlement se justifiait pour 3 motifs :

- La fin imminente de la première législature (moins d'un an à partir de la date de convocation).
- La nouvelle Constitution devait être définitivement adoptée avant les prochaines élections, lesquelles ne pouvaient pas tarder au-delà du mois de juin 1964.

[235] Voir Moniteur Congolais, n° spécial du 3 septembre 1963.

- La longue procédure d'adoption de la nouvelle Constitution par les Assemblées provinciales conformément aux Arts. 100 et 101 de la LF justifiaient aussi cette urgence.

12.2. La modification des articles 98 et 99 la LF

La portée de la révision de certains articles de la Loi Fondamentale était transcendantale pour le cours politique préconstitutionnel. En effet, la modification des Arts. 98 et 99 était censée résoudre la difficulté juridique pour les Chambres, ainsi convoquées en constituante, de siéger en Assemblée unique ou en session commune.

En effet, la Loi Fondamentale stipulait que les deux Chambres législatives siégeaient séparément. Elles ne pouvaient siéger en Chambre unique que dans le cas de l'élection du chef de l'État conformément à l'Art. 11 de la LF. Or, pour la célérité des travaux de l'élaboration de la nouvelle Constitution, il était nécessaire de réaliser le travail en une Assemblée unique. C'est pour cela que l'Art. 1 de la proposition de loi, la modifiait de la manière suivante : « *La Constitution est élaborée par la Chambre des représentants et le Sénat réunis en Assemblée constituante* ».

12.3. La suppression des articles 100, 101 et 160 de la L.F

La suppression pure et simple de ces articles obéissait à l'objectif d'exclure les Assemblées provinciales du processus de ratification de la nouvelle Constitution arguant l'extension processale que cette participation supposait. Selon le chef de l'État, artisan de l'opération, les difficultés qui ont justifié cette action se résumaient essentiellement dans la lenteur d'adoption.

Son exposé des motifs était ainsi libellé :

> « *Toutefois, les modifications proposées aux articles 98 et 99 ne produiraient pas leur plein effet s'il continuait à subsister les dispositions des articles 10O et 101 qui donnent aux Assemblées provinciales un pouvoir d'approbation de la Constitution. La procédure de cette approbation, telle qu'elle est prévue par les articles, comporte des délais encore plus longs que ceux qui découleraient des travaux d'une Constituante composée de deux Chambres séparées.*

C'est ainsi que les articles 100 et 101 de LF étaient abrogés et remplacés comme suit :

« La Constitution sera élaborée par le Parlement. La Commission Constitutionnelle mixte (Chambre et Sénat) qui examine le projet de Constitution déposé aux Chambres fera appel aux provinces avant l'approbation de son rapport, pour qu'une délégation de chacune des Assemblées provinciales soit associée à titre consultatif, aux séances de clôture de son travail, avant présentation à la Constituante ».

12.4. La mise en congé du Parlement et la désignation d'une commission chargée de l'élaboration d'une Constitution à soumettre au referendum

Par son ordonnance n° 226 du 29 septembre 1963, le chef de l'État constatait l'échec des travaux de la Constituante convoquée après un mois de travail. C'est ainsi que l'exposé des motifs de cette ordonnance parlait de la carence et de l'impuissance des deux branches du pouvoir constituant à élaborer conformément à l'Art. 98 et suivants de la LF ; la Charte indispensable à tout état démocratique pour exercer ses responsabilités vis-à-vis du Peuple.

Cette mesure était plus politique. Elle s'inscrivait dans une logique de bras de fer entre le chef de l'État et l'institution Parlementaire. Elle n'avait aucun fondement juridique. Même l'habilitation juridique énoncée à l'Art. 1 de l'Ordonnance n° 226 ayant trait aux Arts. 4, 10 et 69 ne soutenaient en rien la mise en congé « définitif[236]» des Chambres. L'argument politique, et partant, la justification politique de cette décision est à trouver dans les considérants en ce qu'ils soulignent expressément :

« (...) S'inspirant de l'esprit de la Loi Fondamentale, prévue pour la continuité de l'État dans ses différentes activités sans provoquer la désorganisation de la vie publique, par l'installation d'organes provisoires ayant compétence en matière législative et exécutive ».

Et surtout dans l'exposé des motifs d'une ordonnance prise postérieurement :

« (...) S'appuyant sur l'esprit de la Loi Fondamentale en tant qu'instrument provisoire plutôt que sur la lettre qui ne peut être évoquée à l'encontre de l'intérêt supérieur de la Nation et des intérêts nationaux, mais supérieurs du peuple ».

---

[236] En fait, les Chambres ne se réuniront plus jamais. C'était la fin annoncée de la législature.

Ainsi l'ordonnance n° 226 annonçait aussi la Constitution d'une Commission chargée uniquement de discuter et d'élaborer la Constitution et dont les membres seraient désignés par une ordonnance sur proposition du Conseil des ministres et que le projet présenté serait soumis au referendum un mois après son dépôt.

12.5. La confiscation du pouvoir législatif par le chef de l'État

Par l'ordonnance n° 227 du 29 mars 1963, le chef de l'État achevait le processus de renforcement de son autorité en s'arrogeant l'exclusivité du pouvoir législatif. Arguant que l'activité législative ne pourrait être suspendue ou arrêtée pendant la période strictement nécessaire à l'élaboration du projet de Constitution substituée au Parlement par suite de sa carence et de son impuissance dûment constatées en la matière[237], M. Kasa-Vubu s'arrogeait le droit de légiférer par ordonnances et lois, et ordonnait que celles-ci pussent être exécutées comme lois d'État.

Comme on peut le constater, c'est donc après que le chef de l'État se soit assuré des conditions favorables à ses intentions et après s'être doté des garanties de succès pour une Constitution « taillée sur mesure » qu'il mit la Commission Constitutionnelle en marche. Cette Commission présenta son projet, un long texte de 204 articles, qui fut adopté par referendum organisé par un Comité ad hoc, appelé Comité du referendum. Le texte fut sanctionné et promulgué par le chef de l'État en date du 1er août 1964.

---

[237] Voir Moniteur Congolais, numéro spécial 30 sept. 1963 id

CHAPITRE 13

Entre la rébellion et la révolution. La lutte armée lumumbiste comme mode d'affirmation politique

13.1. Le recours à la violence comme signe d'un dysfonctionnement du système politique

La réconciliation de Lovanium et la résorption de la sécession katangaise le 14 janvier 1963 suivis de l'exil de M. Tshombe à Madrid ne furent qu'une petite parenthèse temporaire de Pax Civilis. Elles n'auguraient en rien une *Pax Romana*, car très rapidement les hostilités politiques prirent des dimensions de lutte armée et d'opposition révolutionnaire (selon l'expression des auteurs du CRISP). L'emprisonnement de M. Antoine Gizenga en 1962, l'exclusion des éléments lumumbistes du gouvernement Adoula (à la faveur de deux remaniements opérés), ainsi que la mise en congé des assemblées législatives, furent autant de causes politiques qui justifièrent l'option de la lutte armée entreprise par les forces lumumbistes, communément appelée rebellions ou insurrections populaires (1963-1965). Le Conseil National de Libération, créé le 3 octobre 1963 à Léopoldville, sera l'organe de conception et de direction de cette nouvelle forme d'expression politique. Le Manifeste du CNL est encore plus explicite sur son programme politique et les causes qui légitiment la lutte armée :

> *« Le Conseil National de Libération a pour programme : la décolonisation totale et effective du Congo dominé par la coalition des puissances étrangères....Considérant que la décision du chef de l'État de dissoudre les Chambres législatives et de confier l'élaboration de la Constitution congolaise aux organes économiques étrangers constitue un acte de haute trahison vis-à-vis de la Nation... »*

Ainsi, en l'absence d'un espace parlementaire pour l'exercice légitime et démocratique de l'opposition, les lumumbistes convertirent leur lutte politique en une lutte armée. Ils prirent les armes pour défendre et imposer leur projet de société. Pendant le premier semestre de l'année 1964, les progrès de la lutte armée sont fulgurants. Près des 2/3 du pays se trouvent sous le contrôle du CNL, de Lodja à Kamina, et de Boende à la frontière du Soudan (Province orientale), presque tout le Kivu, le Nord-Katanga et des grandes parties du Kasaï et de la province de l'Équateur.

Benoît Verhaegen (1929-2009) a déjà consacré une historiographie assez abondante et riche en enseignement sur les rébellions au Congo en publiant aux éditions du CRISP deux tomes monographiques sur ce thème (Tome I en 1966 et tomme II en 1969)[238]. Il a dressé une anatomie complète des acteurs et de leurs méthodes. Il a aussi analysé les formes et les causes fondamentales de ces « rebellions » ainsi que les facteurs de leur progression foudroyante. Il n'a pas omis de disséquer les conditions objectives de la participation populaire à la rébellion. Et finalement, il s'est évertué à approfondir les causes de leur échec (échec de la révolution). En outre, en 1997, dans une conférence prononcée à Anvers à l'Institut de politique et gestion du développement, sur le thème « Du Congo 1964 au Zaïre 1997. Similitudes et divergences »[239], dans laquelle il mit en parallèle la rébellion de 1964-1965 dans l'est du Congo avec les événements de 1996-1997 de la rébellion de l'AFDL de Laurent-Désiré Kabila. Cette dernière perspective comparée du professeur Verhaegen a été minutieusement complétée par le professeur Isidore Ndaywel E'Nziem[240] qui établit aussi une comparaison judicieuse de l'épisode de la lutte armée initiée sous la transition démocratique mobutienne avec celle de la première République.

Notre prétention dans ce chapitre est de contextualiser les rebellions de 1964-1965 à la fois comme une étape de paroxysme et transformation de la dimension de la crise politique dans ses formes, ses acteurs et ses méthodes et comme la conception et légitimation de la violence comme outil de résorption de la crise politique. Ce chapitre interroge sur la nature et les visées ultimes de cette violence. La question des acteurs ne sera qu'incidente et instrumentale pour nous

[238] Verhaegen B, *Rébellions au Congo* (2 tomes), CRISP, Bruxelles, 1966 et 1969.

[239] http://www.ua.ac.be/objs/00110971.pdf

[240] Ndaywel E'Nziem I, « Du Congo des rébellions au Zaïre des pillages », *Cahiers d'études africaines*, vol. 38, n° 150-152, 1998.

aider à mieux appréhender la nature et les visées de recours à la violence : s'agissait-il d'une violence protestataire ou d'une véritable révolution qui était déjà en marche, mais qui n'a pas pu atteindre ses objectifs ? Si tel était le cas, alors cette seconde hypothèse mériterait de s'appesantir sur les raisons de cet échec de la révolution entamée.

En effet, les interrogations soulevées au paragraphe antérieur partent de la prémisse que dans une société démocratique, le cadre constitutionnel institutionnalise les conflits politiques et ses modes de résorption. Alors, l'utilisation de la violence témoigne d'une impatience ou/et d'une impuissance à utiliser les procédures routinières de négociation et de représentation. Dans ce sens, le recours à la violence est basé sur la conviction qu'il n'existe pas réellement d'autre moyen d'obtenir la prise en considération de ses attentes ou, plus radicalement, d'imposer ses solutions. Même l'emploi de la force publique signale un échec du pouvoir politique à fonctionner dans son cadre normatif. Par le recours à la violence, on met en exergue un sentiment de discrimination subie par le groupe contestataire, ou encore sur la perte de confiance dans le système politique. L'apparition de la violence est un « signal de danger », c'est-à-dire l'indice d'un dysfonctionnement du système politique : soit qu'il ait affiché, une indifférence foncière au problème dont la violence est le révélateur, soit qu'il ait considéré les solutions préconisées comme radicalement inacceptables pour sa survie, soit enfin qu'il ait été incapable de percevoir ou d'interpréter correctement des signaux antérieurs de nature non violente[241].

13.2. Rébellion ou révolution ? Les versants d'une controverse sur le concept de la lutte armée lumumbiste

Les dirigeants lumumbistes de la lutte armée, entre autres Pierre Mulele[242] et Gaston Soumialot, ont toujours revendiqué la qualité de révolution pour leur mouvement malgré son échec. En effet, dans l'entendement des lumumbistes, la lutte armée était bien une révolution anticoloniste de libération nationale (la seconde Indépendance), semblable aux révolutions qui ont eu lieu au Vietnam,

---

241 Braud P, « La violence politique : repères et problèmes », Cultures & Conflits n° 9-10 (1993) pp. 13-42

242 Martens, L. (1985) : Pierre Mulele ou la seconde, Editions, EPO, Anvers

en Algérie, en Angola, au Mozambique et en Indonésie. Dans le discours lumumbiste de la « deuxième indépendance », on retrouve le mythe de la mise en place immédiate de la liberté et de la démocratie par la révolution et la méthode de la destruction et de la terreur[243]. Le « Manifeste pour la révolution populaire » publié par M. Pierre Mulele et son inséparable acolyte M. Théodore, en juin 1963, ne pouvait pas être plus explicite sur les « causes » et le « mythe » de la Révolution anticolonialiste :

> *« Peuple congolais, le pays est en train de mourir à cause des manœuvres colonialistes. Les colonialistes veulent nous imposer une nouvelle forme de domination, le néocolonialisme, c'est-à-dire une domination par l'intermédiaire de nos propres frères traîtres et corrompus, c'est-à-dire les réactionnaires de la bourgeoisie. »*

En contraste avec ce discours révolutionnaire, tous les auteurs qui ont publié sur la lutte armée lumumbiste de 1964-1965 ont préféré utiliser le vocabulaire de rébellion ou insurrection populaire[244]. Cette divergence des points de vue de vocabulaire entre les acteurs et les chercheurs (sociologues, politologues et historiens) révèle, en réalité, que le terme « rebelle » est teinté d'une connotation péjorative. En effet, le terme rébellion puise ses origines étymologiques du latin *rebellare*, composé du préfixe *re (*de retour en arrière, à nouveau,) et de *bellare,* faire la guerre, combattre. Il signifie reprendre les hostilités, se révolter, se soulever, s'insurger, résister, s'opposer. La rébellion est l'action de se rebeller, de se révolter contre quelque

---

[243] Voir le Programme d'action du Conseil National de Libération, publié le 15 avril 1964. « Le CNL invite tous les Congolais qui éprouvent l'urgence du changement à rejoindre ses rangs pour renforcer la seule voie sûre de conduire à la victoire : aucune solution viable ne peut voir le jour à la suite d'élections ou référendum dans le cadre politique actuel caractérisé par le fascisme, la soumission aux USA, l'abus des pouvoirs, la fraude, la démission et la dégradation nationale ; la solution de la crise réside dans un bouleversement total des structures et des tendances politiques de nos masses. »

[244] À ce propos, pourquoi rébellion et non-révolution ? Ce choix est discutable, précise Benoît Verhaegen, B. « Les rébellions populaires au Congo en 1964 ». *Cahiers d'études africaines*, vol. 7, n° 26, 1967. pp. 345 — 359 ;
« Il est rejeté encore par l'ancien dirigeant de la rébellion de 1964-1965, Gaston Soumialot qui revendique la qualité de révolution pour son mouvement malgré son échec, mais il est accepté par Che Guevara pour qui "les rebelles" sont les initiateurs de la révolution. Le terme n'a chez lui, aucune connotation péjorative. Un point est clair cependant : l'étiquette d'une organisation ou les déclarations de ses dirigeants ne suffisent pas pour en faire un mouvement révolutionnaire. »

chose. C'est un soulèvement, une résistance ouverte aux ordres d'une autorité, d'un État, d'un ordre établi. Le rebelle est celui qui fait acte de rébellion. Le terme « rébellion » désigne aussi l'ensemble des rebelles, des personnes en état de révolte. Au sens figuré la rébellion est une attitude d'opposition, d'indiscipline. La rébellion a pour origine un sentiment d'indignation et de réprobation face à une situation. Elle se manifeste par le refus actif de se soumettre ou d'obéir à une autorité. Individuelle ou collective, organisée ou non, elle peut prendre de nombreuses formes[245]. Les mots « rébellion » et « révolte » ont un sens assez proche. Le premier a un usage plus soutenu et est dirigé contre une autorité. Le « Dictionnaire universel des synonymes de la langue française » (1839) fait la distinction suivante :

> *« Rébellion marque la désobéissance et le soulèvement ; révolte, la défection et la perfidie. Le rebelle s'élève contre l'autorité qui le presse ; le révolté s'est tourné contre la société à laquelle il était voué. La rébellion a un motif apparent, la contrainte exercée par l'autorité ; il n'y a pas de motif apparent dans la révolte, effet d'une inconstance effrénée. »*

Au-delà de la controverse sur la légitimité de la lutte armée et la sémantique de sa forme et de ses méthodes, il faut souligner deux aspects importants : d'une part, l'étiquette d'une organisation ou les déclarations de ses dirigeants ne suffisent pas pour en faire un mouvement révolutionnaire. D'autre part, bien que difficile de juger son bilan, parce que n'ayant pas atteint ses objectifs, il est évident que la lutte armée lumumbiste ne s'épargnerait pas, malheureusement, de l'issue des révolutions du XXe siècle qui ont prouvé l'évanescence récursive du mythe et la puissance perverse de la méthode.

« Il n'est pas un pays dans lequel la révolution ait amené la liberté, l'égalité et la démocratie, mais elle a, jusqu'à un certain degré, soulagé les injustices économiques les plus criantes de l'ordre ancien. Dans bien des endroits, dont le Vietnam, la Chine et, dans une moindre mesure, Cuba, la destruction et l'éradication déterminées de l'ordre ancien ont débouché sur la terreur, et la terreur a rendu impossible toute démocratie politique. L'exemple le plus horrible du pouvoir de la terreur est peut-être celui du Cambodge-Kampuchea où les Khmers rouges ont cherché à détruire l'ancien régime en

---

[245] Voir le Toupictionnaire : le dictionnaire de politique. http://www.toupie.org/Dictionnaire/Rebellion.htm

supprimant toute trace du passé, y compris en déplaçant de force la population vers les campagnes, opération au cours de laquelle des millions de Cambodgiens ont péri[246]. »

13.3. Deux foyers de lutte armée, deux méthodes différentes et un seul objectif

Nombreux sont les chercheurs qui ont pu percevoir dans les rebellions du Kwilu et de l'Est du Congo la gestation d'une dynamique révolutionnaire à l'échelle d'un immense territoire[247]. Cependant l'historiographie récente ne permet pas de déterminer à quel point les insurrections populaires relevaient d'un plan d'ensemble dont les maquis du Kwilu, ceux d'Uvira et le CNL (Conseil national de Libération) de Brazzaville auraient été des applications. « Malgré la rapidité de la conquête et l'apparente cohérence des forces rebelles », affirme Verhaegen, « on ne peut en conclure il ait eu dès le départ un plan révolutionnaire concerté »[248]. Il s'agirait d'un enchaînement d'événements dont la préparation était immédiate, sur un fond de facteurs favorables dont l'affaiblissement de deux supports de l'appareil de l'État : l'administration et l'armée et l'élément ethnique. En effet, il existait au début de 1964 dans l'ensemble du Congo des conditions objectives et subjectives propices à une rébellion générale, quels que fussent sa forme, ses dirigeants et ses orientations. Le Congo avait accumulé avant et après l'indépendance du 30 juin une potentielle instabilité telle que le pouvoir établi était soumis à la merci du moindre choc. Le retrait progressif des forces de l'ONUC après la fin de la sécession du Katanga c'est-à-dire au début 1963 fut le signal de la décomposition du pouvoir politique. À la fin de 1963, il ne fallait plus qu'un catalyseur banal pour transformer le mécontentement général en insurrection active[249].

Du fait de cette impréparation et de cette spontanéité, on assiste au développement de deux foyers de rébellions qui affichent des méthodes d'action et d'organisation différentes, qu'il convient de

[246] Braud P, « La violence politique : repères et problèmes », *Op. Cit* p. 13
[247] Cf Martens L, « Pierre Mulele ou la seconde vie de Patrice Lumumba. Position et méthode » in Hebert Weiss et Benoît Verhaegen (Dir), *les rebellions dans l'Est du Zaire (1964-1967*), Cahiers du CEDAF, 7-8, 1986, p15-31
[248] Verhaegen B. « Les rébellions populaires au Congo en 1964 ». *Cahiers d'études africaines*, vol. 7, n° 26, 1967. pp. 345 — 359 ;
[249] Idem

passer en revue. Cependant, il faut de noter que ce sujet a été abondamment abordé dans la littérature académique. Outre les publications de Verhaegen, il est recommandé de recourir aux analyses contenues dans un ouvrage collectif en deux tomes intitulés « Rébellion – Révolution au Zaire, 1963-1965 », publié à l'Harmattan sous la direction de Coquery-Vidrovitch, Forest et Weiss[250], dans lequel plusieurs auteurs dont, Jean Philippe Beemans, Huber Weiss, Adrienne Fuleo et Thomas Tuner ont décomposé, sous plusieurs prismes, les structures et le développement de deux rébellions à l'étude.

Sur ce point, nous n'allons pas reproduire les mêmes analyses pertinentes qui nous renseignent sur les évolutions et les vicissitudes de cette lutte armée. Nous nous proposons de mettre en exergue les points de convergences et de divergence entre les deux foyers de rébellions : Le Kwilu et l'Est du Congo.

De toute certitude, les deux foyers insurrectionnels tant celui du Kwilu que de l'Est avaient foncièrement trois dénominateurs communs :

- Ils reposaient sur une base ethnique. Au Kwilu, les populations entrées en dissidence étaient les Babunda de l'ethnie de Pierre Mulele et les Bapembe de l'ethnie d'Antoine Gizenga. À l'Est, l'essentiel de la lutte armée était aux mains des Bakusu du Maniema, l'ethnie de Soumialot, et les Tetela du Sankuru dont est issu M. Lumumba et le général Olenga. D'autres ethnies vinrent se greffer aussi à la lutte armée. Il s'agit des Bafulero, ethnie d'Antoine Marandura, les Bavira et les Babembe de la région d'Uvira ainsi qu'une partie des Baluba du Katanga avec Laurent-Désiré Kabila.
- L'existence de forces et de situations prérévolutionnaires dans ces ethnies. Ces groupes ethniques avaient manifesté au moment de la décolonisation, et sous l'impulsion de leurs dirigeants, une conscience politique très aiguë. Ils avaient été des fiefs des organisations politiques nationalistes radicales.
- L'ostracisme et la discrimination politique dont ces populations furent l'objet de la part des instances politiques nationales et provinciales, car depuis l'évincement de Lumumba et des nationalistes, celles-ci étaient passées progressivement sous le

[250] Coquery-Vidrovitch, C, Forest, A., Weiss, H. *Rébellion-Révolution au Zaïre 1963* — 1965, 2 tomes, Paris, L'Harmattan, 1987

contrôle des forces politiques modérées issues des régions plus riches ou représentant des catégories sociales engagées dans la collaboration avec les intérêts étrangers[251].

13.3.1. Le foyer insurrectionnel du Kwilu[252]

Dans une monographie intitulée « La deuxième indépendance. Étude d'un cas : La Rébellion au Kwilu », publiée dans la revue « Études Congolaises » parue en 1965[253], Fox Renée, De Craemer et Ribeaucourt exposent une sociologie complète de cette rébellion initiée par Pierre Mulele, fin 1963. En plus d'une description du contexte géographique et économique de la province du Kwilu, cette monographie ébauche non seulement la structure tribale, religieuse et politique, mais aussi, elle approfondit dans les grands points du débat sur la rébellion, abordant la doctrine du mulelisme, ses méthodes d'endoctrinement et d'action, ainsi que le mode d'organisation et les techniques du maquis. Sous ce registre bibliographique de l'insurrection populaire du Kwilu, on ne peut pas se passer de l'ouvrage publié par Benoît Verhaegen avec la collaboration de J. Omasombo, E. Simons et F. Verhaegen, intitulé « Mulele et la révolution populaire au Kwilu (République démocratique du Congo) [254]».

Dès la mort de Lumumba, s'érigent à la faveur du départ des principaux leaders lumumbistes à Stanleyville des mouvements de résistance, sous la direction d'Antoine Gizenga. Mais suite à son arrestation, les nationalistes les plus radicaux s'exilent au Caire, à Conakry, et en Chine. Pierre Mulele est parmi eux. De retour de la Chine, fin juillet 1963, il inspire, installe et organise le foyer insurrectionnel du Kwilu. Il adopte immédiatement un modèle d'organisation révolutionnaire. Les futurs partisans sont recrutés parmi la jeunesse des villages et entraînés dans des camps situés dans

---

[251] Verhaegen B. *Op.Cit*

[252] Il serait intéressant de consulter cet article de Nicolaï Henri. « Naissance d'une région en Afrique centrale : Le Kwilu », *Cahiers d'outre-mer*. N° 67 - 17e année, juillet — septembre 1964. pp. 292-313. Il donne un aperçu assez pédagogique de la géographie physique, humaine ainsi que les structures économiques et productives de la région.

[253] *Études Congolaises*, vol. VIII, n° 1 de 1965

[254] B. Verhaegen avec la collaboration de J. Omasombo, E. Simons et F. Verhaegen. *Mulele et la révolution populaire au Kwilu (République démocratique du Congo)*, Cahiers africains, n° 72, Éditions L'Harmattan, 2006

la forêt. La finalité révolutionnaire de la préparation ne fait dès le début aucun doute. La conquête violente du pouvoir et le renversement radical du régime sont les objectifs avoués. L'entraînement est d'ailleurs orienté vers la formation pratique aux combats et action révolutionnaire. La préparation idéologique n'est pas négligée, mais elle consiste à inculquer quelques thèmes simples et très concrets, ceux-ci faisant appel à des sentiments de patriotisme, de justice sociale, avec des promesses de prospérité, mais qui ne sont pas fondés sur une dialectique révolutionnaire marxiste[255].

Après la phase de préparation dans les forêts, les premières opérations insurrectionnelles, marquées par des interventions ponctuelles en vue de se procurer des armes et de punir les réactionnaires, remontent au mois de janvier 1964. Toutes les unités combattantes constituées de 100 à 200 partisans, renforcées par des villageois, passaient à l'offensive dès le 22 janvier 1964. Leur *modus operandi* consistait à détruire les ponts et les bacs, empêcher le déplacement des militaires de l'ANC et les obliger à se diviser dans les unités plus réduites, en creusant de larges fosses dans les routes et s'emparant des personnalités particulièrement détestées dans les villages pour les exécuter. L'appareil de production économique n'en était pas épargné. Les usines étaient incendiées et pillées. Des bâtiments appartenant à des Blancs (surtout des missions catholiques) et de représentants de l'administration publique étaient aussi des cibles.

À la mi-février 1964, l'insurrection muleliste faisait une progression foudroyante et débordait la province du Kwilu. Ainsi, les partisans de Mulele exerçaient un contrôle réel sur un territoire de 300 km de long sur l'axe nord-sud et de 120 km de large sur l'axe est-ouest. Au Kwango, la rébellion avait atteint les territoires de Panzi, Kahemba et Mukoso. Au-delà du fleuve Kasaï, les mulelistes atteignirent Oshwe, dans la province du Mai Ndombe et vers l'est, les partisans arrivèrent dans la province de l'Unité Kasaïenne.

À la vue de ce succès inattendu, Jules Gerard-Libois et Benoit Verhaegen se sont interrogés sur les facteurs et les circonstances qui ont favorisé une telle progression en si peu de temps alors même que les insurgés ne disposaient que de très faibles quantités d'armes et d'une logistique rudimentaire. Ils en dénotent 7 facteurs :

---

[255] Verhaegen B, Les rébellions populaires au Congo en 1964. *Op. Cit*

- L'instabilité politique qui prévalait en 1963. Elle se transformait souvent en désordres publics : arrestations, complots, grèves, incidents sanglants.
- Les difficultés économiques avec leurs répercussions sociales : le pouvoir d'achat des masses populaires s'amenuisa sensiblement à tel point qu'elles étaient incapables de s'approvisionner en biens minimums de consommation. Les écoles étaient surpeuplées.
- Les conflits ethniques
- La mémoire de la répression sanglante de la révolte des Bapende de mai 1931 (550 morts)
- Les tendances religieuses messianiques, exprimant la soif de libération : la secte du serpent noir, le kimbanguisme, le nguzisme, Nzambi–Malemba et la secte de Dieudonné. Ces tendances étaient l'expression religieuse d'un nationalisme africain.
- Un courant d'opinion revendicative fondée sur le sentiment que l'indépendance politique du 30 juin 1960 n'a pas te — nu ses promesses et que les bénéfices de la décolonisation étaient détournés par une nouvelle classe de « profiteurs » du régime, la nouvelle classe dirigeante.
- L'incarcération de Gizenga, un fils du terroir.

Ainsi, la prise de conscience de la frustration s'accompagne de l'attente d'un remède, un sentiment de l'avènement d'un leader sauveur. Le leader et le mouvement apparaissaient concrètement sous les traits de Pierre Mulele et de sa rébellion.

Parallèlement à la progression muleliste, une action anti-muleliste pilotée par le gouvernement central en coordination avec le gouvernement provincial de M. Leta était mise en marche. Au niveau du pilotage de cette action, il faut mentionner la nomination par l'ordonnance n° 8 du 18 janvier 1963 (modifiée par l'ordonnance n° 156 du 5 juin 1964) de M. Milton Albert en qualité de commissaire général extraordinaire (comextra) pour la province du Kwilu. Assisté de MM. Mutombo Philippe et Mwibiritsa comme commissaires généraux extraordinaires adjoints, il détient le pouvoir civil et militaire, et partant, coordonne avec l'aide du Major Tshatshi, commandant des opérations militaires, toute la lutte contre les rebelles. L'action antimuleliste consistait principalement en une utilisation des ressources juridiques d'exception (le 18 janvier,

M. Kasa-Vubu décrétait l'état d'exception dans toute la province du Kwilu), ainsi que des opérations militaires (le 13 janvier, Jérôme Anany, ministre de la Défense, prit la charge des opérations au Kwilu, où il se rendait en compagnie de Mobutu. Le 14 janvier, une compagnie de l'ANC, envoyée en renfort, débarquait à Kikwit).

À ces actions principales, il sied d'ajouter d'autres ressources d'ordre administratif (le 5 septembre 1963, la gendarmerie est réquisitionnée par le gouvernement Leta pour arrêter Pierre Mulele) et d'autres mesures à effet psychologique tendant à rétablir l'activité économique, la création d'une œuvre sociale d'assistance aux sinistrés du Kwilu.

En tant que première grande insurrection paysanne, spécificité du foyer insurrectionnel du Kwilu par rapport à la rébellion de l'est, la stratégie muleliste se fondait sur une action de masse, s'efforçant d'appliquer les principes du maoïsme, dont le principal est l'autosuffisance : « Ne compter que sur nos propres forces, ne dépendre d'aucune aide ou fourniture extérieures, fabriquer soi-même tout ce dont on a besoin pour vivre ». En plus cette rébellion n'a pas agi dans les grands centres urbains. Il s'agit d'une vraie guérilla qui opérait en dehors des structures urbaines, s'efforçant de les isoler les unes aux autres en s'attaquant aux structures de communication et aux points d'appui stratégiques de l'ANC.

La plus grande bataille que les mulelistes ont livrée se déroule le 30 juin 1964 à Kimpata Eku. C'est une importante victoire, l'armée prend la fuite, plusieurs soldats sont tués. Le mois suivant, en juillet 1964, une opération du même genre contre la ville de Kikwit échoue. Les équipes mobilisées pour cette attaque ne sont pas bien préparées. Celles-ci attaquent et chassent les partisans. Malheureusement, de décembre 1964 à février 1965, le glas sonne pour le foyer insurrectionnel du Kwilu. Les troupes de l'ANC réussissent à s'implanter sérieusement dans plusieurs points stratégiques qui étaient aux mains des partisans mulelistes avec pour conséquence de couper le pont de communication régulière entre la direction de l'insurrection avec ses bases d'appui et les équipes opérationnelles sur le terrain. De plus en plus les partisans sont repoussés. Mulele ne résista guère aux assauts de l'ANC, car le colonel Mobutu avait porté tous ses efforts sur cette zone qui risquait de couper les circuits de ravitaillement de la capitale, en laissant aux mercenaires et aux Katangais tshombistes le soin de contrer le foyer insurrectionnel de l'Est[256]. Le 19 juin 1965, l'ANC surprend les hommes de Mulele et prend le camp de la Direction générale situé devant Kifuza. Une répression brutale règne alors dans la région. C'est la fin de l'insurrection populaire du Kwilu.

S'interrogeant sur les causes de cet échec patent de la rébellion muleliste, le spécialiste Verhaegen[257] en note quatre :

- Le mouvement s'affaiblit à la suite des graves dissensions au sein du PSA (Cléophas Kamitatu, ensuite Antoine Gizenga rejoignirent le courant nationaliste réformiste)
- La faiblesse des moyens d'action en armes, le CNL n'apportant aucun soutien logistique à partir de Brazzaville ; donc le rapport des forces en présence (guérilleros/soldats gouvernementaux) pencha irréversiblement du côté de ces derniers, malgré les nombreuses exactions que commirent les soldats de l'ANC, pratique de la terre brulée.
- Les clivages ethniques, voire le tribalisme, bloquèrent une révolution en tache d'huile aux dépens des deux ethnies révoltées, les Babunda (ethnie de Mulele) et les Pabende (ethnie de Gizenga). Les autres refusèrent le mouvement, s'y opposèrent même.
- L'absence d'une organisation politique révolutionnaire chargée d'éduquer les partisans et de coordonner leurs actions.

13.3.2. Les foyers insurrectionnels de l'Est du Congo

Le foyer insurrectionnel de l'Est est parti du noyau d'Uvira pour conquérir en moins de trois mois (de juillet à septembre 1964), la moitié du Congo. Depuis Brazzaville où il était en exil, Christophe Gbenye, qui présidait une des scissions du CNL (l'autre était présidée par Egide Davidson Bocheley) confiait à deux de ses adjoints, Gaston Soumialot, alias Sumaili, et Laurent-Désiré Kabila, alias Kabilat, la mission d'organiser une campagne de subversion dans l'est du Congo, région dont ils étaient originaires. Ils rejoignirent la capitale du Bujumbura qui abritait à l'époque une cellule importante du Te Wu, le service secret chinois.

---

[256] Feltz G. *Les luttes de pouvoir, rébellions et mouvements populaires au Zaire, 1959 — 1968.*, 2 tomes, Paris, L'Harmattan, 1987

[257] Coquery-Vidrovitch, C, Forest, A., Weiss, H. Rébellion, *Op. Cit.* p. 164-165

À l'opposé du maquis du Kwilu,

« *Au Kivu dans la région Uvira les premières manifestations d'une opposition organisée furent plus ambiguës. Il ne s'agissait au début que de la création ou de la réorganisation des sections du M.N.C. Fin novembre, les sections du parti se sentent suffisamment fortes pour commencer une action d'intimidation à l'égard des autorités locales, mais à ce moment-là on ne peut pas encore conclure que le mouvement possède une finalité révolutionnaire* [258] ».

Les premières offensives de ces foyers débutèrent le 15 avril 1964 quand les rebelles du CNL-section Est attaquèrent dans la plaine de la Ruzizi au Kivu et atteignirent Bukavu. Le 19 mai 1964, Uvira et Kalundu tombèrent aux mains des rebelles. C'est à partir de ce moment que cette insurrection prit rapidement de l'ampleur pour gagner le Nord-Katanga (juin 1964), le Kivu-Maniema (juillet 1964), le Sankuru (août 1964) et atteindre son apogée avec la conquête de Stanleyville (août) qui devient bientôt la capitale d'une « République populaire du Congo » dirigée par Christophe Gbenye.

La rapidité et l'ampleur des succès des rebelles sans préparation militaire préalable, démunis d'armes et de moyens logistiques, sans aucune aide substantielle de l'extérieur, sont autant d'éléments qui étonnent tout chercheur interpelé pour comprendre ce phénomène nouveau dans les annales de la lutte armée révolutionnaire. Il est vrai que la faiblesse du régime politique congolais et la décomposition de deux ressorts fondamentaux du pouvoir, à savoir l'administration et l'armée, ont une large part dans l'explication de cette progression foudroyante. Cependant, à ces facteurs, vinrent s'en greffer d'autres. Sans crainte de se tromper Benoit Verhaegen[259], affirme que la rébellion a dû bénéficier non seulement d'un soutien populaire massif et spontané, mais aussi d'une organisation interne plus ou moins élaborée dans sa conception et plus ou moins cohérente dans son exécution. Le mouvement n'était donc pas socialement homogène et pourtant il apparut fortement unifié en dépit de ses carences idéologiques.

B. Verhaegen en donne trois raisons : les pratiques magiques imposées à tous les soldats de l'armée rebelle (appelés Simba, du mot swahili qui signifie « lion »), le terrorisme et la violence, le rôle de

[258] Verhaegen B. *Op.Cit*
[259] Verhaegen B. *Op-Cit.*

contrôle et de commandement des dirigeants de l'ethnie bakusu et tetela.

> *« L'importance prise par les rites magiques qui, avant chaque bataille, étaient censés immuniser les Simbas : ceux-ci entièrement soumis à l'organisation qui s'était assuré le monopole des initiations magiques, devinrent une société d'hommes supérieurs et réputés invincibles qui, d'ailleurs, intoxiqués de chanvre, combattirent souvent avec un effrayant courage. »*

Il convient de signaler que la rébellion comme la contre rébellion donna lieu à d'innombrables violences de masse de part et d'autre. Les deux camps s'exterminèrent impitoyablement. Du côté des rebelles, malgré l'inexistence d'une résistance organisée, toutes les conquêtes de l'Armée populaire de Libération (APL) étaient violentes et sanguinaires. L'armée rebelle mit au point une véritable épuration des « PNP » (policiers, fonctionnaires, toute personne ayant eu dans le passé un comportement politique suspect, etc.). Elle consiste en l'élimination systématique et préparée à l'avance des membres de l'opposition (parlementaires, hauts fonctionnaires, dirigeants des partis politiques adverses). La chasse aux PNP était aussi l'occasion pour de nombreuses chefferies du Kivu de tenter de supprimer définitivement les chefferies rivales et donna lieu à de très nombreux règlements de compte.

La poursuite anarchique des exécutions suscite bientôt le dégoût des populations. L'assistance, « nombreuse au début, mais obligatoire », décroît souvent au fil des semaines. Si bien qu'à partir d'octobre 1964, l'écœurement de plus en plus perceptible des populations locales incite les dirigeants rebelles à privilégier les exécutions non publiques, pratiquées de nuit ou dans des lieux isolés[260].

De plus, face à la progression des forces de l'APL, l'ANC exerçait aussi de sanglantes représailles à l'encontre des populations suspectées d'être favorables à la rébellion. Des fusillades, exécutions sommaires, tortures et crucifixion sur les troncs d'arbre en étaient la réplique.

La solution finale contre la rébellion était d'ordre strictement militaire et logistique. L'ANC étant incapable de résorber d'elle-même la rébellion, Kasa-Vubu et le « Groupe de Binza », firent appel à l'homme providentiel, Moise Tshombe Kapend, pour mater la

---

[260] Verhaegen, B. *Op-Cit.*

rébellion et assurer la transition vers la mise en place des institutions issues de la constitution de Luluabourg. Celui-ci fit appel aux mercenaires qui furent employés sous la sécession Katangaise sous les ordres de Vandevalle qui mit au point l'opération « Ommegang »[261], appuyés par des éléments de l'ANC.

Le 28 octobre 1964, devant la progression inéluctable de l'ANC et des mercenaires de l'opération « Ommegang », le président Gbenye déclare prendre en otage tous les étrangers (environ 600) vivant dans sa zone d'influence et menace de les exécuter si les États-Unis et la Belgique ne suspendent pas leur aide au gouvernement central de Léopoldville. Cette prise d'otage de tous les étrangers par le gouvernement de Stanleyville sert de prétexte à une intervention directe de la Belgique et des États-Unis.

Le 24 novembre 1964, les paras commandos belges de l'opération aéroportée « Dragon Rouge »[262], transportés par C130 américains, sautent sur Stanleyville. La jonction entre les colonnes de « l'Ommegang » et l'opération aéroportée se fait à hauteur du camp Ketele. Le sauvetage des otages (deux mille Européens) est organisé jusqu'à 45 km de Stanleyville par des éléments de l'Ommegang appuyés par les pelotons blindés. Le 26 novembre, l'opération aéroportée « Dragon Noir » est menée sur Paulis. Cependant, la pression internationale s'exerce sur la Belgique et oblige les paras commandos à quitter le Congo le 28 novembre. Dans les semaines et les mois qui suivent, tandis que les rébellions populaires se délitent et que leurs principaux leaders s'enfuient à l'étranger, l'ANC et les mercenaires blancs « libéreront » progressivement tout l'Est du Congo.

Ainsi sonna le glas des foyers insurrectionnels de l'Est.

Si la violence armée qui a décimé le Congo entre 1963 et 1966 est une ressource d'affirmation politique, elle ne peut être considérée

---

[261] Voir « Historique de l'Ommegang. L'épopée des colonnes de l'Ommegang commandées par le Colonel BEM Frédéric Vandewalle (19121994)
http://www.arr64.be/_media/compagnons-de-lommegang-historique.pdf
Moïse Tshombe charge le colonel BEM Vandewalle de constituer une Brigade qui aura pour mission de reconquérir le territoire tombé aux mains des rebelles. La 5ème Brigade Mécanisée se forme à Kamina, l'ancienne base métropolitaine belge, au prix des plus grandes difficultés et est prête au mouvement le 1er novembre 1964.

[262] Dragon rouge est le nom de code de l'opération du 24 novembre 1964, dans l'ex-Congo belge, durant laquelle le Régiment Para-Commando belge a délivré des centaines d'otages belges et étrangers retenus à Stanleyville par des rebelles congolais au cours de la rébellion Simba.

comme un moyen de résorber la crise politique. Elle l'a exacerbée et multipliée ses effets négatifs. Elle est survenue comme « un effet émergent » d'une séquence de situations que personne n'a réellement maîtrisée, faute d'une lecture correcte des messages et réponses incertaines à la crise gouvernementale et institutionnelle.

CHAPITRE 14

Moise Tshombe, l'Homme providentiel et la dérive de la transition constitutionnelle

14.1. Le recours à l'homme providentiel comme outil de résorption des crises politiques

L'homme providentiel est une représentation politique venue des origines de l'histoire[263]. Il incarne l'image du chef capable de répondre aux attentes de ses concitoyens dans une situation d'impasse politique et/ou militaire. Doté des qualités humaines et politiques exceptionnelles, il est souvent considéré comme le dernier rempart pour « sauver la République ». Le recours à l'homme providentiel est un outil récurrent, dans l'histoire politique, pour résorber les crises de tout genre.

M. Tshombe était-il l'homme providentiel pour le Congo ? En tout cas, son histoire personnelle et sa trajectoire politique indiquent qu'il était considéré comme tel par une bonne partie de la classe politique congolaise, en considérant le développement des évènements à la mi-juin 1964. En effet, le 10 juillet 1964, dans un Congo en pleine tourmente, Moïse Tshombe, 54 ans, est dorénavant Premier ministre et donc Chef du gouvernement central du Congo, qui l'eût cru ? Tout est allé très vite pour l'ancien chef de la sécession katangaise, souligne le journaliste Tshitenge Lubabu [264]:

---

[263] Fischer D. *L'homme providentiel : un mythe politique en République de Thiers à de Gaulle*, Paris : l'Harmattan, 2009

[264] Tshitenge Lubabu M-K., *Moïse Tshombe devient Premier ministre du Congo*, Jeune Afrique publié le 09 juillet 2007.
http://www.jeuneafrique.com/122045/archives-thematique/moese-tshombe-devient-premier-ministre-du-congo/

« Rentré d'exil à l'aube du 26 juin, il est désormais l'ultime recours, le seul homme politique capable de sauver le Congo. Et de combattre les rébellions lumumbistes, très actives à l'ouest du pays (Kwilu, avec Pierre Mulele) et à l'est (Nord-Katanga, Maniema, Kivu). Les dissidents ont même installé une République populaire du Congo à Stanleyville (actuel Kisangani), chef-lieu du Haut-Congo. »

Il convient alors de se poser la question de savoir de quels atouts personnels et politiques jouissaient – il pour être scruté comme l'homme providentiel à l'instar de Thiers, Boulanger, Clemenceau, ou de Gaulle, dans l'histoire de la France ? Peut-être que, comme l'écrivait François Mitterrand en décrivant le général de Gaulle dans le Coup d'État permanent,

« Les temps du malheur sécrètent une race d'hommes singulière qui ne s'épanouit que dans l'orage et la tourmente. À chaque fois qu'elle a été confrontée à une situation de crise, la République a eu la tentation d'un homme providentiel, d'un héros capable de trancher le nœud gordien de nos malheurs et de nos incertitudes. »

Concernant les particularités qui caractérisent l'homme providentiel, cet individu « exceptionnel », Frédéric Pennel en retient 4 :

- Il est un homme ou une femme extérieure au sérail de politiciens en activité, décrédibilisés et marqués du sceau de l'impuissance.
- Il fait figure de sauveur.
- Suscitant l'admiration, il disposerait de talents et d'une hauteur de vue intellectuels reconnus même par leurs adversaires.
- Il serait enfin doté de solides qualités humaines éveillant l'enthousiasme, le rassemblement et l'adhésion populaires. Il dépasserait les frontières des partis, étriqués[265].

En tout état de cause, M. Tshombe jouissait des atouts matériels considérables. Le butin de guerre accumulé durant la période de la sécession katangaise[266], ces contacts dans les milieux financiers

---

[265] Pennel, F. *Le mythe de l'homme providentiel : qui serait-il ?* Délits d'opinion, paru le 2 juillet 2013 http://delitsdopinion.com/viepolitique/le-mythe-de-lhomme-providentiel-qui-serait-il-12409/

[266] Tshombe s'exile en Espagne, emportant un butin de guerre évalué à 92 millions de francs belges.

Voir à ce sujet Jean-Pierre Langellier, *Mobutu.* (Perrin, 2017) et aussi, Michel Arseneault, RFI : *Congo : quand le général Mobutu prenait le pouvoir « pour cinq ans »*

internationaux, ses mercenaires et la logistique de l'ex-armée katangaise basés en Angola, faisaient de Tshombe un « Homme fort » comparativement au statut matériel et économique des autres leaders congolais qui jouaient dans la même arène politique avec lui. Mais était-il un réellement un leader charismatique ? Un meneur d'hommes ? Ou tout simplement il jouissait d'un « prestige » personnel, qui le transforma, en peu de temps, en « l'homme politique le plus populaire du Congo » ?

En effet, l'appel au retour de M. Tshombe aux affaires nationales était dû essentiellement à la situation militaire et sécuritaire qui prévalait dans le pays et surtout à la menace imminente de la prise de la ville de Léopoldville par les éléments des rebellions prolumumbistes. L'Armée Nationale Congolaise (ANC) dirigée par le Lieutenant — général Mobutu était littéralement dépassée par les événements et terrassée par le mythe de l'invincibilité des Simbas par la dawa[267].

Une première grille de réponse indique que l'invitation au retour de Tshombe était un réflexe de survie et un mariage d'intérêt. C'est M. Mobutu, lui-même qui était très enthousiaste au retour de M. Tshombe. Il faut donc exclure une quelconque dimension charismatique dans le chef de M. Tshombe. La personnalité de M. Tshombe n'entrerait dans la catégorie conceptuelle de la domination charismatique développée dans la sociologie weberienne qui décrit cette modalité de domination en raison du comportement héroïque suscitant de l'admiration irrationnelle pour celui qui est considéré comme le chef naturel, spontanément plébiscité[268]. Dans ce sens, le charisme a un sens prophétique.

---

http://www.rfi.fr/afrique/20170516-congo-quand-le-general-mobutu-prenait-le-pouvoir-cinq-ans

[267]Les dawa sont des objets fétiches, souvent emballés dans des lianes. Ils étaient remis aux Simbas au moment du baptême. Ils étaient portés sur le corps ou cou, au bras et poignets, aux jambes, sur le torse pour protéger la poitrine. La nature des objets était très variée : plantes, ossements, cendre, débris du corps humain. *« La fonction du baptême des simbas et des Dawa est de persuader le nouveau Simba qu'il est invulnérable, que les balles ennemies ne peuvent l'atteindre parce qu'elles se changent en eau, ou mieux encore qu'elles retournent comme un boomerang frapper l'adversaire qui les a tirés. »*

Source : http://www.mbokamosika.com/article-31037922.html

[268] Hinnerk Bruhns, « Le charisme en politique : idée séduisante ou concept pertinent ? », *Les Cahiers du Centre de Recherches historiques* [en ligne], 24 | 2000, mis en ligne le 16 janvier 2009, consulté le 30 septembre 2016. URL : http://ccrh.revues.org/1882 ; DOI : 10,400 0/ccrh.1882

Par contre, M. Tshombe jouissait d'un prestige incontestable. Depuis son retour d'exil, il exerçait un magnétisme sur les foules par son côté affectif, et suscitait une admiration plus pour ses atouts matériels de richesse. Avec raison, on l'appelait « Monsieur Tiroir-Caisse ». L'admiration que les foules avaient pour lui, s'expliquerait mieux par les mécanismes de complexe d'infériorité des Noirs envers les Blancs. Et M. Tshombe s'est révélé être l'homme noir qui engageait et payait les Blancs. Les Blancs (conseillers et mercenaires) étaient à son service. En plus, il avait de l'influence et des contacts dans les hautes sphères de la finance internationale.

14.2. M. Tshombe dans la tourmente de la transition constitutionnelle

Après la mésaventure de l'État sécessionniste du Katanga, le retour de M. Tshombe au Congo, le 25 juin 1964, s'inscrit dans une perspective de gestion politique de la transition constitutionnelle opérée par la nouvelle Constitution du Congo, élaborée à Luluabourg, adoptée par referendum le 10 juillet 1964 et promulguée le 1er aout 1964.

Dans la théorie de la Constitution, le concept de « transition constitutionnelle » a été largement étudié par le professeur Giuseppe de Vergottini[269], de l'Université de Pise, qui a porté un intérêt particulier pour les études comparées. Selon ce juriste italien, le concept de transition constitutionnelle

> *« N'a pas, du point de vue juridique, un sens univoque, même s'il apparaît évident qu'il se réfère à un changement par le passage d'un régime constitutionnel existant à un autre, qui s'affirme à sa place ». En outre, la transition n'est pas nécessairement démocratique, elle peut également caractériser l'abandon d'une forme d'État démocratique en faveur d'une forme autocratique ».*

La domination charismatique consiste dans la soumission (abandon) (Hingabe) à une personne considérée comme qualifiée de cette sorte, et à l'ordre révélé ou créé par celle — ci. Par l'élément personnel, elle se différencie de la domination légale rationnelle ; par son caractère extra quotidien, de la domination traditionnelle

[269] Voir ces ouvrages sur le thème qui nous concerne :

De Vergottini, G, « Transitions constitutionnelles et consolidation de la démocratie dans les ordonnancements d'Europe centre-orientale », in *Démocratie et liberté : tension, dialogue, confrontation, mélanges en l'honneur de Slobodan Milacic*, Bruxelles, Bruylant, 2007

De Vergottini. G, *Le transizioni costituzionali*, Bologne, Il Mulino, 1998

Toutefois, dans le Contexte congolais, cette transition constitutionnelle marque la fin du régime provisoire institué par la loi Fondamentale du 19 mai 1960 et la période d'installation des nouvelles institutions politiques issues de la constitution « définitive » du 1 aout 1964. Cette Constitution ne marque pas une rupture fondamentale avec le cadre antérieur qu'elle succède. Elle ne change pas de « régime » constitutionnel. Elle opère des améliorations, corrige les « déviations constatées » et les inadéquations pratiques, en même temps qu'elle apporte un ingrédient « africain » dans le régime de séparation des pouvoirs.

La nouvelle constitution comprenait un titre XIV en 24 articles (art. 179 à 202) qui formaient les dispositions transitoires ayant pour vocation à régenter la continuité de l'État, précisant les modalités de passage de relais entre les anciennes et les nouvelles institutions de l'État, car les ruptures sont possibles et même souhaitables, mais il importe d'éviter des vides qui créeraient un instant de non-droit ou de négation de droit[270].

Conformément à l'article 180 de la nouvelle Constitution, les chambres législatives élues en 1960 étaient dissoutes de plein droit à la date du 1er aout 1964, date d'adoption de la Constitution. En outre, l'article 185 réglait le sort du gouvernement Adoula, prévoyant que « *Le gouvernement central actuellement en fonction sera réputé démissionnaire à la date d'adoption de la présente constitution* » et marquant déjà la configuration et la mission principale du nouveau gouvernement de transition, stipulant que « *Le Président de la République nommera un nouveau gouvernement qui sera composé de 19 membres au maximum et dont la tâche principale sera de préparer les élections prévues à l'article 181 (alinéa 1er) et celles prévues à l'article 186 (alinéa 2)* ». Aussi, M. Adoula, Premier ministre, avait-il annoncé dans une lettre adressée au président Kasa-Vubu le 15 juin 1964 son intention de remettre sa démission à la date du 30 juin, justifiant que :

> *« La première législature du Congo venant à expiration le 30 juin 1964, conformément aux articles 67 et 130 de la Loi Fondamentale le mandat de mon gouvernement, qui est un gouvernement parlementaire, ne doit, selon l'usage consacré dans les démocraties parlementaires, excéder*

---

[270] Boshab, E, « Les dispositions constitutionnelles transitoires relatives à la Cour constitutionnelle de la République Démocratique du Congo », *Fédéralisme Régionalisme* [En ligne], Numéro 1 Volume 7 : 2007, URL : http://popups.ulg.ac.be/1374-3864/index.php?id=561.

cette date. Soucieux de créer un précédent conforme aux meilleures traditions de la démocratie, j'ai l'intention de vous remettre la démission de mon gouvernement avant l'expiration de son mandat légal [271]».

Alors s'ouvrait la perspective d'installation d'un nouveau gouvernement de transition prescrite par l'article 185 de la nouvelle Constitution. Alors, qui serait le nouveau Chef du gouvernement appelé à succéder à M. Adoula ? Ou au contraire, le Chef de l'État prierait M. Adoula de diriger une nouvelle équipe plus réduite et d'organiser les élections locales et législatives avec un gouvernement de transition ? Les spéculations allaient dans tous sens. Mais les milieux diplomatiques occidentaux à Léopoldville ainsi que M. Cyrille Adoula lui-même croyaient à l'époque que le chef de l'État le prierait de poursuivre sa tache au-delà du 30 juin. [272]»

La descente à Léopoldville de M. Tshombe s'inscrivait tout naturellement dans cette perspective de renouvellement de l'exécutif en vue d'assurer l'installation progressive de nouvelles institutions nationales et provinciales issues de la constitution de Luluabourg.

14.3. ENTRE « RÉCONCILIATION NATIONALE » ET « SALUT PUBLIC »

Le retour de M. Tshombe s'opéra avec l'appui de la plupart des dirigeants congolais de la politique, de la sureté et de l'armée et avec l'accord de M. Adoula, lui — même. Il était placé sous le signe de « la réconciliation nationale » envisagée sous deux angles superposés : d'une part, le retour des exilés politiques, parmi lesquels MM. Tshombe, Kalonji et Gizenga et d'autre part, la solution négociée et pacifique du problème de la rébellion, par opposition à ce qui s'était passé au Kwilu et au Kivu où l'ANC était fort engagée. Pour ce faire, les options opérationnelles les plus diverses étaient en discussion entre les acteurs politiques et les syndicats :

- Organisation d'une Conférence Nationale d'Entente Congolaise (Guillaume Lubaya-UDA ; CNL-Bocheley) ;
- Amnistie générale, suivie d'une sincère réconciliation nationale (Siwa, Fédération Générale des Travailleurs Congolais-FGTK) ;

---

[271] Gérard-Libois, J et Van Lierde, J, (Dir), *Congo 1964*, Les dossiers du CRISP. Bruxelles 1966. p. 143

[272] Idem

- Installation après adoption de la Constitution, d'un gouvernement transitoire comprenant des personnalités moins discutées (Intersyndicale du Congo) ;
- Retour des exilés politiques et Table Ronde (J. Anany, ministre de la Défense, PDC) ;
- Amnistie générale et conférence nationale (Remy Mwamba, Alliance Balubakat-Conakat) ;
- Retour des exilés politiques et Table Ronde (Alphonse Nguvulu, ministre du Travail).

D'autres éléments de conjoncture obligeaient les acteurs politiques à promouvoir la solution pacifique, privilégiant les formules politiques aux options militaires. En premier lieu, il convient de souligner l'effet psychologique causé par le retrait des effectifs de la mission de Nations Unies au Congo (ONUC) au second semestre de 1964, car les problèmes militaires et d'ordre sécuritaire subsistaient encore. Le non-renouvellement du mandat de l'ONUC privait le Congo d'un ultime recours au cas où des nouvelles tentatives de sécession se produiraient, notamment au Sud Katanga et dans la province du Lualaba, dirigé par les fidèles de M. Tshombe[273].

Cette psychose concernant une nouvelle sécession au Katanga était alimentée d'une part, par l'impuissance manifeste de l'ANC devant la rébellion au Kivu et au Kwilu et d'autre part, par la présence des éléments de la gendarmerie katangaise et d'un noyau de mercenaires européens, positionnés en Angola.

Deux autres facteurs, non les moindres, ont pu jouer un rôle catalyseur de la réconciliation nationale. Il s'agit de la nécessité de libération d'Antoine Gizenga, revendications des mulelistes au Kwilu et du CNL d'une part, et d'autre part, les pressions et opinions extérieures en faveur de la réconciliation nationale.

14.4. Les étapes du régime transitoire de la Constitution de Luluabourg

À ce stade, il faut souligner l'ingéniosité juridique de M. Kasa-Vubu qui avait taillé sur mesure la Constitution de Luluabourg en liquidant, durant la transition, toutes les autres institutions, car, selon les dispositions transitoires, la seule autorité ancienne (issue de la Loi

[273] Gérard-Libois, J et Van Lierde, J, (Dir), Congo 1965, *Op. Cit.*

Fondamentale du 19 mai 1960) qui resterait en fonction jusqu'à la prestation de serment du nouveau président élu, était le Président de la République (art. 185 susmentionné). Bien plus, il en était renforcé, car en plus du monopole du pouvoir exécutif, il exercerait, suivant les prescrits de l'article 183 le pouvoir législatif central par voie de décrets lois, durant la période allant de la promulgation de Constitution et la première réunion des Chambres.

L'ensemble des dispositions transitoires (les 24 articles du titre XIV) réglaient trois aspects du passage au nouvel ordre constitutionnel de Luluabourg :

- La suppression, le maintien ou la prolongation temporaire des pouvoirs et des institutions nées de la Loi fondamentale du 19 mai 1960.
- La nomination d'un gouvernement de transition constitutionnelle
- Les opérations à effectuer pour mettre progressivement en place les pouvoirs et les institutions par la nouvelle Constitution.

Une exégèse juridique de l'ensemble des dispositions transitoires révèle 6 étapes d'opérations à effectuer pour finaliser la transition constitutionnelle :

1. Dissolution de plein droit des Chambres élues en 1960 (art. 180) et démission du gouvernement en fonction à la date d'adoption de la Constitution (Art.185).
2. Continuation des pouvoirs du président de la République actuellement en fonction qui viendront à expiration lors la prestation de serment du président de la République nouvellement élu (Article 182)
3. Obligation pour le président de la République de nommer expressément un nouveau gouvernement de transition (Article 185. Alinéa 2).
4. Élections en vue de la constitution de nouvelles chambres législatives nationales et des assemblées provinciales (Article 181), dans un délai de 6 mois à compter de la date d'entrée en vigueur de la nouvelle constitution (prorogeables de trois mois au maximum)
5. Convocation en session extraordinaire des nouvelles chambres élues dans les 60 jours qui suivront la clôture du scrutin (Article 181 alinéa 2).

6. Élection et prestation de serment du président élu pour la première fois selon la Constitution. Cette première élection aura lieu six mois après la première réunion des Chambres législatives nationales nouvellement élues.

14.5. Controverse autour du régime transitoire de la Constitution de Luluabourg

La controverse qui opposa le président Kasa-Vubu à son Premier ministre Tshombe autour de l'interprétation du régime transitoire de la Constitution de Luluabourg se développe autour de deux points essentiels : L'étendue de la mission dévolue au gouvernement de « salut public » (compétences matérielles) d'une part, et d'autre part la durée de la mission (Extension temporaire) :

14.5.1. L'étendue de la mission du gouvernement de « salut public »

Selon l'exégèse de l'article 185 de la Constitution, le gouverne — ment qui succéderait à Cyrille Adoula aurait pour tâche principale la préparation des élections législatives et provinciales (les mandats électifs). Après l'installation du nouveau gouvernement, le président Kasa-Vubu déclara au micro de la RTBF que c'était lui qui « traçait le programme et le calendrier, le Premier ministre et les ministres étant les exécutants [274]».

Cependant, les contingences politiques du moment étaient en distorsion avec ce mandat constitutionnel du gouvernement de transition. Le double enjeu de reconquête et pacification des régions aux mains de la rébellion pro-lumumbiste et l'opportunité de positionnement face aux équilibres du pouvoir institués sous la constitution de Luluabourg, primait sur l'organisation des élections.

D'ailleurs, dans les faits et suivant ses ambitions personnelles, M. Tshombe ne se voyait pas dans la trempe d'un simple organisateur des élections législatives et provinciales. Déjà, la composition et la structure du gouvernement laissent déjà entrevoir les ambitions politiques de M. Tshombe et son entendement de la mission de son gouvernement. Conformément à l'ordonnance présidentielle n° 217 du

[274] Gérard-Libois, J et Van Lierde, J, (Dir), Congo 1965, *Op. Cit.*

9 juillet, M. Tshombe[275]. Le propre Premier ministre cumulait, en plus de ses fonctions de Premier ministre, le portefeuille des affaires étrangères, plan, commerce extérieur, travaille et d'information.

Au moment de l'installation du gouvernement dit de « salut public », le Congo était toujours en proie à des convulsions politiques. La réconciliation de Lovanium n'ayant pas donné les fruits escomptés. La crise économique avait atteint son zénith, tandis que la rébellion lumumbiste se radicalisait et allait de victoire en victoire.

Dans une Déclaration faite le 10 juillet 1965, M. Tshombe dégainait le bilan d'un an de gouvernement de salut public. Celle-ci visualise au moins les grands axes de l'action de son gouvernement, comme on peut le constater, est des missions dévolues à un gouvernement de crise. L'appellation de « salut public » étant le plus expressif de ce caractère :

- L'action militaire contre la rébellion et le retour de l'ordre et de la légalité
- Le renforcement de la logistique de l'Armée Nationale Congolaise et la réintégration des soldats de la gendarmerie katangaise et de certaines unités de la gendarmerie du Sud Kasaï.
- L'organisation des élections législatives et provinciales.
- Le regroupement des partis politiques dans un même ensemble pour une action politique commune (La CONACO).
- L'action internationale par la participation aux conférences internationales (Addis Abeba, Nairobi, New York et Lagos)
- Mesure de réorganisation de la Police Nationale.
- Programme social (assistance sociale, logement)
- Programme de relance économique (création de trois zones économiques)
- Programme d'investissement et d'aide économique

[275] *Moïse Tshombe*, (Conaco ex Conakat-Léo) : Premier ministre, Affaires étrangères, Information, Plan et Coordination, Travail, Postes et Télécommunications.
Godefroid Munongo, (Conakat) : Intérieur et Fonction publique ; Dominique Ndinga, (Abako) : Finances, Léon Mamboleo, (CDA) : Justice ; Albert Kalonji, (Radéco) : Agriculture ; Jean Ebosiri, (CDA) : Économie, Jules-Léon Kidicho, (Front Commun-MNC/L : Transports, Communications et Travaux Publics ; Frédéric Baloji, [CDA.] : Éducation nationale, Adolphe Kishwe, [Front Commun-PRA] : Mines, Terres et Énergie ; Joseph Ndanu, [Puna] : Jeunesse et Sports, André Lubaya, [CNL.-UD] : Santé.

Sur le plan de l'action militaire contre la rébellion pro-lumumbiste, le succès de M. Tshombe fut net. La reconquête de Stanleyville et des principaux centres par les colonnes de l'Ommegang de colonel BEM Vandevalle en conjonction avec les opérations aéroportées de parachutistes belges des opérations Dragon Rouge (sur Stanleyville) et Dragon noir (Sur Paulis-Isiro).

L'organisation des élections législatives et provinciales est à mettre à l'actif du gouvernement de M. Tshombe. Cependant, la gestion budgétaire était catastrophique malgré les proportions de l'aide extérieure reçue par M. Tshombe.

14.5.2. Controverse sur la durée de la mission (Extension temporaire) du gouvernement de « salut public »

La pierre d'achoppement entre les « deux grands du Congo » résultait de l'interprétation de l'extension temporaire de la mission de gestion de la transition politique dévolue au gouvernement de salut public présidé par M. Tshombe. Diamétralement opposées, les deux positions finirent par produire un bras de fer, qui sonna le glas du régime.

L'article 185 qui crée le Gouvernement de transition et qui est le seul à en parler ne dit rien quant à son échéance. Il précise seulement que la tâche principale de ce gouvernement de transition est de préparer les élections législatives et provinciales.

D'un côté, dans un message radiodiffusé du 30 avril 1965, précisant les étapes successives de mise en place d'institutions nouvelles issues de la Constitution de Luluabourg, le président Kasa-Vubu trancha sèchement que :

> *« Quant au gouvernement actuel, c'est une erreur de croire qu'en vertu de la Constitution, il est dissout de plein droit à la date de ce jour. Plus exactement, sa mission aura pris fin dès que les résultats définitifs des élections seront connus. À ce moment, il faudra s'atteler à la mise sur pied d'un gouvernement d'Union nationale dont la désignation sera soumise à l'approbation du parlement au cours de cette même session ordinaire. »*

Cette interprétation présidentielle entraine la démission du gouvernement le jour même de la proclamation des résultats définitifs des élections.

De l'autre côté, les thèses développées et soutenues par M. Tshombe, Premier ministre, Godefroid Munongo, ministre de l'Intérieur et la coalition politique du Premier ministre, la CONACO. Elles s'articulaient sur 2 arguments :

La nature transitoire des compétences constitutionnelles continuées dévolues au Président en fonctions. En effet, en vertu de l'article 182 de la Constitution de Luluabourg, le président de la République, jusqu'à la prestation de serment du premier président élu conformément à l'article 56 de la Constitution, exerce les pouvoirs qu'il détient en vertu des dispositions transitoires. Ces pouvoirs généraux sont ainsi limités par le caractère transitoire du titulaire de la fonction : le président est maintenu en fonction pour assurer le fonctionnement de l'exécutif et la continuité de la légalité et en attendant la prestation de serment d'un président élu pour la première fois. Ce dernier, par sa prestation de serment, entrera en fonction pour exercer, non plus les pouvoirs transitoires, mais tous les pouvoirs qui lui sont conférés par les dispositions permanentes de la Constitution.

Le sort du Premier ministre est le même que celui du Président de la République : le gouvernement a été expressément nommé en vertu de l'article 185. Alinéa 2 pour faire une transition constitutionnelle avec le président de la République dont les pouvoirs sont continués en vertu de l'article 182. L'existence de ce gouvernement est par son origine indépendante de toute approbation parlementaire.

Suivant cette interprétation tshombiste qui assimile le sort de l'exécutif central dans son ensemble, comme une unité indissociable, le mandat du président de la République, Chef de l'exécutif, ne viendra à expiration que six mois après la première réunion du parlement, les membres du gouvernement central exerçant constitutionnellement leurs fonctions jusqu'à la fin du mandat du président de la République. En conséquence, ce n'est qu'au moment de l'installation du Gouvernement définitif désigné dans les formes et selon la procédure fixée par la Constitution que l'actuel Gouvernement de transition et de salut public sera appelé à se retirer devant l'équipe gouvernementale nommée par le Président de la République, élu et approuvé par les Chambres.

14.6. La Chute de « l'Homme providentiel »

Pour comprendre la chute du gouvernement Tshombe, il convient d'analyser d'abord l'évolution des éléments structurels et conjoncturels qui avaient favorisé out tout moins milité en faveur de son retour et sa prise en main du Gouvernement de transition.

Le consensus réunissant la classe politique, de l'armée, les services de la sûreté nationale et des certaines puissances étrangères (dont la Belgique et la France) autour d'un gouvernement de transition dirigé par M. Tshombe se justifiaient et résistait par l'incapacité de l'ANC à maitriser la progression foudroyante des troupes rebelles pro-lumumbistes vers Léopoldville. C'est après la reconquête de Stanleyville, au moment où l'on a pu croire que la rébellion avait perdu l'essentiel de sa force de frappe et surtout à partir de la période des élections que les divergences des vues concernant l'avenir du gouvernement de transition se manifestèrent plus fortement et plus clairement[276]. On ne peut non plus ignorer l'effet nocif de la « katanguisation » du pouvoir central et la panoplie des conseillers privés étrangers de M. Tshombe, donnât l'impression que le Congo était pris en otage. Ce qui fut jugé intolérable par des milieux de Léopoldville et le fameux « Groupe de Binza [277]».

Les analystes du CRISP[278] détectent trois faits saillants qui indiquent les premières manifestations des divergences de vues entre M. Kasa-Vubu et son Premier ministre Tshombe, divergences qui conduiront à un bras de fer fratricide.

- M. Tshombe voyage énormément en Europa, parfois sans programme préconçu, allant de Bruxelles à Berlin ou au Vatican, sans oublier l'Élysée, traitant de divers problèmes vitaux sans consulter réellement le Chef de l'État, notamment sur le contentieux et l'aide militaire extérieure.
- L'action personnelle nettement « dirigiste » du ministre de l'Intérieur Munongo en matière d'organisation électorale et de reprise en main des provinces.
- Assez rapidement aussi, les personnalités politiques les plus proches de M. Kasa-Vubu (notamment l'ancien Groupe de

[276] Gérard-Libois, J et Van Lierde, Jean (Dir), Congo 1965, *Op. Cit*

[277] Voir Mohamed Bahri. *Le Groupe de Binza passe à l'action*, Jeune Afrique du 01 août 2005. http://www.jeuneafrique.com/55758/archives-thematique/congo-le-groupe-de-binza-passe-l action/

« Binza est une banlieue résidentielle de Léopoldville ; les Congolais n'avaient pas le droit d'y habiter du temps de la colonisation. L'indépendance en a ouvert les portes à la nouvelle caste des dirigeants du Congo. Avec le général Mobutu, MM. Nendaka, Kandolo, Ndele et Bomboko composent le groupe de Binza, appelé aussi "Binza Boys" par les Américains et "gouvernement de Binza" par les Égyptiens. Il est à l'origine d'une coalition contre l'homme qui ne se connaissait pas de rival au Congo : Patrice Lumumba. »

[278] Idem

Binza, encore à Léopoldville comme MM. Bomboko ou Ndele ou en exil comme Adoula et D. Kandolo) et sans doute aussi des autorités militaires vécurent dans un complexe de craint : d'anciens éléments ultras (OAS) français ; d'anciens « tueurs » de la gendarmerie katangaise ou des hommes de main recrutés par « le pouvoir » avaient, selon eux, des instructions en vue d'abattre ou de réduire à l'impuissance quelques meneurs oppositionnels ou supposés tels.

Au-delà des manifestations des divergences des points de vue entre « les deux grands du Congo » sur l'extension temporaire de la mission du Gouvernement de transition, l'ambition de l'accession à la présidence de République, la « magistrature suprême » était la pomme de discorde et le fond de cette guerre fratricide. En effet, les élections législatives ayant assuré des confortables majorités au cartel CONACO, tant à l'échelon central que dans la plupart des provinces, l'évidence de voir Tshombe, ce katangais et leader de cette CONACO, être tenté par l'accession à présidence hantait les esprits des « hommes de Léopoldville ». Face à cette victoire électorale, il était impensable que M. Tshombe renonce à ses ambitions présidentielles s'il ne lui est pas fourni la garantie qu'il sera Premier ministre du gouvernement nouveau et si la fonction constitutionnelle du Premier ministre n'est pas revalorisée, afin de lui conférer une autorité réelle. Pour sa part, le président Kasa-Vubu n'entendait pas laisser M. Tshombe à la tête d'un gouvernement CONACO (en fait à dominante « katangaise ») et partant, se refusait à envisager une modification des articles relatifs aux pouvoirs respectifs du chef de l'état et du Premier ministre[279].

C'est sous cette atmosphère tendue que furent convoquées les Chambres législatives nouvellement élues en session extraordinaire, le 20 septembre 1965, par l'ordonnance n° 311 du 4 septembre 1965, avec deux points inscrits à l'ordre du jour : vérification des membres des Chambres législatives et constitution de bureaux respectifs.

« Les forces politiques en lice à la rentrée parlementaire étaient confuses. Des partis, ils n'en existaient pratiquement plus, à part peut-être la CONACO qui se révélait être plutôt une alliance électorale qu'un parti au vrai sens du terme. Schématiquement, on avait, d'une part, la CONACO de M. Tshombe, et, d'autre part, "les autres", véritable

---

[279] Gérard-Libois, J et Van Lierde, Jean (Dir), Congo 1965, *Op.Cit.*

conglomérat de groupes divers que V. Nendaka, s'efforçait d'amalgamer[280]*.* »

Après le test de l'équilibre des forces en présence au sein du nouveau parlement lors de l'élection des bureaux des Chambres, la situation définitive allait se décanter lors de la première session ordinaire du Parlement, ouverte de plein droit le 7 octobre 1965.

Comme à l'accoutumée, à l'invitation des Chambres, le président de la République prononcera un discours devant les Chambres réunies au palais de la Nation, le mercredi 13 octobre 1965. La question brûlante de l'heure était de savoir ce qu'aller décider le chef de l'État et comment allait régir le Premier ministre en cas d'être limogé. Déjà dans la presse cette question était abordée sous différentes perspectives : un accord entre les deux « grands » est-il possible ? (Le courrier d'Afrique du 20 septembre 1965, l'Essor du Katanga, 20 septembre 1965). À quel bloc reviendra la majorité ? (Le Courrier d'Afrique du 29 septembre 1965).

La CONACO : « Un 5 septembre 1960 se prépare » (Le Courrier d'Afrique du 12 octobre 1965). M : Kasa-Vubu connu sous le nom de « mangeur des Premiers ministres » (essor du Katanga, 13 octobre 1965).

Ce que l'on craignait arriva ! Le bras de fer atteignit son paroxysme. Avec l'annonce de la révocation du gouvernement Tshombe lors du discours du chef de l'État Kasa-Vubu devant les deux Chambres réunies pour l'ouverture de la session ordinaire. En premier il martela que la mission dévolue au gouvernement de transition était accomplie et exprima toute « sa gratitude », car il a « su mener à bien, dans des circonstances qui rendaient leur exécution parfois difficile, les tâches dont je l'ai chargé ».

Et de continuer :

« *En vue d'assurer le respect des exigences fondamentales et des règles habituelles de la démocratie, j'ai mis fin à ses fonctions à la date de ce jour, les Chambres étant constituées, et le Gouvernement n'ayant pas cru devoir, de sa propre initiative, présenter sa démission.* »

Subséquemment, il dégaine les 2 arguments qui fondent sa décision :

« *Il serait particulièrement inopportun dans les circonstances présentes, d'accorder au gouvernement un privilège dont il ne jouit pas et de créer*

---

[280] Gérard-Libois, J et Van Lierde, Jean (Dir), Congo 1965, *Op.Cit.* p. 324

ainsi un précédent de nature à mettre en péril l'avenir de la démocratie au Congo. C'est un fait évident que la composition présente du gouvernement n'est pas conforme ni aux normes constitutionnelles, ni aux résultats électoraux, ni aux impératifs qui conditionnent l'équilibre politique du pays. »

Moïse Tshombe, qui est présent dans l'hémicycle, reçoit cette humiliation « avec le plus grand calme apparent ». Le même jour, Kasa-Vubu nomme Évariste Kimba comme successeur de Tshombe. Le 18 octobre, Kimba forme son gouvernement : Nendaka est à l'Intérieur, Cléophas Kamitatu aux Affaires étrangères. Il n'y a là-dedans aucun proche de Tshombe.

Dès le lendemain, Kasa-Vubu s'envole pour le sommet de l'OUA au Ghana. Il est accompagné de Kimba et de Kamitatu. L'Afrique progressiste leur réserve un véritable triomphe, pour avoir écarté « l'assassin de Lumumba », Moïse Tshombe. Très emballé, Kasa-Vubu promet de chasser tous les mercenaires recrutés par Tshombe, et surtout, de se réconcilier avec les rebelles : Mulele, Gbenye, Soumialot, Olenga, Kabila Laurent[281].

[281] Tshilombo Munyengayi, publié le 24 novembre 2005 dans le potentiel de Kinshasa.
Sorce :
http://www.lepotentiel.com/afficher_article.php?id_edition=&id_article=18314

CHAPITRE 15

La rupture de la légalité constitutionnelle

15.1. L'EXACERBATION DE LA CRISE POLITIQUE ET LE COUP D'ÉTAT MILITAIRE DU GÉNÉRAL MOBUTU

La succession des faits politiques relatés dans les chapitres précédents rend compte des épisodes d'exacerbation de la crise politique, d'instabilité institutionnelle, bref, d'une situation chaotique effrénée avec à son passif des centaines de milliers de morts. Le bras de fer qui opposa le président Kasa-Vubu à son Premier ministre, M. Tshombe aura des conséquences irréversibles dans le cours de l'histoire politique du Congo. La démission forcée de M. Tshombe, lors de la rentrée solennelle de la session parlementaire d'octobre 1965, avait ravivé les antagonismes au sein de l'hémicycle parlementaire. Le formateur désigné par M. Kasa-Vubu, en remplacement de M. Tshombe, ne put obtenir les votes nécessaires pour son investiture. Malgré ce recalage, M. Kasa-Vubu s'obstina dans son choix et pria Kimba de solliciter de nouveau l'investiture du Parlement, après avoir modifié son cabinet initial. Ce vide politique assombrit davantage le paysage politique du Congo et suscita des inquiétudes fondées sur l'avenir du pays. Il fit le lit au coup d'État militaire perpétré, sans effusion de sang, par le Haut Commandement militaire de l'Armée Nationale Congolaise (ANC) avec le général Mobutu à sa tête, coup d'État qui prétendit éviter le pire.

L'arrivée des militaires au pouvoir a toujours été accompagnée par la rupture totale de l'ordre constitutionnel en vigueur jusqu'alors. Très souvent, les premières mesures annoncées immédiatement portent l'abrogation ou au moins la suspension de la Constitution et la dissolution des partis et groupements politiques. Le Doyen Dmitri-Georges Lavroff, dans son essai sur « la constitutionnalisation des régimes militaires en Afrique noire »[282] explique ce comportement à partir de trois considérations.

La première tient compte du fait que les règles constitutionnelles en vigueur au moment du coup d'État ne correspondaient pas aux nouvelles conditions d'exercice du pouvoir par les militaires. Cette raison, importante sans doute, n'était pas exclusive, car on aurait très bien pu concevoir que les gouvernements militaires se glissent dans les fonctions définies par le texte constitutionnel, ou encore qu'ils se contentent de modifier partiellement ou adoptent rapidement une nouvelle Constitution.

La deuxième raison a trait à la conceptualisation des fonctions de la Constitution par les militaires. En effet, pour le doyen Lavroff, les militaires africains ont constamment manifesté un profond mépris pour les textes juridiques en général, et tout particulièrement des règles constitutionnelles. Ils ont toujours établi leur pouvoir sur des textes très laconiques, composés de quelques articles, et réduit les organes de gouvernement au minimum, généralement composé d'un comité militaire de quelques membres faisant office de gouvernement. On peut voir dans ce comportement l'expression de la volonté autoritaire qui exclut les organes de représentation du peuple et ceux de la culture politique des militaires pour qui la soumission à des procédures complexes est un facteur d'inefficacité et parfois même de malhonnêteté, car elles voilent les véritables responsabilités des chefs qui doivent avoir un pouvoir sans limites pour assumer leurs fonctions.

Enfin, la troisième considération renvoie au fait que l'abrogation des constitutions manifestait le rejet du constitutionnalisme comme principe d'organisation de la société politique.

Paradoxalement, l'arrivée à la tête du pays du général Joseph Mobutu est d'abord perçue, tant à l'intérieur de la RDC que dans certains pays occidentaux favorables à Mobutu, comme une occasion de stabiliser la situation congolaise.

La proclamation du Haut commandement de l'Armée Nationale Congolaise du 24 novembre 1965 annonce, dans les 13 points de ladite Déclaration 4 décisions importantes qu'il convient d'épingler au vu de leur transcendance dans l'ordre constitutionnel congolais :

---

[282] Lavroff, DG, « la constitutionnalisation des régimes militaires en Afrique noire », dans Seurin, Jean-Louis (Dir) : Le constitutionnalisme aujourd'hui. Paris, Economica, Collection « politique comparée », 1984, p. 200-213

i. Monsieur Joseph Kasa-Vubu est destitué de ses fonctions de président de la République ;
ii. Monsieur Evariste Kimba, député national, est déchargé de ses fonctions de formateur du Gouvernement
iii. Le lieutenant-général Joseph Désiré Mobutu assumera les prérogatives constitutionnelles du chef de l'État
iv. Les institutions démocratiques de la République, telles qu'elles sont prévues par la Constitution du 1eraoût 1964, continueraient à fonctionner et à siéger en exerçant leurs prérogatives. Tel est notamment le cas de la Chambre des députés, du Sénat et des institutions provinciales.

Cette proclamation ne fait pas mention d'une durée précise quant à l'exercice du pouvoir.

A ces 4 décisions, il faudrait ajouter la première ordonnance du nouveau chef de l'État, contresignée par les 13 « membres » du Haut commandement de l'ANC, les « compagnons de la révolution », nommant le colonel Léonard Mulamba aux fonctions de Premier ministre et le chargeant de former un « *gouvernement représentatif formé d'union nationale dont fera partie au moins un membre de chacune des 21 provinces de la République Démocratique du Congo et de la ville de Léopoldville* ».

La Déclaration du Haut commandement de l'ANC opéra une claire rupture de la légalité constitutionnelle en vigueur au motif que « les dirigeants politiques se sont cantonnés dans une lutte stérile pour accéder au pouvoir sans aucune considération pour le bien-être des citoyens de ce pays [...]. La course au pouvoir des politiciens risquant à nouveau de faire couler le sang congolais ». Cette Déclaration a suspendu « le fonctionnement normal du droit pour instaurer un nouvel ordre, bafouant les règles démocratiques ».

Dans les « attendus » de son message au Congrès réuni le 25 novembre, lu par le président du Sénat, Sylvestre Mundingayi, le Lieutenant-général Mobutu, précisa encore en détail les fondements du coup d'État :

« Attendu que depuis cinq ans les politiciens nationaux n'ont pas su mettre fin à l'anarchie qui règne sur toute l'étendue de la République Démocratique du Congo ;Vu que cette situation est intentionnellement maintenue par les politiciens ;Qu'elle est exploitée par certains étrangers ; Que la mise en garde du quartier général de l'Armée

Nationale Congolaise n'a pas pu réduire la course effrénée des civils au pouvoir. »

Cependant, il est surprenant que ce coup d'État ait reçu des « applaudissements discrets ». S'il n'a pas été ouvertement souhaité, au moins, il a été secrètement attendu[283]. S'agit-il d'une réponse aux attentes du peuple ? Cette question appelle à saisir les fondements théoriques et les fonctions de ce coup d'État « bienveillant ».

15.2. La raison d'État et Rupture de la légalité constitutionnelle

Depuis 1960, l'armée avait fini par devenir l'arbitre principal des crises politiques : A ce titre, comme presque partout en Afrique depuis les indépendances, elle est devenue un facteur important de l'équation politique au Congo[284]. J.M Breton[285] affirme que :

> *« Les coups d'État militaires apparaissent souvent comme la seule alternative à un pouvoir bloqué ou en déshérence, générant des régimes en rupture avec les présupposés de l'ordre constitutionnel pouvant aller dans certains cas jusqu'à l'institutionnalisation du pouvoir de l'armée par l'ancrage de gouvernements militaires dans des régimes non constitutionnels. ».*

Cette formulation fort pertinente oriente la réflexion sur les fonctions des coups d'État en rapport avec leur conséquence immédiate : la rupture de la légalité constitutionnelle.

Depuis très longtemps, la science politique s'est saisie de ce phénomène dans ses variations historiques. Roberto Nigro[286], par exemple, dans ses « Quelques considérations sur la fonction et la théorie du coup d'État », retrace l'évolution sémantique du concept de coup d'État. Remontant aux origines de la maxime latine « *Necessitas*

---

283 Massina, P, « Le coup d'État, entre déshonneur et bienveillance », *Afrilex, Revue d'étude et de recherche sur le droit et l'administration dans les pays d'Afrique,* Université Montesquieu — Bordeaux IV, décembre 2016

284 Kamukuni, A, *Op.Cit*, p.371

285 Breton, JM : « Trente ans de constitutionnalisme d'importation dans les pays d'Afrique noire francophone entre mimétisme et réception critique : cohérences et incohérences (1960-1990) ». *Actes du 6e congrès français de droit constitutionnel, Montpellier*, juin 2005
http://www.droitconstitutionnel.org/congresmtp/accongres.html

286 Nigro, R. (2013). « Quelques considérations sur la fonction et la théorie du coup d'État », *Rue Descartes,* 77, (1), 69-81

legem non habet », l'auteur théorise deux acceptions historiques du coup d'État.

Dans un premier temps, se situant dans la perspective du Florentin Machiavel, l'auteur assimile le coup d'État à la manifestation de la raison d'État. Il argue qu'au XVIIe siècle, le coup d'État jouit d'une bonne considération, puisqu'il est interprété comme une réaction contre le danger, comme une tentative de restaurer l'ordre, comme un coup de majesté. « Acte de violence qui excède les lois, le coup d'État n'est pas en rupture avec la raison d'État. Car, "il y a des moments où la raison d'État ne peut plus se servir des lois, où elle est obligée par quelque événement pressant et urgent de s'affranchir de ces lois au nom du salut de l'État".

Dans un deuxième temps, dans les décennies qui précédent et qui suivent la Révolution française, la notion de coup d'État perd graduellement sa signification d'acte extraordinaire, d'acte légitime et d'acte nécessaire pour être enfin qualifiée d'un acte illégitime, d'un acte terrible. La révolution va alors assumer une signification positive. Avec la Révolution française, le coup d'État vient maintenant signifier l'acte qui remplace les gouvernants et le souverain, "l'acte qui fait tomber la tête du roi, l'acte qui introduit une rupture, une discontinuité dans l'exercice du pouvoir".

Partant de ces deux acceptions, Roberto Nigro tente de cerner les bornes, délimitant la révolution du coup d'État. Il en conclut que si la révolution met en question l'ordre constitutionnel tout en agissant d'en bas, le coup d'État agit d'en haut : autrement dit, si la révolution est affaire des masses ou du peuple, le coup d'État est une opération des gouvernants, des appareils d'État, etc. Ainsi, on peut dire qu'un coup d'État est une action perpétrée par des appareils d'État, tandis que la révolution est un acte qui vient de l'extérieur (du peuple, de la multitude, des masses). Une autre dimension qui fait la différence entre les deux concepts est que le coup d'État n'a pas de répercussion sur la dimension sociale ; autrement dit, il ne vise pas le changement de la structure sociale, il ne va pas au-delà d'un changement de la forme de gouvernement. Au contraire, "une révolution est le produit de l'action de gens qui ne veulent plus être gouvernés ainsi. L'influence d'une révolution est plus importante, plus marquée, elle a des effets de longue durée, produit des modifications non seulement du gouvernement, mais aussi de la structure sociale".

De nos jours, l'intrusion de militaires dans la vie politique est toujours condamnée, quel que soit l'objectif poursuivi par les militaires. Le premier devoir du militaire est de protéger l'État contre des menaces extérieures et l'armée est subordonnée au pouvoir politique, pour ce faire, elle doit afficher une parfaite neutralité par rapport aux différentes options politiques en présence.

15.3. LE PARADOXE DE LA RUPTURE DE LA LÉGALITÉ CONSTITUTIONNELLE

Le plus grand paradoxe de cette rupture consiste en l'aval donné par les deux Chambres réunies au coup d'État militaire. Les Chambres ont donc acclamé la déclaration du haut commandement militaire, et approuvé les premières mesures de la légalité constitutionnelle, le 25 novembre 1965 ».

La plus grande entorse portée à l'encontre de la Constitution de Luluabourg du 1eraoût 1964, fut bien sûr, l'infraction sur le mode de sélection du personnel politique appelé à diriger l'institution exécutive, en commençant par le chef de l'État lui-même. Dès lors, le manque de légitimité démocratique des nouveaux dirigeants était une première donne de cette rupture de la légalité constitutionnelle.

En outre, aux fins de pallier cette rupture, les nouveaux dirigeants avaient opté pour une cohabitation et pour la continuité des autres institutions électives nationales et provinciales, car, conformément au point 4 de la Déclaration du Haut Commandement Militaire : « Les institutions démocratiques de la République, telles qu'elles sont prévues par la Constitution du 1eraoût 1964, continueront à fonctionner et à siéger en exerçant leurs prérogatives. Tel est le cas de la Chambre des députés, du Sénat et des institutions provinciales ».

Aussi, l'Art. 9 de l'ordonnance lue au Congrès, signée le 25 novembre, énonçait la structure provisoire de la Cour constitutionnelle. Elle sera « constituée de 12 conseillers dont 9 au moins sont congolais. Le président de la République nomme les membres de la Cour constitutionnelle sur présentation des candidats pour un tiers par les deux bureaux réunis des Chambres législatives nationales, par le gouvernement central pour un autre tiers et pour u dernier tiers par les deux Cours d'appel de la République Démocratique du Congo. La Cour élit son président parmi ses membres. »

L'Art. 3 de la même ordonnance martelait le sursis, pendant toute la durée de la législature des articles suivants de la Constitution :

- Art. 56 : Organisation et procédure du corps électoral chargé de l'élection du chef de l'État et modalité d'entrée en fonction (prestation de serment).
- Art. 64 : Composition du Gouvernement central.
- Art. 82 : « Chaque année, à la session ordinaire de mars, chaque Chambre élit son bureau qui comprend un président, un vice-président et deux secrétaires ».
- Art. 83 alinéa 1 : « Les Chambres ne se réunissent en congrès national que dans les cas expressément prévus par la présente Constitution. »
- Art. 137 alinéas 1 et 2 (modifié par l'Art. 7 de l'ordonnance du 25 novembre 1965 : antérieurement, le Conseil de Législation était un organisme consultatif qui relevait de l'autorité de la Conférence des gouverneurs. Ses membres étaient nommés par le président de la République, sur proposition de la Conférence des gouverneurs.

Avec cette modification opérée, il est devenu un organe consultatif composé de 24 membres nommés par le président de la République sur proposition pour une moitié par les deux bureaux des Chambres législatives nationales réunis, et pour une autre moitié par le Gouvernement central)

- Art. 165. alinéas 3 et 4 « Les conseillers à la Cour constitutionnelle sont nommés sur propositions, pour un tiers des conseillers, par la conférence des gouverneurs, pour un autre tiers, par les deux bureaux des Chambres législatives nationales réunis et, pour un dernier tiers, par le Conseil supérieur de la magistrature. » « Nul ne peut être nommé conseiller à la Cour s'il n'est Congolais, s'il ne remplit les conditions requises pour être éligibles au Sénat et s'il n'a, pendant au moins dix ans, suivi le barreau ou exercé des fonctions judiciaires ou juridiques ou enseigner le droit dans une université ou dans un établissement d'enseignement supérieur ».
- Art. 171 alinéa 2 « Les fonctions de membre du Gouvernement central ou d'un gouvernement provincial sont incompatibles avec tout mandat public électif et avec l'exercice de toute autre fonction publique. Toutefois, un membre du Gouvernement central élu au Parlement ou à une assemblée provinciale aux élections législatives intervenant avant la fin du mandat dudit gouvernement peut continuer à exercer ses fonctions

ministérielles jusqu'à la formation du Gouvernement appelé à remplacer celui dont il fait partie. Dans ce cas, il ne jouit pas de l'indemnité parlementaire. »

- Art. 172. alinéa 3 « Tout membre du Parlement ou d'une assemblée provinciale nommé membre du Gouvernement central ou d'un gouvernement provincial ou élu gouverneur de province, et qui l'accepte, perd son mandat d'élu après l'approbation, par le Parlement ou par l'assemblée provinciale, de l'acte de nomination des membres du Gouvernement dont il fait partie ».
- Art. 182 « Les pouvoirs du président de la République actuellement en fonction ne viendront à expiration que lors de la prestation de serment du président de la République qui sera élu, pour la première fois, conformément aux dispositions de l'Art. 56 de la présente Constitution. Cette première élection aura lieu six mois après la première réunion des Chambres élues en vertu de l'alinéa 2 de l'Art. 181 ».
- Art. 189 « Le Président de la République est autorisé à prendre les mesures nécessaires pour pourvoir à son remplacement en cas d'absence ou d'empêchement. Ces mesures cesseront de plein droit de produire leurs effets à la date de la prestation de serment du président élu conformément aux dispositions de l'Art.182 ».
- Art. 195 alinéas 1, 2, et 3 « Jusqu'à ce qu'elle soit constituée conformément aux dispositions de l'Art. 165, la Cour constitutionnelle comprend sept conseillers dont quatre au moins sont Congolais.

Le président de la République nomme les membres de la Cour constitutionnelle sur présentation des candidats par la conférence des gouverneurs.

La Cour élit son président parmi ses membres. Nul ne peut être élu président de la Cour constitutionnelle s'il n'est Congolais, âgé de 40 ans révolus.

Les fonctions de président et de conseiller de la Cour constitutionnelle ne sont pas incompatibles avec celles exercées dans d'autres cours et tribunaux. »

- Art. 197 « La Cour constitutionnelle sera constituée conformément aux dispositions de l'Art. 165 dans les douze années qui suivront l'entrée en vigueur de la présente Constitution.

La première Cour constitutionnelle composée conformément aux dispositions de l'Art. 165 comprend quatre membres désignés pour trois ans, quatre membres désignés pour six ans et quatre membres désignés pour neuf ans. »

- Art. 200, alinéas 1 et 2. « Jusqu'à ce qu'il soit constitué conformément aux dispositions de l'Art. 137, le Conseil de législation comprendra une section centrale établie dans la capitale et des sections interprovinciales.

Le conseil sera constitué conformément aux dispositions de l'Art. 137 dans les dix années qui suivront l'entrée en vigueur de la présente Constitution.

Dans les provinces aux chefs-lieux desquels ne se trouve pas établie une section interprovinciale, les projets de loi ou d'arrêtés des gouverneurs pourront, dans les cas d'urgence prévus par une loi organique nationale, être pris sans l'avis du conseil. »

15.4. La rupture constitutionnelle et les bases d'un constitutionnalisme autoritaire au Congo-Kinshasa

Le conflit au sommet entre le chef de l'État Kasa-Vubu et son Premier ministre Tshombe avaient donné, nous l'avons précisé, voie libre au coup d'État du Général Mobutu le 24 novembre 1965. La transcendance des enjeux politiques du moment couplée de la polarisation de la vie politique a fini par discréditer définitivement la classe politique congolaise. Les fondements institutionnels de la première République avaient été secoués.

L'histoire politique congolaise retiendra que ces 2 constitutions avaient instauré des régimes politiques les plus démocratiques qu'a connus le Congo depuis l'indépendance jusqu'à ce jour. À partir de la prise du pouvoir par le Général Mobutu le 24 novembre 1965, jusqu'à sa chute en mai 1997, Le Congo-Zaire a expérimenté un processus inédit de l'autocratie.

D'un point de strictement constitutionnel, la II° République aura évolué en trois régimes distincts, mais téléologiquement cohérents dans la perspective de la consolidation et personnification du pouvoir de M. Mobutu.

15.4.1. Le régime de « Pleins-Pouvoirs »

« Depuis le 24 novembre 1965, le sort de la jeune République est confié au général J.D. Mobutu, commandant en chef de l'Armée nationale congolaise. Devenu au lendemain de sa prise du pouvoir Président de la République, il confie le rôle de Premier ministre au général L. Mulamba. Après un temps de réflexion, il prend seul en mains la charge du pouvoir pour une période transitoire de cinq ans durant laquelle un plan de réforme sera réalisé apportant au pays des remèdes à tous ses maux. Maître incontesté du pays, le général Mobutu organise le pouvoir sans laisser de place à un compromis ou un marchandage politique. Il soumet le projet d'une nouvelle Constitution au peuple qui l'approuve par voie de référendum le 24 juin 1967. [287]»

Ainsi, ce régime de « pleins pouvoirs » s'étend de 1965 à la constitution du 24 juin 1967, dite constitution de la N'sele. Au plan pratique, le régime de « pleins pouvoirs » permettait d'édicter des Décrets — lois dans tous les secteurs de la vie nationale. Il s'agit donc d'une rupture pure et simple avec le constitutionnalisme démocratique de la I° République. L'histoire de cette rupture est marquée par des violations flagrantes jusqu'à l'approbation de la constitution du 24 juin 1967. Les violations les plus indicatives sont chronologiquement les suivantes :

- Promulgation de l'Ordonnance-loi du 27 novembre 1965 donnant à M. Mobutu le droit de prendre par ordonnances-lois des mesures relevant normalement du « domaine de la loi », mais en ajoutant que ces ordonnances-lois seront soumises au Parlement dans les deux mois pour approbation.
- Promulgation de l'Ordonnance-loi du 17 mars 1966, attribuant le pouvoir législatif au Président de la République et supprimant l'obligation de soumettre dans les deux mois au Parlement les décisions présidentielles pour confirmation. Dès ce moment, tout le pouvoir législatif couplé au pouvoir exécutif est entre les mains du Général Mobutu. Tous ces pouvoirs ne relevaient ni de la procédure de délégation du pouvoir, ni d'habilitation (Art. 95 de la Constitution de Luluabourg). Ce n'était pas, non plus, une

[287] Azami S.M. « Le système constitutionnel de la République démocratique du Congo », *Revue internationale de droit comparé.* Vol. 22 N° 2, avril-juin 1970. p. 332

prérogative justifiée par un cas d'urgence (Art. 96. de la constitution de Luluabourg).

- Le 12 décembre 1965, le Général Mobutu annoncera l'interdiction des partis politiques pour une durée de 5 ans
- Le 26 octobre 1966, il met fin au bicéphalisme de l'exécutif qui, selon la Constitution de Luluabourg, comprenait le Président de la République et le Premier ministre. A cette occasion, il supprime le poste de Premier ministre et démet le général Léonard Mulamba de ses fonctions. Dès cet instant, jusqu'à la Constitution du 24 juin 1967, l'exécutif sera piloté exclusivement et personnellement par le lieutenant général Mobutu.
- La dissolution du Parlement élu en 1965 et abrogation de la Constitution de Luluabourg comme conséquence directe de la promulgation de la Constitution de la N'sele

15.4.2. Le constitutionnalisme autoritaire de la Constitution du 24 juin 1967

Cette constitution s'écarte des principes constitutionnels énoncés dans les 2 précédentes constitutions. Elle recherchait la stabilité qui faisait défaut au Congo.

La Constitution de 1967 a connu une évolution par d'importantes étapes dans le sens de renforcer les pouvoirs du Président de la République. Elle instaura un régime présidentialiste. Dans un premier temps, elle préconisait un bipartisme qui ne fut jamais appliqué. Il instaurait aussi un État unitaire centralisé.

Elle instaurait 4 institutions politiques centrales.

1. Le président de la République : élu au suffrage universel pour 7 ans : Il était le chef de l'exécutif. Il nommait et révoquait les membres du gouvernement. Il déterminait leurs attributions respectives.
2. Le gouvernement : Les ministres étaient les chefs des départements. Ils appliquaient chacun dans son département le programme fixé et les décisions prises par le Président de la République. Ils répondaient de leurs actes devant le Président de la République.
3. Le pouvoir législatif correspondait au parlement qui est composé d'une chambre unique appelée Assemblée Nationale. La durée de la législature était de 5 ans. Ce parlement n'avait

aucun pouvoir de faire démissionner le gouvernement à la suite d'une motion de défiance.

4. Le pouvoir judiciaire était dévolu aux cours et tribunaux. Il était indépendant du pouvoir exécutif et du pouvoir législatif.

Par la suite, l'article 33 de la constitution de 1967 révisée en 1974 disposait que toute formation d'un autre parti politique était interdite et que tout Zaïrois était obligatoirement membre du Mouvement Populaire de la Révolution. Ainsi, toutes les réformes politiques qui interviendront par la suite seront orientées uniquement vers le renforcement de MPR (Mouvement Populaire de la Révolution), le Parti crée par Mobutu le 20 mai 1967 au détriment d'autres institutions de la République. Ce rôle prépondérant assigné au Parti entraînait par voie de conséquence, un réaménagement de l'équilibre des pouvoirs vers la fonction présidentielle. Les congrès extraordinaire et ordinaire de 1970 et 1972 avaient d'ailleurs affirmé la suprématie du Parti et de son Président fondateur. Par ces décisions du Congrès, le MPR était devenu l'institution suprême de la RD Congo, toutes les institutions de la République étaient subordonnées au MPR et fonctionnait sous son contrôle.

La plus importante révision de la constitution de 1967 était intervenue en 1982. Elle avait été opérée par la loi n° 82/004 du 31 décembre 1982. Cette révision consacrait la plénitude du rôle dirigeant du Parti dans tous les secteurs de la vie nationale. Par ce fait, le MPR n'était plus la première institution, mais plutôt le Parti-Etat.

Sous ce régime, le MPR commandait et orientait l'État qui était devenu son instrument pour la réalisation de ces objectifs. Sur le plan des rapports organiques, les organes partisans classiques jouissaient d'une autorité incontestable tant sur le Conseil législatif que sur le Conseil judiciaire.

QUATRIÈME PARTIE

De la crise politique à la crise de régime : décryptage de l'agonie et la fin de la Première République congolaise

Cet ouvrage s'est proposé de revisiter les faits saillants qui ont émaillé le parcours et le processus politique de la première République et d'appréhender les facteurs explicatifs de ce chavirement de première heure et du naufrage ultérieur. L'inventaire bibliographique sur ce sujet renvoie l'explication de la crise congolaise de la première République sur plusieurs registres indépendants les uns des autres : échec de la décolonisation belge[288] conspiration contre la jeune République par la Belgique[289], le mimétisme constitutionnel et l'inadaptabilité de la Loi Fondamentale du 19 mai 1960 relative aux structures du Congo aux réalités sociopolitiques du pays, ou enfin, l'absence d'une élite intellectuelle, politique et technique pouvant relever les défis inhérents à la construction du jeune et nouvel État.

À la différence de la littérature politologique et historiographique qui a abordé et couvert « les faits politiques » de la première République, les analyses développées tout au long des chapitres précédents préconisent un effort pour intégrer les différentes « explications » et en ressortir un seul cadre cohérent à même de systématiser « ces phénomènes conjugués » qui sont les soubassements de cette crise.

Ce cadre d'explication et de décryptage de la crise politique de la première République repose sur deux anagrammes complémentaires et réciproquement rétroalimentées : d'une part, l'acception, la gestion et

---

[288] Gérard-Libois J et al. *Congo 1960. Échec d'une décolonisation*, Bruxelles, GRIP, 2010

[289] Ngoy-Ndouba K, *Op. Cit.*

le développement du système institutionnel de « séparation des pouvoirs » des textes constitutionnels de la première République. D'autre part, la « dynamique » du pouvoir (réel ou supposé) des parties prenantes (*stakeholders power*) et acteurs du « système » qui concourait à l'exercice du pouvoir politique sous la première République.

Les faits et les relations politiques institutionnelles et non institutionnelles élucidés dans cet ouvrage rattachent l'origine, le développement et l'aboutissement de la crise politique dans ces deux anagrammes : système institutionnel de « séparation des pouvoirs » et « le système de relations des acteurs politiques » et ses interconnexions avec les instances internationales.

CHAPITRE 16

L'entendement et la gestion du système institutionnel de « séparation des pouvoirs »

Cette première anagramme d'explication de la crise recoupe les aspects qui ont trait à l'agencement constitutionnel des institutions politiques et l'entendement, la gestion et le développement pratique du système de « séparation des pouvoirs » institué par les textes constitutionnels de la première République.

16.1. Le réflexe mimétique et une conceptualisation erronée du principe de séparation des pouvoirs

La Loi Fondamentale, promulguée conformément à la procédure législative belge sur la base des résolutions de la Conférence de la Table Ronde (du 20 janvier au 20 février 1960), avait consacré des structures binaires à trois niveaux : un État fédéral (non déclaré), un pouvoir législatif bicaméral et un pouvoir exécutif bicéphale.

S'inscrivant totalement dans l'optique du mimétisme constitutionnel des premières années d'indépendance, le choix de ces structures dualistes opéré par le constituant de la Loi Fondamentale, s'est révélé foncièrement inadéquat au concept et aux réalités du pouvoir politique dans le jeune État congolais. Ces structures ne tardèrent pas à faire exploser les germes de conflictualités qui étaient inhérents à leur complexité.

Certes, la réception fidèle et nécessaire des modèles exogènes a incontestablement été, pour des raisons conjuguées de rapidité, de continuité et de simplicité, le « prix » de l'indépendance, souvent acquise à travers un processus accéléré[290]. Dans le contexte congolais, cet « échec d'une institutionnalisation programmée de l'extérieur »[291], ce système constitutionnel mal compris, a organisé un processus politique de tension et de confrontation permanentes entre le pouvoir exécutif et les assemblées parlementaires. Ainsi la dynamique de la praxis, au-delà de la configuration juridico-constitutionnelle, a mis à nu deux mouvements et tendances antagonistes quant au rôle et au pouvoir de l'institution parlementaire : la tendance assembléiste et la tendance pragmatique prônant l'efficacité gouvernementale.

16.1.1. La tendance à l'assembléisme

D'un point de vue théorique, le régime politique institué par la Loi Fondamentale du 19 mai 1960 brandit tous les ingrédients de la monarchie de juillet et de la Charte de 1830, en ce qu'il est le reflet de l'orléanisme, une tentative de perfectionnement du parlementarisme dualiste. En effet, sous la monarchie de juillet, deux conceptions du régime parlementaire prenaient corps et s'affrontaient : D'un côté la conception moniste, soutenue par Adolphe Thiers, qui affirme que « le roi règne et ne gouverne pas ». Pour ce courant, la vie politique n'a qu'un seul centre, le Parlement, qui seul fait et défait les Gouvernements. De l'autre, la conception dualiste, soutenue par Louis — Philippe, et Guizot. Pour ces hommes, « le trône n'est pas un fauteuil vide », la vie politique a deux pôles, le trône et le Parlement, les ministres devant avoir à la fois la confiance du roi et des Chambres[292].

Cependant, la vie et la pratique parlementaire de la première législature a révélé un entendement excessif du rôle des Assemblées parlementaires comme centre de la vie politique nationale. La pratique politique semblait s'inspirer des fondamentaux du régime conventionnel (régime d'assemblée) de la Constitution française du 24 juin 1793[293], du principe de l'unité, l'indivisibilité du pouvoir :

---

[290] Breton J.-M., « Trente ans de Constitutionnalisme d'importation dans les pays d'Afrique noire francophones entre mimétisme et réception critique : cohérences et incohérences », *Op. Cit.*

[291] Conac G., « Quelques réflexions sur le nouveau Constitutionnalisme africain », *Op. Cit.*

[292] Chalvidan, P-H, *Droit constitutionnel, institutions et régimes politiques*, Nathan Université, Paris, 1996, p.124

[293] http://www.conseil-constitutionnel.fr/conseil-constitutionnel/francais/la-constitution/les-constitutions-de-la-france/constitution-du-24-juin-1793.5084.html

« A la base, le peuple souverain élit une Assemblée qui reste sous son étroite surveillance et à son tour, cette Assemblée unique désigne, pour remplir la fonction exécutive, un organe qui est son simple commis et non un pouvoir indépendant [294]».

De ce régime se dégage donc les éléments distinctifs suivants : la désignation directe du Gouvernement par le Parlement, le pouvoir parlementaire discrétionnaire de révocation des ministres, l'absence du droit de dissolution, l'absence du droit de démissionner ou de poser une question de confiance pour les membres du cabinet. Bref, l'assujettissement de l'exécutif et la souveraineté parlementaire[295].

L'analyse de l'exercice des fonctions de contenu politique, c'est-à-dire, les fonctions de contrôle sous la première législature a démontré la tendance du Parlement à considérer le pouvoir exécutif comme un « Comité » en son sein. Par des sessions quasi permanentes, moins enclin à la production législative et à la collaboration avec le pouvoir exécutif, les Chambres n'ont joué, à aucun moment de l'histoire de la première législature, un rôle de contrepoids, car les véritables contrepoids se localisaient dans la configuration même et la composition de l'exécutif dualiste.

Cette velléité d'occuper par la pratique, cette « zone d'expansion » a fini par discréditer le Parlement et faire de lui une institution inopérante sinon inutile. Cette tendance aboutit donc à un échec, car elle obligea le chef de l'État à congédier le parlement sine die.

16.1.2. La tendance pragmatique : à la recherche de l'efficacité du pouvoir exécutif

La tendance pragmatique est fondée dans la recherche de l'efficacité de l'action gouvernementale en vue des défis à relever

---

[294] Chalvidan, Op Cit, p 107

[295] Bastid, P. *Le régime d'assemblée*, Paris, Cujas, 1956 et Voir Gicquel J-E. *Droit constitutionnel et institutions politiques,* Paris, Montchrestien, coll. « Domat droit public », 2012 (26e éd.), p. 154 et suivantes.
Le Gouvernement d'Assemblée correspond à la confusion des pouvoirs au profit du Parlement. C'est d'une absorption dont il s'agit, celle du cabinet par le Parlement. Le Professeur Gohin (*Droit constitutionnel,* Paris, Litec, 2010, p. 218 et suivantes) le place pour sa part dans une section intitulée « La typologie des régimes de confusion des pouvoirs ». Selon ce même auteur, il s'agit d'un régime dont la Constitution ouvre la possibilité pour une assemblée de renverser le Gouvernement sans que cette même assemblée puisse être dissoute ; cela « correspond à l'hypothèse d'une dictature de l'Assemblée »

après la désorganisation générale de l'État, l'anarchie, suite à la mutinerie de la Force publique, les tendances centrifuges ainsi que les sécessions du Katanga et du Sud Kasaï.

Cette pratique constitutionnelle projeta la tendance présidentialiste. Plus fonctionnelle, elle est fondée dans le constat de l'inefficience parlementaire et l'incapacité des Chambres de prioriser les affaires importantes de la République, telles que l'élaboration de la nouvelle constitution. À cela conviendrait-il d'ajouter de longues et interminables sessions sans bilan, les motions de censure individualisées qui coulaient à profusion.

Cette tendance de la recherche de l'efficacité obligea le pouvoir exécutif à se passer du contrôle démocratique du Parlement et finit par transformer le Parlement en un forum public sans possibilité de faire le contrepoids au pouvoir exécutif. L'installation de la Commission Constitutionnelle extraparlementaire qui siégea à Luluabourg est une manifestation patente de cette tendance, car cette commission supplanta de fait les assemblées parlementaires. Cette tendance avait prévalu et abouti à la constitutionnalisation du régime présidentiel de la constitution de Luluabourg. La justification en était l'incapacité et la faiblesse du Parlement à exercer de manière responsable ses attributs constitutionnels de contrepoids au pouvoir exécutif.

De ce qui précède, on déduit que les conditionnements réciproques (*checks and balances*) entre le pouvoir législatif et le pouvoir exécutif de la première République démontrent une hégémonie incontestable, justifiée par le principe d'efficacité du pouvoir exécutif malgré la configuration constitutionnelle du Parlement comme centre de la vie politique nationale. Dans tous les épreuves et affrontements significatifs du processus politique, le Parlement congolais était perdant. Amoindrie dans ces compétences de direction politique et de contrôle gouvernemental, l'institution parlementaire n'avait jamais occupé des « zones d'expansion » au-delà de sa configuration juridico-constitutionnelle. Elle a fini par se transformer en un forum public sans aucune possibilité réelle de faire le contrepoids au pouvoir exécutif.

CHAPITRE 17

Le système des relations des acteurs politiques

17.1. « L'ÉCHANGE POLITIQUE » COMME ANTAGONISME INSTITUTIONNALISÉ

La complexité de la crise institutionnelle qui sévit au Congo-Kinshasa dès les premières heures de son indépendance induit à s'appesantir, un tant soit peu, sur le rôle des acteurs politiques congolais.

Robert K. Merton[296] définit le concept de « rôle » comme « un ensemble de comportements répondant à des modèles d'attentes et qui sont attribués à la position déterminée qu'occupe une personne ». Il s'agit donc de prendre en compte les initiatives, comportement et réactions des animateurs de deux institutions politiques à finalité plus ou moins distincte : les pouvoirs constitutionnels et les partis. Les premiers représentent un modèle plus « cristallisé » d'ordre public et ont pour fonction exclusive la gestion des affaires publiques ; quant aux partis, ils obéissent à une pluralité de fonctions[297], la principale étant de participer à l'animation de la vie politique et de concourir à l'expression du suffrage.

Dans ce sens, pour une intelligibilité de la crise politique de la première République, un des éléments consiste à décortiquer le degré d'assimilation des normes du pouvoir et des règles du jeu de « l'échange politique », en décelant les conséquences de ces antagonismes institutionnalisés et non institutionnalisés.

Il est indispensable de prendre en compte la nature et le développement des antagonismes sociaux et politiques ainsi que leur

---

[296] CRISP, *Congo 1960*

[297] Debuyst, F. « La notion de rôle en politique. » *Courrier hebdomadaire du CRISP*, 273-274, (5), 1-38.

impact sur le cours de la crise congolaise. D'emblée, les analyses du CRISP pointaient dans ce sens, en affirmant que dans le contexte résultant d'une telle situation de crise, s'inscrivent des oppositions de personnes ou de groupes, de jeux d'influence et des interventions qui n'ont pas provoqué l'événement ou la situation, mais qui peuvent en constituer des facteurs d'accélération ou de gauchissement[298].

Les faits politiques épinglés dans cet ouvrage affichent globalement, entre les protagonistes de la scène politique, une typologie composée de 3 antagonismes que nous cherchons à élucider :

- Les antagonismes de compétition dans le processus de formation du Gouvernement
- Les antagonismes idéologiques qui se développaient sous les clivages nationalistes-modérés
- Les antagonismes entre fédéralistes et unitaristes nationalistes

17.2. Les antagonismes de compétition dans le processus de formation du gouvernement

Sous ce registre s'arborent les antagonismes cristallisés par le MNC-Lumumba — Cartel anti-Lumumba. Il ne s'agissait pas là d'une rivalité proprement idéologique et programmatique. Bien plus, cette opposition ne trouve son explication qu'autour de l'offre de M. Ganshof, ministre résident au Congo, de formation du premier gouvernement et les potentialités de réunir une majorité parlementaire à même de soutenir le programme et l'action de gouvernement.

On se rappellera, en effet, que dès que les résultats des élections furent connus, M. Lumumba fut persuadé que la Belgique et, en particulier, M. Ganshof, mettaient tout en œuvre pour l'écarter du pouvoir. La laborieuse constitution du Cartel anti-Lumumba, soutenue par une partie de l'opinion blanche, les déclarations de ses leaders, le voyage inattendu et politiquement inexplicable de M. Kasa-Vubu à Bruxelles, l'arrivée de renforts militaires de Belgique[299], était autant d'éléments qui semblaient valider l'hypothèse d'un complot visant à

---

[298] « Le développement des oppositions au Congo » *Op. Cit.*

[299] Le « protocole en vue de la formation d'un cartel d'union nationale », signé à Léopoldville, le 10 juin 1960, concernait les partis politiques suivants : Abako, Abate, Abazi, Cerea, Conakat, Luka, Reko, Arp, Mederco, Pnp, Mnc/kalonji, MncNendaka, Psa, Puna, Rdkl, Unimo, Unibat

écarter Lumumba de la mission de former le premier gouvernement du Congo.

Ainsi apparait clairement un axe d'opposition à l'action politique de M. Lumumba, constitué autour de M. Ileo. Celui-ci, tout en comptant sur ses relations personnelles avec M. Kasa-Vubu, président de l'ABAKO, et de M. Bolikango, président de la PUNA, espérait réunir autour de lui une certaine majorité à partir de l'accord de principe qu'il avait signé au mois de mai 1960 avec le cartel BALUBAKAT — FEDEKA-ATCAR au Katanga, le MNC Kalonji au Kasai et l'Unimo de Bomboko dans l'Équateur. Ce « Cartel » anti-Lumumba303, axé sur le PUNA, le PNP (LUKA, REKO et ARIP du Kivu et MEDERCO de l'Équateur) et le MNC-Kalonji regorgeait l'essentiel de l'opposition au Gouvernement Lumumba. Ce regroupement était constitué par des partis politiques ethniques ou régionaux homogènes ou monolithiques, au niveau du pouvoir central[300].

Ces antagonismes MNC-Lumumba-Cartel, se prolongeaient même au sein du Gouvernement Lumumba et de la majorité parlementaire. En effet, au sein du Parlement, le chaos était tel qu'on ne pouvait pas déterminer avec exactitude la configuration réelle des forces de la majorité parlementaire et des forces de l'opposition en termes de sièges[301]. En effet, même si l'équipe gouverne — mentale remaniée et présentée aux chambres par M. Lumumba était composée de ministres

---

[300] Voir « Les élections législatives au Congo », *Courrier hebdomadaire du CRISP*, vol. 68, no. 22, 1960.

[301] À l'issue d'un scrutin confus, le Gouvernement n'obtint finalement que 74 voix (majorité absolue 69), c'est-à-dire très exactement le nombre atteint le mardi pour l'élection de M. Kasongo à la présidence de la Chambre. Le contenu des 74 voix ne coïncide pourtant pas : défection d'une partie du PSA sur le Gouvernement ; apport de quelques voix PNP, PUNA et ABAKC en faveur du Gouvernement. Dans l'ensemble le résultat (74 voix pour, 1 contre, 5 abstentions et 57 absences quasi toutes volontaires) était fort décevant pour le Gouvernement. L'épreuve du Sénat devait être décisive.

En dehors du MNC-Lumumba, seul le P.N.P., qui semble plus une coalition de listes qu'un parti proprement dit (il se présentait d'ailleurs sous de nombreuses étiquettes) a débordé le cadre d'une province. Tous les autres partis n'ont de voix que dans quelques circonscriptions faisant partie d'une même province, si on considère les partis qui ont plus de six sièges : c'est le cas de la Conakat, de la Balubakat, de l'Abako, de la PUNA, du CEREA ; le MNC-Kalonji déborde du Kasaï vers une circonscription du Katanga ; le PSA, de la province de Léo, vers une circonscription du Kasaï. Dans l'un et l'autre cas, ces deux derniers partis n'enlèvent point de sièges dans le district « extérieur ».

appartenant à des partis représentant plus de 120 sièges à la Chambre (sur 137) et que l'investiture était assurée à une confortable majorité, la situation est moins claire à cause d'un double facteur qui jouera contre le Gouvernement : Il s'agit en premier lieu de la négociation in extremis avec des leaders du Cartel anti-Lumumba[302] et de la tendance particulariste locale ou ethnique qui se conjugue avec les appétits individuels pour provoquer des réactions hostiles à l'équipe constituée[303]. Selon les chercheurs du CRISP, la manifestation la plus visible de ce phénomène se visualisa dans quatre épisodes :

- Lorsque M. Peti-Peti (LUKA) invita ses amis à quitter l'Assemblée par hostilité au Gouvernement alors que M. Delvaux, élu de la LUKA à Léopoldville a accepté le poste de ministre résident en Belgique ;
- Lorsque M. Nzeza-Landu, député de l'Abako, affirma que le Comité central de ce parti n'avait pas été consulté et vota contre le Gouvernement ;
- Lorsque M. Dericoyard, élu PNP de la Province Orientale, désavoua le président national, M. Bolya, ministre d'État, rallié à l'UNIMO ;
- Lorsque M. Anekonzapa (PNP) annonça l'abstention de ses amis ; lorsque les deux porte-parole de la Conakat se sont dits déçus de la représentation de leur parti et ont menacé de proclamer l'indépendance de leur province.

Quant à la tendance particulariste locale ou ethnique, conjuguée aux appétits individuels, il faut noter qu'elle déboucha sur des réactions hostiles à l'équipe constituée. Elle se manifestera de manière inquiétante : M. Mopipi menaça de pousser le Maniema à l'autonomie sous prétexte que le Maniema n'avait pas de ministre ; M. Dericoyard agita la menace de reconstitution de l'empire des Azandes, tandis que la Conakat parla d'indépendance du Katanga et que M. Kalonji manifesta l'intention de maintenir la province Muluba du Kasaï et appela les Baluba à boycotter l'administration centrale. Ces déclarations s'ajoutèrent à celles de l'Abako en faveur d'une province Mukongo et de l'Abazi en faveur d'une province du Kwilu septentrional.

---

[302] Opérée sans consultation de ce Cartel, voire sans consultation des comités des partis auxquels appartenaient ces leaders, d'où ressentiment de ceux qui étaient éliminés du Gouvernement.

[303] « La formation du premier Gouvernement congolais » *Op. Cit.*

En plus de cette double tendance, défavorable au Gouverne — ment, on assista à une sorte de désaveu de l'équipe par une partie du PSA. M. Kikeye précisa que le PSA n'entendait pas s'engager sur le choix de candidats ministres qui auraient pour effet de mériter au parti un brevet d'incompétence. Cette déclaration, visant des ministres PSA, mais de l'aile Gizenga, annonçait une abstention d'une partie du PSA et un conflit de procédure engagea finalement toute l'aile Kamitatu dans cette abstention[304].

Les deux phénomènes révèlent donc l'existence d'une opposition au sein même de la majorité parlementaire. Comment peut — on expliquer le cas de l'abstention de certains membres de l'Abako lors de l'investiture du Gouvernement Lumumba, alors que par des accords conclus la veille, celle-ci arrachait la présidence de la République, le ministère des Finances et de l'Intérieur[305]. Bien plus, l'équipe gouvernementale elle-même n'était pas solidaire et cohérente. La loyauté de certains ministres envers M. Lumumba était très douteuse et la divergence sur certaines options politiques, telle le cas de l'intervention des forces métropolitaines et la rupture des relations diplomatiques avec la Belgique était patente. C'est le cas de M. Bomboko et de M. Delvaux qui contresignèrent le décret de révocation de M. Lumumba.

17.3. Les antagonismes idéologiques : les clivages nationalistes — pro-impérialistes

Une seconde catégorie d'antagonismes politiques de la première République concerne l'identification et l'appartenance des partis politiques aux forces « nationalistes » ou aux « forces pro-impérialistes ».

L'histoire politique de la première République ne peut être comprise sans prendre en compte l'évolution de l'équilibre des forces entre nationalistes lumumbistes et « pro-impérialistes ». La gestion de ces antagonismes idéologiques, l'appréhension des anagrammes des réseaux développés par chacune de ces deux forces et ses connexions avec les forces étrangères expliqueront tous les processus des conflits

[304] « La formation du premier Gouvernement congolais. », *Op. Cit*

[305] Edmond Nzeza Landu E, fondateur de l'Abako et deux autres députés se joignirent à d'autres Parlementaires de l'opposition (PNP, CONAKAT et MNC Kalonji) pour envoyer un télégramme au roi des Belges protestant contre l'investiture du Gouvernement Lumumba.

politiques étendus sous la première République : La chute du gouvernement Lumumba et la tentative d'imposer les deux gouvernements pro-occidentaux (gouvernement Ileo et le Collège des commissaires généraux), les deux sécessions du Katanga et du sud Kasai, le réconciliation de Lovanium et l'exclusion progressive des éléments lumumbistes au sein des Gouvernements Adoula, la lutte armée des forces nationalistes lumumbistes et l'écrasement de ses élans révolutionnaires.

Ce clivage antagonique trouve ses origines dans deux faits politiques de 1959 : les élections communales prévues en décembre 1959 et le processus politique entamé par « La déclaration royale et gouvernementale du 13 janvier I959 »[306] de reconnaissance du droit à l'indépendance pour le Congo avec la réalisation préalable d'un ordre démocratique. Dans ce dernier fait politique, le cours des revendications congolaises de l'indépendance avait obligé les autorités belges à abandonner la politique de la « démocratie octroyée » et à opter pour des réformes négociées ou au moins discutées par les parties congolaises intéressées.

Ce nouveau cadre de négociations directes avec les autorités belges par l'entremise du ministre de Schrijver, qui avait d'ores et déjà annoncé un colloque général à Léopoldville qui aurait lieu entre le 20 et le 30 novembre 1959, pour discuter des reformes politiques de la transition à l'indépendance, donnait lieu à deux ensembles politiques bien distincts et diamétralement opposés.

D'une part, le MNC Lumumba, constitué en octobre I958 et dirigé par Lumumba, Ngalula, Adoula et Diomi à Léopoldville et par Kalonji au Kasaï, qui avait la prétention de réunir tous les « partis nationalistes du Congo ».

D'autre part, le Parti National du Progrès (P.N.P.), crée par « l'interfédérale de Léopoldville » au congrès de Coquilathville[307]. Ce regroupement prétendait être « la fusion des partis non extrémistes congolais, pour la création d'un grand parti du Centre ». Les principaux leaders étaient : Jean-François Iyeki, vice-président de l'interfédérale, Paul Bolya, attaché de cabinet du gouverneur de la province de Coquilhatville, Albert Delvaux, représentant du

[306] « Comment s'est développé le processus à propos du Congo », *Courrier Hebdomadaire du CRISP* 1959/44 (n° 44), p. 8-19.

[307] « Le Congrès de Coquilhatville et la création du parti national du progrès (P.N.P.) », *Courier hebdomadaire du CRISP*, vol. 41, no. 41, 1959, pp. 1-5.

Mouvement des Bayaka dans le Kwango-Kwilu et Jean-Pierre Dericoyard, président du Parti travailliste congolais.

Le PNP, appelé ironiquement « le Parti des Nègres payés » était soutenu par des colons belges. L'administration coloniale avait mis tout en œuvre pour créer et soutenir des partis prêts à accepter une indépendance de pure forme. La majeure partie de ses membres étaient en fait des « évolués » qui craignaient le radicalisme des masses. Voulant « vivre comme les Blancs », ils prônaient de laisser intactes les structures économiques du régime colonial. Le ministre Ganshof Van der Meersch déclarera plus tard : « L'administration fondait sur le PNP de grands espoirs. Mais le MNC-L disposait, en la personne de Lumumba, d'un atout supérieur à celui du PNP. Lumumba était seul à faire preuve de dynamisme [308]». Avec le temps, ce regroupement pro-impérialiste se muera en Groupe de Binza né autour du colonel Mobutu.

Par contre le Cartel MNC Lumumba était composé des forces patriotiques qui soutenaient la lutte pour « l'indépendance immédiate et totale » et pour « un Congo uni, pays fort ». Dès lors, le Cartel MNC Lumumba articulait déjà les bases idéologiques et les ressorts psychologiques du nationalisme congolais, affirmant la prédominance de l'intérêt national par rapport aux intérêts des classes et des groupes qui constituent la nation, ou par rapport aux autres nations de la communauté internationale. Ce nationalisme lumumbiste, par son discours et par son action, revendiquait le droit des « peuples du Congo » de créer une nation autonome et indépendante en raison des liens historiques, sociaux et culturels qui les unissent. Son programme politique priorisait un processus de prise de conscience des éléments constitutifs d'un Congo en tant que « communauté nationale », substrat d'un projet politique consistant à créer « une nation et une citoyenneté » congolaises.

17.4. Les antagonismes entre fédéralistes et unitaristes nationalistes

Les hommes politiques du Congo se sont toujours affrontés sur la question primordiale de la forme de l'État. Le débat entre fédéralistes et unitariste a toujours suscité de tensions et de conflits politiques.

---

[308] De Vos, P, *La décolonisation. Les événements du Congo de 1959 à 1967*, Les grands dossiers de la RTB, Éditions ABC, 1975, p.154

Tout au long de la colonisation, l'unité du Congo a été un phénomène exogène. Elle était imposée du dehors par le colonisateur et portait l'empreinte de ses objectifs économiques et de ses méthodes administratives[309]. La politique coloniale de la Belgique étant unificatrice, les structures de l'administration étaient essentiellement centralisées. Plusieurs actions politiques venaient en réponse à cette option unitariste : la création de la Force Publique intertribale, les différentes migrations de la main d'œuvre, l'attrait des villes et des milieux urbains, l'accès à la fonction publique, et surtout l'élargissement des possibilités éducationnelles, favorisaient l'émergence des sentiments qui allaient au-delà des solidarités tribales[310].

En fait, il faut placer l'émergence des thèses fédéralistes pour le Congo vers la fin 1955 en Belgique, dans un double registre :

En premier lieu, le contexte du développement du nationalisme africain[311] et le courant anticolonialiste qui déferlait sur l'Afrique depuis la libération de la Chine en 1949 et depuis le début de la guerre d'indépendance en Algérie. Les premières idées sur le fédéralisme au Congo apparaissent avec netteté dans le plan du Professeur Van Bilsen, qui deviendra le conseiller politique du président Kasa-Vubu, dénommé « Plan de trente ans pour l'émancipation politique de l'Afrique belge », dans lequel il admit l'opportunité d'une « communauté belgo-congolaise » et préconisa en outre, « d'instaurer une grande fédération congolaise, dans laquelle trouveraient leur place L'Urundi et le Rwanda, le Katanga et les autres provinces au fur et à

---

309 Yakemtchouk, R, *Op. Cit.* p.80

310 Idem, p.66

311 La Conférence Panafricaine d'Accra (du 5 au 13 septembre 1958) impulsera la lutte panafricaniste contre la colonisation. À Accra, Lumumba rencontre les dirigeants africains les plus expérimentés et les plus radicaux dont Nkrumah qui deviendra son père spirituel. Lumumba déclare à Accra :
« *Malgré les frontières qui nous séparent, nous avons la même conscience, les mêmes soucis de faire de ce continent africain un continent libre, heureux, dégagé de toute domination colonialiste. Nous sommes heureux de constater que cette conférence s'est fixée comme objectif : la lutte contre tous les facteurs internes et externes qui constituent un obstacle à l'émancipation de nos pays et à l'unification de l'Afrique. Parmi ces facteurs, on trouve le colonialisme, l'impérialisme, le tribalisme et le séparatisme religieux qui, tous, constituent une entrave sérieuse à l'éclosion d'une société africaine harmonieuse et fraternelle* »
http://www.deboutcongolais.info/dossier-Lumumba.htm

mesure qu'ils deviendraient des pays autonomes[312]», sa ligne argumentaire tendant à rejeter l'idée d'une décentralisation politique de Bruxelles vers Léopoldville, mais une énergique décentralisation de Léopoldville vers les « pays congolais autonomes ».

En second lieu, les manœuvres stratégiques du colonat belge pour préserver ses intérêts socio-économiques et pérenniser sa présence en Afrique. Les regroupements des colons belges (Ucol — Union des colons, FEDACOL, Fédération des colons) soutenaient une politique de présence européenne en Afrique centrale, préconisant une alliance avec la Belgique, sous la forme d'une communauté belgo-congolaise. Les propos de Romain Yakemtchouk, illustrent bien le contexte et les velléités de ce deuxième registre :

> « *Alors qu'au nom d'identités coutumières et sous le couvert de la décentralisation et du fédéralisme, des solutions autonomistes ont été préconisées comme une formule de rechange, ambitionnant de faciliter la difficile épreuve de la décolonisation, visant aussi à prolonger par cette voie la présence des Belges en Afrique centrale et à leur assurer une place et un statut dans les nouvelles structures du Congo.* [313]»

Ce nationalisme naissant fut échafaudé progressivement par les premiers intellectuels de l'Université de Lovanium, réunis autour de leur périodique « la Conscience africaine », tissant une conception unitariste du Congo. En réaction aux plans belges de M. Van Bilsen, au projet fédéraliste de P.H Spaak, ministre aux Affaires étrangères du gouvernement socialiste libéral présidé par Van Acker, et aux idées du professeur Arthur Doucy[314] qui prétendaient morceler le Congo, ces intellectuels déclarèrent dans le Manifeste de Conscience africaine en juillet 1956[315]:

---

[312] Van Bilsen, A. A. J. (1956) : « Un plan de trente ans pour l'émancipation politique de l'Afrique belge » *Extrait des Dossiers de l 'Action sociale catholique*, février 1956.

[313] Yakemtchouk, R, *Op.Cit.*

[314] Secrétaire général de l'institut Solvay, le professeur A. Doucy, lequel est devenu le conseiller principal de la Balubakat de J. Sendwe. Il s'appuiera sur les structures de l'Université d'Élisabethville, créée en 1956 comme contrepartie de Lovanium, et dans laquelle l'Université de Bruxelles exerçait une grande influence.

[315] Ndaywel E Nziem, I, « Aux origines de l'éveil politique au Congo belge : Une lecture du manifeste Conscience africaine (1956) cinquante ans après », *Présence africaine*, vol. 173, no. 1, 2006, pp. 127-144.
Lire aussi, B. Fele, « Le manifeste de "Conscience africaine", *Présence africaine* 1956/6 (N° XI), p. 146-147.

« Il serait vain de vouloir baser notre sentiment national sur l'attachement à un passé révolu. C'est vers l'avenir que se tournent nos regards. Nous ne demandons pas seulement un plan d'émancipation politique, mais un plan global d'émancipation totale. Nous n'avons qu'une seule chance de faire triompher notre cause. C'est d'être et de rester unis ».

Ce document articulait pour la première fois les bases du nationalisme congolais, appelant à la nécessité de transcender les consciences ethniques et tribales afin d'éclore les sentiments de solidarité nationale, ferments d'un projet de la nouvelle nation congolaise, libre, moderne et démocratique.

Par contre, au-delà du fédéralisme promu par le colonat à partir du Katanga, il faut souligner que jusqu'en janvier I959, les nationalistes congolais sont unanimement antifédéralistes, car le fédéralisme, c'est à leurs yeux, le séparatisme katangais. La déclaration gouvernementale était fondée sur l'hypothèse d'un Congo unitaire (avec, éventuellement des formes de décentralisation administrative). Le but était d'éviter les tendances centrifuges et de créer un pays puissant et uni au centre de l'Afrique. C'est l'ABAKO qui viendra remettre en question cette hypothèse unitaire et réintroduire par le biais de son projet de République du Kongo central, l'hypothèse fédéraliste[316]. En effet, à partir du début 1959, M. Kasa-Vubu et l'ABAKO diffusaient des thèses marquées par un régionalisme tribal, qu'ils confondaient avec le fédéralisme. Pour les dirigeants de l'ABAKO,

« La véritable structure représentative des populations autochtones ne peut se faire qu'à l'échelle ethnique. La nation congolaise, sera formée librement et de commun accord avec toutes les peuplades du Congo. L'unité du Congo que nous admettons en principe serait souhaitable dans le sens d'une sorte de fédération des entités provinciales autonomes ».

En réalité, ces thèses s'imbriquaient entre une unité économique et une diversité géographique, sociale et politique :

« L'unité économique du Congo existe et doit être conservée, la prospérité de l'ensemble étant liée au maintien impératif du marché unique, condition indispensable de l'expansion industrielle. L'unité politique, par contre, du fait de la diversité d'évolution des populations

[316] « Comment s'est développé le processus à propos du Congo », *Op. Cit.*

comme de la situation géographique différente, doit se concevoir sous une forme suffisamment souple. [317]*».*

Fait paradoxal, plus tard, à la fin de la période coloniale, dans le processus de la quête du pouvoir, les leaders fédéralistes abandonnèrent très rapidement la défense de leurs intérêts régionaux pour la poursuite d'objectifs nationalistes. A la « Table Ronde » de 1960, où fut négociée la future constitution du pays, l'idée d'un Congo unifié fut rapidement déclarée non-négociable. En rejetant un système qui voulait donner davantage de pouvoirs aux provinces, le politicien Joseph Iléo déclara, par exemple, que « la conférence n'a certainement pas pour objectif de préparer l'éclatement du Congo ». La plupart des élites régionales échangèrent ensuite leurs demandes séparatistes ou fédéralistes pour des postes dans l'administration nationale[318]

---

[317] « Tendances politiques au Congo », Courrier hebdomadaire du CRISP, vol. 18, no. 18, 1959, pp. 13-17.

[318] Englebert, P, « Souveraineté, sous-développement et le paradoxe nationaliste congolais », Mondes en développement, vol. no 123, no. 3, 2003, pp. 63-87.

« Joseph Kasa-Vubu, dont l'Association des Bakongo (ABAKO) avait annoncé précédemment la création d'une "République du Kongo Central" fondée sur l'identité bakongo, se vit offrir la présidence du Congo par les Belges qui craignaient son séparatisme. En échange d'un tel accès au cœur de l'État, il effaça toute référence à l'autonomie ou à l'irrédentisme bakongo de son discours public. Moïse Tshombé suivit la même logique quelques années plus tard. Après avoir rejeté l'idée nationale et lancé la sécession du Katanga de 1960 à 1963, il accepta finalement le poste de Premier ministre congolais en 1964, échangeant ses aspirations régionales autonomistes pour un accès central au pouvoir d'État. Et Albert Kalonji, qui fut président du "Grand État minier du Sud-Kasaï" de 1960 à 1962 devint plus tard ministre de l'Agriculture du Congo.

CHAPITRE 18

Les conditionnements de la politique étrangère pour le Congo. Le triangle Congo, Belgique et l'ONU

Nul ne peut ignorer l'incidence de la politique internationale agissant sur la scène politique congolaise. Dans le décryptage de la crise politique congolaise, la vision géostratégique et les intérêts politiques de la Belgique, de l'Organisation des Nations Unies et des pays dits « progressistes » au sein de l'OUA sont aussi des conditionnements d'une portée importante à la fois d'intensification, de gestion ou de résorption de la crise politique congolaise de la première République. Les trois instances étaient des acteurs très mobilisés au Congo à travers des partenaires politiques internes.

18.1. La politique belge du Congo. Les ambigüités de l'indépendance

Dès la fin de la guerre en 1945, le ministère des Colonies était devenu un portefeuille important du gouvernement belge. Il était chargé d'élaborer la doctrine et les principes de la politique coloniale de la Belgique envers ses trois colonies : le Congo, le Rwanda et l'Urundi. Jusqu'au 30 juin 1960, dix personnalités se succédèrent à la tête de ce ministère[319]. Étant un champ politique important de l'action du Gouvernement, la politique coloniale était, en grande mesure, conditionnée à la fois par l'opinion publique belge[320], par les pressions

[319] Les trois derniers, Léon Pétillon, Maurice Van Hemelrijck et Auguste de Schryver eurent un impact profond sur la politique coloniale.

[320] Jacquemyns G. « Le Congo belge devant l'opinion publique. Bruxelles » *Institut Universitaire d'Information Sociale et Economique,* n° 2-3, 1956

des divers groupes parlementaires d'opposition, par les syndicats des colons et par les milieux financiers[321].

Le pragmatisme fut la marque de la gestion coloniale belge. Il fut aussi celui de la décolonisation. L'alliance entre l'État, l'Église catholique et l'administration a longtemps permis au système colonial belge de réaliser ses objectifs sociaux et économiques. C'est le chapitre sur la décolonisation du Congo qui constitua le plus grand casse-tête de ce ministère.

18.2. Le décalage de la doctrine coloniale belge et l'échec de la décolonisation

Pour analyser la période où la compétition politique se noue au Congo et où le thème de l'indépendance ou de l'émancipation est développé par des groupes actifs, il faut considérer à la fois les initiatives des Africains et les courants dans la nation colonisatrice[322]. N'étant pas préparé, le transfert des pouvoirs de l'État belge vers le Congo indépendant se fit dans l'incohérence des décisions que prirent les responsables congolais et belges. L'impréparation de la décolonisation par les autorités belges a eu des conséquences néfastes sur son déroulement. L'accession du Congo à l'indépendance ayant été conçue et préparée tardivement, sa réalisation se fit dans une précipitation pleine d'aléas. L'absence de doctrine de la Belgique fut patente[323]. Par ailleurs, il faut noter que ce manque de prévision est le corollaire du paternalisme colonial de la Belgique. Ce système éhonté avait accumulé une tension que l'indépendance ne pouvait libérer.

« Le programme qui visait à élever de manière progressive et horizontale le niveau d'instruction des Congolais n'avait guère permis de former une élite intellectuelle. L'absence de transition entre le régime colonial et la

---

[321] Vanthemsche, G. *La Belgique et le Congo (1885-1980) : L'impact de la colonie sur la métropole*, Le cri de l'Histoire, Bruxelles, 2010
Voir aussi, Gérard-Libois, J, et Verhaegen B. « Le Congo. Du domaine de Léopold II à l'indépendance », *Op.Cit.*

[322] Gérard-Libois, J, et Verhaegen, B. « Le Congo. Du domaine de Léopold II à l'indépendance », *Op. Cit.*

[323] Brassinne de la Buissière, J, Dumont, G-H, « Les autorités belges et la Décolonisation du Congo », *Courrier hebdomadaire du CRISP* 2010/18 (n° 2063-2064), p. 9-117

pleine souveraineté fut aggravée par l'inexpérience et l'impréparation des hommes politiques pour les tâches de gouvernement.[324] »

Sur le plan des faits politiques, le processus de décolonisation s'amorce à la suite des événements graves et meurtriers et anti-belges du 4 janvier 1959[325] et par la reconnaissance du droit à l'indépendance du Congo belge, contenu dans le message royal du roi Baudouin Ier simultanément diffusé au Congo et en Belgique le 13 janvier 1959 : « conduire, sans atermoiements funestes, mais sans précipitation inconsidérée, les populations congolaises à l'indépendance dans la prospérité et la paix[326]. » En effet, le mouvement de décolonisation s'accéléra en Belgique et au Congo, au lendemain des émeutes de Léopoldville des 4 et 5 janvier 1959 : la cristallisation s'y était faite autour du thème de l'indépendance ; les foules se mirent en mouvement dans les quartiers surpeuplés des communes congolaises où sévissait aussi un chômage massif parmi les jeunes ; la Force publique fut requise et, selon la commission d'enquête parlementaire, l'affrontement et le ratissage des cités firent 49 morts et 290 blessés[327].

Conséquemment au message du roi du Baudouin Ier, le gouvernement belge fit devant les chambres une « déclaration gouvernementale sur l'avenir du Congo[328] » par laquelle il s'engageait à :

« Organiser au Congo une démocratie capable d'exercer les prérogatives de la souveraineté et de décider de son indépendance. Le pouvoir de décision leur sera progressivement reconnu dans des domaines de plus en plus vastes et dans des formes démocratiques, au fur et à mesure de la transformation des institutions, qui s'accomplira de manière progressive, mais accélérée ».

Dans leur analyse de ce processus de décolonisation, Jacques Brassinne de la Buissière et Georges-Henri Dumont observent qu »

---

[324] Gendebien, P-H, *L'intervention des Nations Unies au Congo. 1960-1964*, Walter de Gruyter, 1967

[325] Marres J, et de Vos P. *L'équinoxe de Janvier et ses suites*, éd. Euraforient, Bruxelles, 1959

[326] Perin, F, « Le message radiophonique du Roi du 13 janvier 59. Problèmes constitutionnels », *Courrier hebdomadaire du CRISP*, vol. 3, no. 3, 1959, pp. 10-12.

[327] Gérard-Libois, J, et Verhaegen, B, « Le Congo. Du domaine de Léopold II à l'indépendance », *Op.Cit*

[328] « La déclaration gouvernementale sur l'avenir du Congo », *Courrier hebdomadaire du CRISP*, vol. 5, no. 5, 1959, pp. 4-9.

« Au-delà de cette impréparation, la constante qui marqua la doctrine belge pendant les deux dernières années de la colonisation, fut le décalage existant entre la politique préconisée par les gouvernants et le temps pris pour la mettre en œuvre. Cette situation fut source d'incompréhension pour les leaders nationalistes congolais. Leurs réactions et l'impact du nationalisme, dont les conséquences étaient prévisibles, ne furent pris en compte à leur juste valeur que très tardivement par Bruxelles et Léopoldville[329] ».

En réalité, le gouvernement n'avait pas bien mesuré l'ampleur et l'intensité du nationalisme congolais naissant. Pour ces nationalistes, qui déploraient n'avoir pas été associés au contenu de cette déclaration gouvernementale, il ne s'agissait là que de promesses et de manifestations de bonnes intentions. Le manque de concrétion d'un calendrier venait corroborer le point de vue des nationalistes. Alors, ce que désormais intéressaient le Congo et les Congolais était moins la mise en place des institutions destinées à calmer les esprits que l'indépendance elle-même, voulue « immédiate, totale et inconditionnelle ». Les événements se précipitèrent dans ce sens et la lutte prit dès lors des dimensions insoupçonnées et inattendues[330].

De plus, en matière de doctrine, les abandons successifs des positions gouvernementales arrêtées avant la Table ronde furent multiples. La date de l'indépendance fut acquise sans accord préalable sur son contenu, ni sur les structures politiques du futur État, ni sur la notion d'indépendance. Celle imaginée par le gouvernement belge ne recouvrait pas celle des délégués congolais. Ces derniers même s'ils étaient peu expérimentés, avaient parfaitement compris que le gouvernement belge redoutait par-dessus tout l'échec de la Table Ronde. Il était impensable qu'ils rentrent à Léopoldville les mains vides. Ainsi, la Belgique accorda l'indépendance à sa colonie sans que celle-ci soit préparée à l'exercice de la souveraineté[331].

18.3. L'action belge contre le gouvernement Lumumba et « l'élimination politique » de Lumumba

La méfiance et l'antipathie entre Lumumba et les autorités belges étaient évidentes et réciproques.

---

[329] Brassinne de la Buissière, J, et Dumont, G-H, *Op.Cit*

[330] Ngoy-Ndouba, K, *Op. Cit.*

[331] Brassinne de la Buissière, J, et Dumont, G-H, *Op.Cit*

Tout d'abord, on se souviendra, les tentatives du ministre Ganshoff d'écarter Lumumba de la mission de formateur du premier gouvernement congolais. Malgré sa victoire électorale, M. Lumumba était déchargé de sa mission d'informateur et remplacé par M. Kasa-Vubu qui recevait la mission de formateur[332]. Ce n'est qu'après l'échec de M. Kasa-Vubu de constituer un gouvernement large, plusieurs leaders politiques ayant refusé de participer à un gouvernement qui ne serait pas constitué par Lumumba, que le ministre Ganshoff avait résolu de confier à Lumumba la mission de formateur du gouvernement. Il le fit après que Lumumba ait démontré sa force de frappe lors de la constitution des bureaux des Chambres (tous ses candidats avaient recueilli la majorité absolue, plus 7 ou 8 voix) et surtout sous la menace de Lumumba de se présenter unilatéralement devant les Chambres et demander la confiance pour son « un gouvernement populaire ».

La configuration du gouvernement Lumumba devait, à plus d'un titre, inquiéter les intérêts belges au Congo, car les éléments nationalistes « durs » détenaient des postes dominants au sein du premier Gouvernement (P. Lumumba, A. Gizenga, P. Mulele, A. Kashamura, M. Mpolo, Ch. Gbenye). Certaines clauses et engagements du traité d'amitié entre la Belgique et le Congo, signé à Léopoldville le 29 juin 1960, semblaient déjà remis en question : la question des bases militaires, de l'assistance militaire et du droit de dénonciation des accords. Le discours de M. Lumumba prononcé au Parlement devant ses hôtes étrangers, le 30 juin, devait provoquer plus que de l'inquiétude dans les milieux belges, malgré le toast « compensatoire » porté au roi le même jour par Patrice Lumumba et le discours modéré du chef de l'État congolais.

Ensuite, la rupture des relations diplomatiques, décidée par le chef de l'État et le chef du gouvernement congolais le 14 juillet 1960 suite à l'intervention des troupes belges sans autorisation du gouvernement congolais lors de la mutinerie de la Force Publique, fut interprétée en Belgique comme une manifestation anticipée de radicalisation des forces politiques nationalistes et anti-belges. Ainsi à partir de ces indices ou présomptions de radicalisation des nationalistes congolais, les décisions politiques prises en Belgique seront fortement influencées par l'opinion publique belge, souvent mal informée et qui n'était pas tendre dans le jugement qu'elle portait sur les événements

[332] « La formation du premier gouvernement congolais », *Op. Cit.*

qui se sont déroulés au Congo après l'indépendance. Sur le plan politique, on ne pouvait pas justifier une position strictement attentiste face aux graves dangers auxquels étaient exposés plusieurs dizaines de milliers d'Européens installés au Congo. La Belgique s'inquiéta des pertes économiques et financières que pouvait entraîner la crise du Congo. En effet, certains groupes financiers belges possédaient des intérêts considérables au Congo. L'attention du pouvoir exécutif a fréquemment été attirée sur ce point.

C'est dans ce contexte que la Belgique avait décidé d'instrumentaliser les leaders du cartel anti-Lumumba pour saboter l'action du gouvernement Lumumba. On comprendra alors aisément le rôle joué par les éléments du cartel anti-Lumumba dans la chute de son gouvernement et la tentative d'imposer le Gouvernement Iléo ou le Collège des commissaires généraux. Plus grave encore, le Rapport fait au nom de la Commission d'enquête parlementaire chargée de déterminer les circonstances exactes de l'assassinat de Patrice Lumumba et l'implication éventuelle des responsables politiques belges dans celui-ci, établit que pour financer la politique menée contre le gouvernement Lumumba, le gouvernement belge recourut aux « fonds secrets », dont certains ont été approuvés par le Parlement, et d'autres, pas. Ces fonds ont servi à subventionner la presse d'opposition, à fournir un soutien à des hommes politiques, à financer des campagnes radiophoniques (radio Makala)[333] à mettre sur pied des actions *undercover*. Ces fonds secrets étaient gérés au cabinet des ministres successifs des Affaires africaines. Il est impossible de déterminer l'origine de quelque cinquante millions de francs.

Pour la mise en application du projet « d'élimination politique » de Lumumba, le ministre des Affaires étrangères Wigny envoya le diplomate André Wendelen au Congo afin de sonder Bomboko en vue d'un coup d'État ; le ministre sans portefeuille Ganshof van der Meersch envoya aussi un agent de la sûreté de l'État (Athos) au Congo afin qu'il fasse un travail de déstabilisation politique en coulisses. Il faut noter que la chute du gouvernement Lumumba n'était pas en soi l'objectif ultime. Ludo de Witte, dans son célèbre livre « l'assassinat de Lumumba »[334] avait démontré que la Belgique était

---

[333] Une véritable coalition d'opposition anti-lumumbiste s'était constituée à Brazzaville avec l'aide discrète de la Belgique et le soutien du Katanga. Elle disposait d'un émetteur radio – radio Makala — qui déversait, par-delà le fleuve, un flot de propagande contre le Premier ministre Lumumba et ses collaborateurs.

[334] De Witte, L, *L'assassinat de Lumumba*, Kathala, 1999

résolue à empêcher tout retour aux affaires de Patrice Lumumba. « L'élimination politique devant entrainer, *ipso facto*, l'élimination physique.

18.4. Les arrière-pensées de l'indépendance : le Katanga, la structuration confédérale du Congo et la Communauté belgo-congolaise

La Belgique entendait-elle accorder aux Congolais une indépendance réelle ou espérait-elle une sorte de cogestion entre les deux gouvernements sur le nouvel État ? L'indépendance improvisée, sans transition, était-elle un cadeau empoisonné pour le Congo ? Les développements ultérieurs des faits politiques qui ont mis aux prises les deux États feront douter de la sincérité de la Belgique à l'égard du jeune État congolais. Les velléités continuistes ou « la récupération coloniale » étaient, dès lors, évidentes.

En toute certitude, l'indépendance avait mis à mal les intérêts des capitalistes belges. Avec l'indépendance, la Belgique perdait la place que l'accumulation des richesses produites dans sa colonie lui avait permis d'occuper au cœur du monde capitaliste. La déstabilisation du Congo restait pour eux un choix incontournable, car :

> *« Grâce à son empire colonial, la Belgique a tenu sur le plan international un rôle disproportionné à l'exiguïté de son territoire et au nombre de ses habitants [...]. Les richesses du Congo ont donné la possibilité au capitalisme belge de rivaliser dignement avec des États impérialistes des plus puissants.*[335]*. »*

Par ailleurs, sur le plan économique par exemple, la Belgique avait laissé une lourde charge aux Congolais au titre du passif et de la dette publique coloniale. L'empressement de la Belgique à rapatrier ses effectifs des secteurs sanitaire, administratif et de l'enseignement (entre autres) sans se préoccuper de leur remplacement, était un signe avant-coureur de l'asphyxie économique du jeune État. Les négociations des deux Tables Rondes de Bruxelles (politiques économiques) n'avaient pas abordé ni résolu le problème des

---

[335] Propos de M. Jean Terfve, ancien ministre et député communiste belge publié dans la Nouvelle Revue Internationale de mai 1961. Cet article intitulé « Aspects du problème congolais » a été repris dans la revue « Remarques congolaises », Hebdomadaire africain d'information et de documentation, n° 26-27 du 7 juillet 1961.

prolongements économiques qu'allaient engendrer les mutations qu'implique pour une collectivité le passage de l'assujettissement colonial à l'indépendance et de pallier « l'effet de domination » que les nations industrialisées risquaient d'exercer à l'égard du Congo, alors en pleine voie de développement[336]. La Belgique n'avait pas envisagé la possibilité pour les nouvelles autorités politiques congolaises de refuser de reprendre l'ensemble des éléments passifs du bilan colonial, dont la dette publique. C'est la source du fameux contentieux financier belgo-congolais.

Sur le plan politique, l'intervention directe et explicite de la Belgique dans le processus de structuration et consolidation de la sécession katangaise et du Sud Kasaï met à nu ces « arrière-pensées ». Ainsi, la lutte du gouvernement belge contre le gouvernement Lumumba se prolongeait sur un autre front : Le Katanga. Ce n'est pas tant le soutien de la sécession en soi qui constitue un objectif à cet égard que la restructuration confédérale du Congo, par lesquels le gouvernement belge espère enlever à Lumumba et à son mouvement unitaire, le MNC, le fondement de leur pouvoir et la base économique de celui-ci. Le soutien apporté par la Belgique à la sécession du Sud-Kasaï et les projets visant à créer un Congo fédéral ou confédéral s'inscrivent également dans ce cadre. Cette intervention politique était secondée de l'appui logistique et financier des grandes entreprises belges aux sécessionnistes, l'Union Minière, opérant au Katanga et la Forminière au Sud Kasaï. En privant le gouvernement Lumumba des recettes, ces deux entreprises ont fourni les moyens nécessaires pour consommer la sécession.

La politique belge d'encadrement de la sécession katangaise s'opérait et se matérialisait à travers la Mission Technique Belge (MISTEBEL), accréditée à Élisabethville dès le 20 juillet 1960 avec à sa tête le Comte Harold d'Aspremont-Lynden, Chef de Cabinet du Premier ministre. La MISTEBEL avait deux objectifs principaux : l'un d'ordre militaire et sécuritaire, pour consolider les frontières du Katanga et l'autre, d'ordre politique et diplomatique pour restructurer politiquement et diplomatiquement le Katanga. Au volet de la restructuration politique du Katanga, il faut mentionner le rôle très actif joué par le professeur liégeois, René Clemens, conseiller politique de M. Tshombé, avec ses collaborateurs de la FULREAC (Fondation de l'Université de Liège pour les recherches scientifiques

[336] Lejeune C. « Le contentieux financier belgo-congolais », *Op. Cit.*

au Congo, au Rwanda et au Burundi), agissant aussi sous le parapluie de la MISTEBEL. René Clemens élabora une Constitution katangaise, en rupture totale avec la Loi Fondamentale du 19 mai sur les structures politiques du Congo.

La préservation des intérêts économiques de la Belgique au Katanga était un élément essentiel dans l'intelligibilité de la genèse et le développement du séparatisme katangais. Tel était le projet de société et l'action politique d'un associé puissant de la CONAKAT, l'Union Katangaise, parti fédéraliste européen, dirigé par M. A. Gavage, qui demanda son adhésion à la CONAKAT vers le milieu de l'année 1959. Ce mouvement politique des Européens du Katanga, qui dictait de facto les positions politiques de la CONAKAT, centrait sa lutte politique autour de l'idée d'une association du Congo avec la Belgique, « une communauté belgo-congolaise, qui constituera le cadre institutionnel », car disait-on, Le Congo aurait tout intérêt à rester associé avec la Belgique, la personne de Sa Majesté le Roi des Belges pouvant former le symbole de l'Association entre les deux pays.

En réalité, l'idée d'une communauté belgo-congolaise n'était aucunement opérationnelle sous la formule d'une séparation radicale du Katanga et une indépendance totale du reste du Congo. C'est pourquoi la Constitution katangaise du professeur René Clemens articulait le principe d'association « avec d'autres contrées de l'ancien Congo belge pourvu qu'elles soient elles-mêmes organisées politiquement dans le respect de l'ordre et du droit. » Ainsi, L'État du Katanga s'engagea à ouvrir des négociations pour constituer avec elles une confédération sur l'égalité des partenaires. Dans ce sens, on peut affirmer, en s'alignant avec les analystes du CRISP, que la sécession katangaise était :

> *« Une opération transitoire permettant de mettre le Katanga à l'abri du lumumbisme (identifié par eux au chaos politique ou à la soviétisation du Congo) dans l'attente du moment propice pour une reconstruction du Congo, laquelle devrait se réaliser, dans un cadre fédéral ou confédéral, et dont le Katanga constituerait le noyau de base et le pôle de développement »*[337].

Ainsi, selon les thèses belges, la reconstruction du Congo se ferait à partir d'Élisabethville et non de Léopoldville ; par le mécanisme de

337 « La politique "katangaise" de la Belgique. (Juillet 1960 - Décembre 1962) I », *Op.Cit.*

l'assistance financière et technique du Katanga aux autres provinces du Congo, Élisabethville pourrait imposer à la fois sa conception concernant la structure de l'État et l'ordre social.

Cette option de restructuration confédérale du Congo à partir du Katanga exigeait inconditionnellement un rapprochement et une entente avec les « modérés » représentant une partie de la province de Léopoldville, le Kasaï, l'Équateur et le Sud-Katanga, pour faire face à la menace lumumbiste, à la résolution de l'ONU de février 1961 et au plan américain de M. Stevenson concernant la réorganisation des forces armées au Congo. C'est l'explication qu'il fallait donner à la conception de la conférence de la Table Ronde de Tananarive (le 8 mars 1961). Ces accords de Tananarive ne constituèrent guère qu'un moment de cristallisation de ce front commun anti-lumumbiste et anti-ONU.

18.5. La controverse autour de l'intervention de l'ONU au Congo

Une large et intéressante littérature académique a interrogé les implications politiques des interventions de l'ONU au Congo :

Elle s'est efforcée d'analyser les graves difficultés politiques rencontrées par les Nations Unies dans l'accomplissement de leur mission au Congo, des réponses qui y ont été données par l'Organisation internationale à travers ses interventions ainsi que la violence des réactions qu'elles ont provoquées de la part de certains États membres.[338]

Nous n'avons pas l'intention, dans ces remarques conclusives, de faire un condensé et une synthèse bibliographique. Nous sommes mus par un double intérêt : d'une part, saisir le développement et les conséquences qui découlent des interactions entre les autorités congolaises et les instances de l'ONU quant à la gestion de deux préalables politiques posés à l'intervention des troupes des Nations

---

[338] Voir par exemple :
- Virally M. « Les Nations Unies et l'affaire du Congo, aperçu sur le fonctionnement des Institutions », *Annuaire français de droit international*, Volume 6, 1960. pp. 557 — 597.
- Gendebien, P-H. *L'intervention des Nations Unies au Congo. 1960-1964*, Walter de Gruyter, 1967
- Leclercq, C. *L'ONU et l'affaire du Congo*, Payot, Paris, 1964
- Mimer, B. *The UN force in the Congo. A Political Analysis*, March, 1963

Unies au Congo : l'exigence de la fin de la sécession katangaise et la position de l'ONU face à la querelle Lumumba-Kasa-Vubu (54.2.2). D'autre part, la gestion du conflit entre Léopoldville et les Nations Unies (59,1).

Avant d'aborder ces deux interrogations, il convient, à titre introductoire, de contextualiser le processus d'intervention des troupes des Nations Unies au Congo (59,1). On se souviendra que l'initiative politique qui avait déclenché l'opération des Nations Unies a été le fait du Gouvernement congolais lui-même et cette requête constitue une base juridique de l'action des Nations Unies qui déterminera en partie la relation entre celles-ci et le Congo[339].

18.5.1. Le processus d'intervention des troupes des Nations Unies au Congo

Tout commence le 10 juillet quand des parachutistes belges atterrissent au Congo à la suite de la mutinerie de certains éléments de la force publique belge et des agressions dont ont été victimes des ressortissants belges. Le secrétaire général des Nations Unies, Dag Hammarskjöld, par l'entremise de son adjoint chargé des questions politiques, Dr Ralph Bunche, est saisi d'une requête « officieuse » formulée par le président Kasa-Vubu et le Premier ministre Lumumba sollicitant « une assistance technique dans la réorganisation de l'administration et de l'armée congolaise ». Cette première requête du 10 juillet ne visait nullement une aide militaire pour rétablir la paix.

Pendant que Monsieur « H » négociait avec Léopoldville d'officialiser une requête en bonne et due forme pour intervenir au Congo dans le cadre flexible et général du Programme d'assistance technique des Nations Unies, lequel n'exigeait pas le recours au Conseil de Sécurité des Nations Unies, les événements dégénérèrent davantage sur le terrain. Le 11 juillet, des troupes métropolitaines belges intervenaient à Matadi et M. Tshombe proclamait l'indépendance du Katanga, encadré par des officiers militaires belges. La requête officieuse du 10 juillet se trouvait dépassée par les événements.

Ainsi le 12 juillet 1960 le président Kasa-Vubu formulait officiellement une autre requête au secrétaire général Dag

[339] Gendebien, P-H, L'intervention des Nations Unies au Congo. 1960-1964, *Op. Cit.*

Hammarskjöld précisant le besoin d'une aide militaire pour faire face à un acte d''« agression de la Belgique », en violation du traité d'amitié signé le 29 juin 1960, qui de plus, a préparé minutieusement la sécession du Katanga. Le 13 juillet, une autre requête précisait les modalités de l'aide réclamée. Cette requête insistait surtout sur le fait qu'elle n'était pas requise pour rétablir la situation intérieure du Congo, mais bien une protection contre une agression étrangère de la Belgique. Il faut noter que la Résolution 143 du 14 juillet, adoptée sans opposition et expressément approuvée par la suite par le gouvernement congolais, ne tient que très partiellement compte de ces précisions, puisqu'elle se borne à inviter le gouvernement belge à retirer ses troupes et décide qu'une assistance militaire ne sera fournie par les Nations Unies qu'autant que les forces nationales de sécurité ne seront pas capables de remplir pleinement leurs tâches[340].

C'est à ce niveau que la doctrine a convergé en signalant que les trois requêtes formulées par le gouvernement congolais étaient ambiguës et ne reflétaient en rien les besoins objectifs de l'État Congolais qui étaient d'ordre politique et technique, que le professeur Gendebien articule en trois volets :

- La protection politique de l'État
- La garantie internationale de sa viabilité
- La consolidation de ses structures politico-administratives

Le processus d'intervention des Nations Unies au Congo avait profondément divisé l'ONU. L'affaire Congo avait alors mis au défi la propre utilité et la pertinence des actions des Nations Unies pour la garantie de la paix. Comment l'intervention des Nations Unies devait-elle concilier sa vocation et son exigence de protection internationales, dans l'intérêt de la paix et de la sécurité internationales, au — quel est consacré l'article 99 de la Charte de San Francisco et non pas seulement dans l'intérêt du Congo ? Le grand dilemme.

En effet,

> *« dans un conflit politique interne comme celui du Congo, même s'il est doublé d'un conflit à caractère international, le principe de la non-intervention devient une fiction du moment qu'une force internationale est chargée de maintenir l'ordre. Par la force des choses, l'O.N.U.C.*

---

[340] Virally M, Les Nations Unies et l'affaire du Congo, aperçu sur le fonctionnement des Institutions. Annuaire français de droit international, volume 6, 1960. pp. 557-597.

aurait été contrainte d'intervenir dans les affaires intérieures congolaises, mais le secrétaire général Dag Hammarskjöld n'en est jamais convenu officiellement par souci de respecter la Charte.[341]*. »*

C'est en tenant compte de l'attitude et des antagonismes des membres du Conseil de sécurité des Nations Unies face aux initiatives, interprétation des résolutions et finalement l'action du Secrétaire général de l'ONU, que Michel Virally[342] recoupe en deux temps le processus d'intervention de l'ONU au Congo.

Le premier temps est celui du consensus des membres des Nations Unies sur la mission au Congo. En effet, les opérations de déploiement de l'O.N.U.C. sur le territoire congolais, le retrait des troupes belges et le lancement de l'opération d'assistance civile n'avaient pas suscité de sérieuses divergences. Celles-ci apparurent avec une certaine netteté sur la nature de l'action entreprise, en particulier à propos de l'entrée au Katanga. Des critiques furent adressées au Secrétaire général et au Commandement des Nations Unies, mais elles restèrent mineures et modérées. L'action de M. Dag Hammarskjöld fut chaudement approuvée au cours des débats et le fut formellement par les résolutions des 22 juillet et 9 août, adoptées sans opposition et votées notamment par l'Union soviétique.

Le second temps est le temps de la discorde. Il est marqué par un changement d'attitude qui commence à se dessiner dans la seconde quinzaine d'août 1960. Le sens du vote devient antagonique entre certains membres lorsqu'une crise éclate dans les rapports entre le Secrétaire général et M. Lumumba, qui exigeait de l'O.N.U.C. la fourniture des moyens militaires nécessaires à sa lutte contre les éléments sécessionnistes du Katanga et du Kasaï. Dans sa revendication, le Premier ministre est soutenu par le représentant soviétique, qui critique l'interprétation du Secrétaire général. Au même moment, de graves accusations sont portées sur les conditions dans lesquelles se déroule l'opération civile. Toutefois, c'est seulement après la rupture ouverte entre les deux chefs de l'exécutif congolais, le 5 septembre, que les choses vont prendre un autre cours. Plus ou moins rapidement, plus ou moins ouvertement, la plus grande partie des membres de l'Organisation vont se diviser en deux groupes, soutenant respectivement M. Lumumba et M. Kasa-Vubu.

[341] Voir l'article de Micheline Paunet dans le journal Le Monde diplomatique : « L'intervention de l'O.N.U. au Congo a-t-elle surtout servi les intérêts de l'Occident ? » Octobre 1967

[342] Virally, M, Les Nations Unies et l'affaire du Congo, *Op.Cit.*

L'opposition entre ces deux groupes était encore voilée lors de la session extraordinaire d'urgence qui se termina par le vote d'une résolution à l'unanimité moins 11 abstentions. Elle ne fit que s'aggraver par la suite et connut ses moments les plus âpres lors du débat sur les pouvoirs de la délégation nommée par M. Kasa-Vubu, acceptée le 22 novembre par 53 voix contre 24 et 19 abstentions, et au cours de la discussion consécutive à l'arrestation de M. Lumumba, en décembre. Cette dernière discussion se termina dans le vide, la majorité requise n'ayant pu être atteinte pour aucun des projets de résolution en présence.[343]

18.5.2. L'ONU et la fin de la sécession katangaise

Le sort de la sécession katangaise se joua principalement au siège des Nations Unies à New York. La demande d'assistance militaire adressée au Secrétaire général M. Hammarskjöld par le Président Kasa-Vubu et le Premier ministre Lumumba eut un écho favorable. Le Conseil de Sécurité des Nations Unies adopta à sa 873e séance par 8 voix favorables contre zéro et 3 abstentions (Chine, France et Royaume-Uni), la Résolution 143 du 14 juillet, demandant au Gouvernement belge qu'il retire ses troupes du territoire de la République du Congo.

Cette première résolution de l'ONU sur le Congo autorisait, par là même, au Secrétaire Général à « prendre en consultation avec le gouvernement de la République du Congo, les mesures nécessaires en vue de fournir à ce gouvernement l'assistance militaire dont il a besoin ». Cependant, durant des mois on avait précisément reproché à M. Hammarskjöld sa passivité à l'égard du régime de M. Tshombe, passivité que certains n'avaient pas hésité à qualifier de « complicité ». L'ancien secrétaire général des Nations unies, non seulement n'avait pas voulu recourir à la manière forte, mais avait également refusé au gouvernement central congolais, à l'époque dirigée par M. Lumumba, toute « assistance technique » qui lui aurait permis de venir à bout de la dissidence katangaise.[344] Néanmoins, ces huit mois de tergiversations ayant abouti à l'assassinat de Patrice

---

[343] Virally, M, Les Nations Unies et l'affaire du Congo, *Op.Cit*

[344] Voir l'article du Journal Le Monde Diplomatique de Janvier 1962, Katanga : l'Organisation des Nations unies est-elle responsable de l'effusion de sang ? https://www. monde-diplomatique.fr/1962/01/ROULEAU/24570

Lumumba et à l'éclatement du Congo en plusieurs « républiques d'opérette » avaient changé la donne.

C'est ainsi que, le 28 janvier 1961, par une lettre adressée à Dag Hammarskjöld, le président Kasa-Vubu et le nouveau chef du Gouvernement, le président du « Collège des Commissaires généraux », Bomboko, réclamait, pour la seconde fois, l'assistance militaire de l'ONU pour réduire les « gouvernements de fait » provinciaux. Cette fois-ci, la résolution 161 du 21 février 1961 levait toute équivoque sur le mandat des forces de l'ONU au Congo. La résolution qui fut adoptée par 9 voix favorables contre zéro et deux abstentions (France et URSS) demanda instamment que

> *« Les Nations Unies prennent immédiatement toutes mesures appropriées pour empêcher le déclenchement d'une guerre civile au Congo, notamment des dispositions concernant des cessez-le-feu, la cessation de toutes opérations militaires, la prévention des combats et le recours à la force, si besoin, en dernier ressort. »*

Cette résolution était donc un quitus légal qui justifiait l'usage de la force pour assurer

> *« Le retrait et l'évacuation immédiate du Congo de tout le personnel militaire et paramilitaire et conseillers politiques belges et d'autres nationalités ne relevant pas du Commandement des Nations Unies, ainsi que des mercenaires ».*

Dans les faits, le début de septembre 1960 constitua une période décisive du point de vue de l'avenir de la sécession katangaise. La destitution du Premier ministre Lumumba par le Président Kasa-Vubu, le 5 septembre, mit en question le monopole du Katanga dans la politique africaine de la Belgique, car le gouvernement belge mit à profit la constitution d'un gouvernement central « modéré », présidé par M. Ileo, pour cesser de jouer l'unique carte Katanga et pour opérer à nouveau à partir de Léopoldville sans se couper d'Élisabethville. [345]».

Paradoxalement, le nouveau ministre des Affaires africaines, récemment promu et en provenance du Katanga, le Comte Harold d'Aspremont-Lynden, développa une politique de « double jeu »[346],

---

[345] « La politique "Katangaise" de la Belgique. (Juillet 1960 - Décembre 1962) I », *Op.Cit.*

[346] Le double jeu consistait à donner d'une part, un appui matériel et politique au Collège des Commissaires généraux et au Colonel Mobutu ; d'autre part, à

ayant pour objectif la constitution d'un double front contre le lumumbisme[347] et contre la politique des Nations Unies au Congo. Elle consistait à promouvoir le rétablissement d'une alliance « de fait » entre Léopoldville, Élisabethville et Bakwanga. C'est dans ce sens qu'il faut contextualiser le projet de convoquer une « Table Ronde » extraparlementaire dont M. Lumumba serait exclu, l'essentiel étant d'éviter la rupture de l'axe Léopoldville-Elisabethville et d'intégrer M. Kimba, ministre des Affaires étrangères de M. Tshombe, dans la délégation onusienne du Président Kasa-Vubu.

Sur place au Katanga, la MISTEBEL ayant été dissoute le 12 octobre 1960[348], la priorité de l'ONU était centrée sur l'application de la résolution du 21 février 1961. Les négociations directes entre l'ONU et le gouvernement belge [349]avaient eu lieu autour du plan « Egge » retenu comme base d'accord entre MM. Spaak et Hammarskjöld. Il convient de signaler que le Plan du major suédois Egge programmait le retrait et le remplacement progressif de 512 personnes qui tombaient sous le coup de la résolution de l'ONU (officiers et sous-officiers belges dépendant statutairement du ministère des Affaires africaines, conseillers politiques et mercenaires). En même temps, l'application de la résolution 161 du 21 février 1961 mit en recul l'influence belge au Katanga. « Le dispositif militaire n'est plus exclusivement entre les mains d'officiers belges, des Français ont pris partiellement la relève au niveau des états-majors, spécialement dans le secteur d'Élisabethville, avec le colonel Faulques, et de Jadotville, tandis que le corps des mercenaires s'est étoffé d'éléments recrutés par les agents katangais en Rhodésie, en Afrique du Sud et en Europe. »[350]La force de l'ONU remplace alors progressivement les troupes belges, mais n'intervient pas directement,

Élisabethville, continuer de fournir l'assistance technique et la collaboration du secteur industriel privé pour permettre à M. Tshombe de maintenir un État séparé

[347] Le lumumbisme est à l'époque encore incarné par M. Lumumba qui dispose d'une majorité virtuelle dans un Parlement mis en congé par le chef de l'État, puis dans les pouvoirs de fait qui s'installeront à Stanleyville d'abord (octobre-novembre 1960),

[348] Les services de l'Assistance Technique furent repris par M. Clémens qui s'installa dans les bureaux de l'ancienne MISTEBEL tandis qu'une cellule politique (M. Vanden Bloock) et un consulat (M. Crener) restaient sur place en relation directe avec M. Wigny.

[349] La visite de M. Shabbani à Bruxelles (28 juin 1961) par exemple.

[350] « La politique « Katangaise » de la Belgique. (Juillet 1960 - Décembre 1962) I », *Op.Cit.*

à Bukavu ensuite (fin décembre) sous le contrôle de M. Gizenga et de ses ministres, spécialement MM. Bisukiro et Kashamura.

Dans l'intervalle, M. Tshombe jouait la carte de négociations politiques sur la réintégration du Katanga dans le Congo. Les Tables Rondes de Léopoldville, Tananarive et Coquilatville qui réunissaient les « modérés » du Congo, représentant une partie de la province de Léopoldville, le Kasaï, l'Équateur et le Sud-Katanga, n'étaient que des espaces pour cristalliser le front anti-lumumbiste et obstruer l'application de la résolution de l'ONU du 21 février 1961. Mais ce n'était qu'une stratégie pour gagner du temps, en attendant la consolidation de la gendarmerie katangaise. Vers la fin de l'année 1961, L'ONU mit de côté la doctrine pacifiste du suédois, Dag Hammarskjöld, qui trouva la mort, le 18 septembre 1961 dans un accident d'avion, dont les circonstances n'ont jamais été élucidées. L'armée nationale congolaise et les troupes de l'ONU commencèrent les opérations militaires contre la gendarmerie katangaise. La première bataille du Katanga, qui se déroula entre le 13 et le 21 septembre 1961, se solda par la reddition, le 17 septembre, de la garnison irlandaise de l'ONU à Jadotville, forte de quatre-vingt-quatre hommes, aux Katangais commandés par un mercenaire français, Michel de Clary. Le 21 septembre, l'ONU signa les accords de cessez-le-feu avec la gendarmerie katangaise. C'est en fait la première victoire de M. Tshombé, qui s'adressant devant la presse internationale, demanda « aux Nations-Unies de retirer leurs forces de la République du Katanga. Sinon ce sera la fin de l'ONU »[351].

La dernière bataille du Katanga s'étala entre le 5 et le 21 décembre 1961. À partir du 28 décembre, les Casques bleus de l'ONU s'emparèrent d'Élisabethville. La chronique de la fin de la sécession était ainsi annoncée. La résistance qui se poursuivait en dehors d'Élisabethville fut progressivement annihilée. Le 30 décembre, les Casques bleus s'emparent de Kipushi et de Kamina. Elles occupent Jadotville le 3 janvier 1963 et Shinkolobwe, le 15 janvier. La chute de Kolwezi, le 21 janvier 1963, dernier bastion de la résistance katangaise, obligea M. Tshombe à capituler. L'ONUC va négocier la fin des hostilités. Amnistiés, Moïse Tshombe et ses partisans, dont les troupes katangaises, vont être contraints d'accepter l'exil. La

[351] Outre Congo : la sécession Katangaise (1960 – 1963). Extrait d'un manuscrit inédit d'Opendo Mbula-Matari Barthélemy. http://dmcarc.com/outre-congo-la-secession-katangaise-1960-1963/

sécession katangaise prend fin officiellement le 17 janvier 1963 et le Katanga revient dans le giron de la République du Congo.

18.6. L'ONU face à la rivalité Kasa-Vubu-Lumumba

La crise gouvernementale congolaise (5 septembre 1960 – juillet 1961) marquée par la double révocation entre le chef de l'État Kasa-Vubu et son Premier ministre Lumumba et la crise de légitimation du gouvernement Ileo et du Collège des Commissaires généraux, constituaient une difficulté majeure ajoutée, qui compliquait davantage la mission de l'ONU au Congo. L'ONU devait opérer, justifier et assumer les conséquences de son choix entre les deux rivaux. Elle devait ouvertement s'ingérer dans les affaires intérieures de l'État, contrairement à la philosophie de la sa Charte.

La participation de la Belgique à l'origine de cette vendetta politique est non négligeable. Aujourd'hui, il est établi que :

> *« La Belgique ne manqua pas d'exercer des pressions pour que le Premier Ministre Lumumba soit révoqué. Van Bilsen, à l'époque conseiller du Président Kasa-Vubu, reconnaît que le Premier ministre Eyskens le chargea, le 18 août, de dire à celui-ci que le Premier ministre Lumumba devait être révoqué et qu'il en avait le pouvoir. »*

Suite à la mésentente survenue le 15 août entre son secrétaire général et le Premier ministre, au sujet de la revendication de M. Lumumba à l'ONU de mettre à sa disposition les troupes de l'ONUC pour absorber la sécession katangaise, l'ONU tranchera ouvertement en faveur de M. Kasa-Vubu. À propos de ce choix de l'ONU, M. Gendebien est de ceux qui pensent que, dans les limites juridiques et pratiques qui lui étaient imparties, M. Hammarskjöld a fait tout ce qu'il pouvait pour évincer le Premier ministre. La preuve la plus évidente reste l'initiative prise par M. Andrew Cordier, représentant spécial de l'O.N.U. à Léopoldville, et ami personnel du secrétaire général, le 6 septembre, au plus fort de la lutte entre MM. Kasa-Vubu et Lumumba : la fermeture des aéroports, destinée à assurer le maintien de l'ordre, avait aussi pour effet d'empêcher l'arrivée des partisans de Lumumba, en provenance de Stanleyville. M. Cordier avait fait également interdire l'accès à Radio-Léopoldville, mais dès le 9 septembre M. Kasa-Vubu aura tout loisir de s'exprimer devant les micros, tandis qu'à Élisabethville les avions katangais seront autorisés à décoller[352].

Ainsi, en cette période de « guerre froide » où le monde dit libre et le bloc soviétique s'affrontaient ouvertement dans l'arène de l'ONU, celle-ci s'alignait avec l'ensemble du bloc occidental qui, face aux menaces fréquentes de M. Lumumba de faire appel à Moscou pour lui fournir l'aide attendue, avaient, d'un commun accord, décidé d'isoler le Premier ministre Lumumba, qui prenait du pouvoir sur le président Kasa-Vubu. Pour les pays occidentaux, « le chaos du Congo était un moindre mal ; il fallait surtout éviter à tout prix que l'ex-Congo belge, vu son importance stratégique, bascule dans le camp communiste ». On comprendra dès lors assez aisément la réaction des délégués africains du Groupe de Casablanca qui apportèrent leur soutien au Gouvernement légal de M. Lumumba et menacèrent de retirer les troupes de leurs pays respectifs du cadre de l'O.N.U.C. au cas où M. Hammarskjöld ne parviendrait pas à rétablir l'autorité du premier gouvernement central, à obtenir la convocation du parlement congolais.

Par ailleurs on se souviendra que le 17 janvier 1960, M. Lumumba fut transféré de sa prison de Thysville à Élisabethville dans des conditions que l'opinion mondiale connut et réprouva sévèrement. L'O.N.U.C., bien que présente sur l'aérodrome d'Élisabethville au moment du débarquement de M. Lumumba et de ses compagnons Mpolo et Okito, s'abstint de toute intervention directe et s'exposa de ce fait aux critiques violentes de la part de l'U.R.S.S. et des pays afro-asiatiques. Le principe de la non-intervention dans les affaires intérieures du Congo fut mis en cause[353].

Au regard de ce choix de l'ONU en faveur de M. Kasa-Vubu, on peut admettre que :

« L'Organisation des Nations Unies s'est plutôt manifestement ingérée dans les affaires intérieures congolaises avec notamment une responsabilité directe dans l'arrestation de Lumumba qui l'a conduit à sa perte, puisqu'il fallait absolument l'éliminer. Pourtant la présence de

[352] Gendebien, P-H, L'intervention des Nations Unies au Congo. 1960-1964, *Op.Cit.*
[353] « Onze mois de crise politique au Congo », *Op.Cit.*

l'ONU au Congo est précisément justifiée par le maintien de l'ordre et de la légalité. ».[354]

18.7. L'ONU, LA RÉUNIFICATION DU CONGO ET LA RÉCONCILIATION NATIONALE

La prouesse du Conclave de Lovanium est à mettre à l'actif de la nouvelle politique des Nations Unies au Congo, fondée sur l'application effective de la résolution du Conseil de sécurité du 21 février 1961, qui admettait et légitimait le recours à la force "pour empêcher le déclenchement d'une guerre civile au Congo". Dans cette perspective, la paralysie des forces des Nations-Unies au Congo prenait fin et, par le fait même, une politique d'intervention directe devenait possible. Le sens de cette intervention, précisé au point 2 de ladite résolution, demandait que des mesures soient prises pour "*l'évacuation immédiate de tous les personnels militaires et paramilitaires et conseillers politiques belges et d'autres nationalités ne relevant pas du commandement des Nations-Unies*".

Marquée par un soutien total au chef de l'État qui avait décidé de coopérer, cette nouvelle ligne politique de l'ONU ignorait complètement le gouvernement de Léopoldville. Elle s'articulait sur la conviction selon laquelle la crise politique devait être résolue par des moyens non violents, après la réconciliation des pouvoirs de Stanleyville et de Léopoldville et la réintégration du Katanga, et la formation d'un gouvernement approuvé par le Parlement.

Dans le cadre de ce revirement politique de l'ONU, désormais, les décisions et accords politiques importants étaient traités directement avec le chef de l'État et non plus avec le Gouvernement de Léopoldville. En conséquence, la formation d'un nouveau gouvernement approuvé par le Parlement apparaissait nécessaire, sans que ceci puisse remettre en cause les accords pris avec le chef de l'État, dont le maintien à la présidence était la garantie de ces accords. Il était entendu que par cette option, la sécession katangaise serait résorbée avec l'accord du chef de l'État par le retrait des fonctionnaires civils et militaires étrangers[355].

---

[354] N'Dimina-Mougala, A-D, « Les opérations de maintien de la paix des Nations Unies en Afrique centrale, 1960-2000 », *Guerres mondiales et conflits contemporains* 2009/4 (n° 236), p. 121-133.

[355] « Onze mois de crise politique au Congo », *Op.Cit.*.

Ragaillardi par cette nouvelle ligne politique de l'ONU au Congo, le président Kasa-Vubu avait déclaré le 13 mai, à la Conférence de Coquilhatville :

« Usant des pouvoirs qui me sont reconnus par la Loi Fondamentale, j'ai décidé de convoquer le Parlement à Léopoldville immédiatement après la clôture des travaux de la Conférence de Coquilhatville. Je demanderai l'assistance des Nations Unies pour faciliter le déplacement de tous les parlementaires appelés à siéger. »

Tout au long des mois de mai et juin 1961, les trois mois qui séparèrent la conférence de Coquilhatville de la réunion du Parlement à Lovanium, un groupe de hauts fonctionnaires des Nations-Unies[356] déploya une intense activité diplomatique, ayant pour but d'amener Moise Tshombe et Antoine Gizenga à Lovanium[357].

Le Conclave de Lovanium était donc le cadre idéal pour résorber "la crise de gestion du pouvoir", marquée par un blocage institutionnel et une contestation à tous égards et réciproque de la légitimité politique. Le discours inaugural de ces assises prononcé par le président Kasa-Vubu, le 27 juillet 1961, illustrait au mieux le paysage politique du pays et les défis de ce "Conclave" :

« C'est, aujourd'hui, je crois, la date la plus importante depuis notre indépendance, parce que mûris et fortifiés par l'expérience du malheur, vous vous retrouvez, tous, décidés à oublier suffisamment ce qui vous a opposé pour vouloir avant tout sauver le pays. C'est surtout votre volonté d'entente, c'est votre volonté d'aboutir qui a permis la réouverture du Parlement. »

Ces assises avaient pour mission de rétablir la normalité constitutionnelle et le fonctionnement régulier des institutions d'État. Elle devait aboutir à un pacte pour la République (pacte républicain), un "pacte d'État", dans le but de sauvegarder l'intégrité du système

---

[356] MM. Gardiner, Nwokedi et Khiari, M. Mokki-Abbas et M. Linner

[357] Parallèlement aux négociations en cours avec le gouvernement de M. Gizenga, des négociations, d'un genre assez particulier (puisqu'elles aboutirent à I 'arrestation de M. Tshombe, ce qui constituait un moyen de pression non négligeable vis-à-vis des ministres d'Elisabethville, furent poursuivies entre Léopoldville et le Katanga. La libération de M. Tshombe intervint le 22 juin, et son rapatriement au Katanga fut effectif après qu'eut été signé le 24 juin un accord Élisabethville-Léopoldville : aux termes de l'accord intervenu, M. Tshombe marquait sa détermination de voir réunir le Parlement à Lovanium et de voir constituer un gouvernement d'union nationale (Congo-Zaïre : l'empire du crime permanent, Coquilhatville et Tananarive accouchent d'une souris, Quotidien Le phare - 26 septembre 2013).

constitutionnel (même provisoire de la Loi Fondamentale du 19 mai 1960) et faire face à une menace d'État, par l'unité et la cohésion de toutes les forces politiques et les forces vives de la nation autour de l'action gouvernementale, transcendant ainsi les querelles partisanes.

Le concept de Lovanium était en rupture avec les logiques de négociations politiques directes entre les "axes" (Léopoldville, Bakwanga, Stanleyville et Élisabethville) prônées par les conférences de la Table-Ronde. En évitant la marginalisation de l'institution parlementaire, sa démarche se fondait sur le principe de légitimité politique du Parlement en tant qu'expression de la volonté d'État et symbole de la représentation politique de toutes les entités nationales au sein de l'État.

CONCLUSION

Dès la proclamation de l'indépendance jusqu'à la promulgation de la Constitution du 24 juin 1967, le Congo a été le scénario d'une crise politique continue, vécue sous plusieurs séquences pour le moins tragiques, portant sur le double volet constitutionnel et institutionnel de l'État. Le Congo-Kinshasa avait ainsi expérimenté toutes les typologies possibles de crises politiques : crise gouvernementale, crise institutionnelle, crise de légitimité, crise constitutionnelle et enfin, crise de régime.

Apparemment, les institutions, la Constitution et les pratiques politiques n'avaient pu juguler, contrôler, régler et résorber définitivement ces « dysfonctionnements » récurrents du système politique de la première République. Ces « dysfonctionnements » ont progressivement conduit à la rupture de la légalité constitutionnelle et partant, à la fin du régime de la première République, opérée par le lieutenant-général Mobutu et le Haut-Commandement militaire.

Le décryptage des variables institutionnelles et politiques de l'asphyxie et de l'écroulement de la première République du Congo-Kinshasa débouche sur trois pistes d'analyse : les conditionnements d'ordre juridico-constitutionnel (formels), d'ordre politique (processus politique réel d'exercice et de contrôle du pouvoir politique) et finalement les conditionnements de la politique étrangère pour le Congo de deux instances impliquées dans la crise congolaise : la Belgique et l'Organisation des Nations Unies.

Les conditionnements d'ordre juridico-constitutionnel, première piste du décryptage, renvoient aux aspects formels et qualitatifs du cadre d'organisation et d'exercice du pouvoir politique. La crise politique qui sévit au cours de la Première République congolaise était avant tout une crise constitutionnelle. Il s'agissait concrètement, d'une "crise de gestion de pouvoir politique" résultant d'un certain nombre de facteurs conjugués, mais essentiellement exacerbés par le manque de consensus sur l'interprétation des normes constitutionnelles et des dispositions relatives à l'exercice et au partage des prérogatives entre les différents pouvoirs politiques de l'État. L'absence de contrepouvoirs effectifs et le déséquilibre entre les pouvoirs étaient des variables non négligeables de l'instabilité institutionnelle permanente du processus politique de la première République.

Les structures politiques binaires à trois niveaux (un État fédéral non déclaré, un pouvoir législatif bicaméral et un pouvoir exécutif bicéphale) instituées par la Loi Fondamentale du 19 mai 1960, produits d'un mimétisme constitutionnel, ne tardèrent pas à faire exploser les germes de conflictualités qui étaient inhérents à leur complexité. Ces structures accélèrent la dislocation de tout l'appareil de l'État.

En outre, l'analyse des conditionnements réciproques (*checks and balances*) entre le pouvoir législatif et le pouvoir exécutif de la première République démontre une hégémonie incontestable, justifiée par le principe d'efficacité du pouvoir exécutif malgré la configuration constitutionnelle du parlement comme centre de la vie politique nationale. Dans tous les épreuves et affrontements significatifs du processus politique, le Parlement congolais était perdant. Amoindrie dans ses compétences de direction politique et de contrôle gouvernemental, l'institution parlementaire n'avait jamais occupé des "zones d'expansion" au-delà de sa configuration juridico-constitutionnelle. Elle a fini par se transformer en un forum public sans aucune possibilité réelle de faire le contrepoids au pouvoir exécutif.

La configuration intrinsèque du bicamérisme parfait de la première législature était en elle-même une source de confusion. En effet, par la composition et le mode de désignation des membres de l'une ou de l'autre assemblée, celles-ci doivent avoir des vocations différentes en plus des fonctions communes à toutes les assemblées. La Chambre des Représentants a vocation à la représentation de la souveraineté tandis que le Sénat, la représentativité provinciale et l'équilibre territorial au sein de l'État. Sous la première législature, ces deux assemblées exerçaient les mêmes fonctions à tous les effets. Ce dédoublement fonctionnel, ajouté à la complexité inhérente à la coordination entre les deux Assemblées, était aussi un élément de l'inopérativité de l'institution parlementaire dans l'optique de faire d'elle un réel contrepoids au pouvoir exécutif.

Les conditionnements d'ordre politique (processus politique réel) et le système des acteurs politiques ont constitué la seconde piste du décryptage de la crise politique de la première République. La complexité de la crise institutionnelle qui sévit au Congo-Kinshasa dès les premières heures de son indépendance induit à s'appesantir, un tant soit peu, sur le rôle des acteurs politiques congolais. Un élément pour une intelligibilité de la crise politique de la première République consiste à décortiquer le degré d'assimilation des normes du Pouvoir et des règles du jeu de "l'échange politique" et déceler les conséquences de ces antagonismes institutionnalisés et non institutionnalisés.

Les différentes modalités des antagonismes idéologiques, sociaux (tribales) et politiques des différents acteurs politiques avaient exaspéré et amplifié les dimensions de la crise politique. L'absence et l'ineffectivité des institutions constitutionnelles de régulation des conflits politiques ont induit à développer, sur la scène politique, des initiatives et expériences extraconstitutionnelles de résorption des crises politiques. Sur le plan théorique, on peut donc considérer que le contexte de la crise politique au Congo-Kinshasa avait posé, dès la première heure des indépendances, l'épineuse question de l'ancrage social, politique et juridique du constitutionnalisme en Afrique noire.

Les conditionnements de la politique étrangère pour le Congo ont circonscrit la troisième piste du décryptage de la crise congolaise de la première République. Nul ne peut ignorer l'incidence de la politique internationale agissant sur la scène politique congolaise. La vision géostratégique et les intérêts politiques de la Belgique, de l'Organisation des Nations Unies et des pays dits "progressistes" au sein de l'OUA sont des aspects incontournables dans l'explication politique et la compréhension des variables (négatifs ou positifs) du développement de la crise congolaise de la première République. Ces trois instances étaient des acteurs très mobilisés au Congo à travers des partenaires politiques internes. Elles ont participé, à des degrés divers, à l'internationalisation — *la congolisation* — de la crise congolaise. Elles ont soit provoqué, soit intensifié, soit participé aux mécanismes de résorption de cette crise.

Pour tout dire, le développement et la gestion de la crise politique de la première République ont répercuté négativement dans l'intelligibilité du concept de constitutionnalisme et de l'entendement des fonctions de la Constitution au Congo — Kinshasa. Sur le plan théorique et sur le plan de la pratique politique, cette crise a posé les bases et les jalons du constitutionnalisme autoritaire qui caractérise le système constitutionnel congolais jusqu'à ce jour. Depuis lors, le constituant congolais, dans ses différentes expériences, est toujours à la quête des techniques constitutionnelles pour la stabilisation des institutions politiques. Il est constamment mû par le souci d'éviter les crises institutionnelles du passé ainsi que par désir de renforcer les pouvoirs personnels de "l'Homme fort du moment". Il en était ainsi du président Joseph Kasa-Vubu et du président Mobutu. Il est ainsi de la "dynastie" des Kabila avec les différents textes constitutionnels dont elle a accouché.

BIBLIOGRAPHIE

Alvarez Velez M-I. et Fuencislas Alcón Yustas M. *Las constituciones de los quince Estados de la Unión Europea, textos y comentarios*, Dykinson, Madrid, 1996

Avril P. et Gicquel J. *Droit Parlementaire*, 5ème ed, Domat, Paris, 2014

Ayekotan Assogba Y. *La sociologie de Raymond Boudon : essai de synthèse et applications de l'individualisme méthodologique*, Presses Université Laval, 1999.

Ayissi. A et Maia C. « La gestion des crises constitutionnelles en Afrique. Mandat et défis de la médiation internationale », *Annuaire français de relations internationales*, Vol. XIII, 2012

Azami S.M. « Le système constitutionnel de la République démocratique du Congo. », *Revue internationale de droit comparé*. Vol. 22 N° 2, avril-juin 1970. pp. 325-340

Balagizi C. *La laïcisation de l'espace politique en République démocratique du Congo. Une analyse critique des rapports église catholique État de l'indépendance à 2008.* http://www.memoireonline.com/08/11/4779/m_La-lacisation-de-lespace-politique-en-republique-democratique-du-Congo-une-analyse-critique-4.html

Balandier G. « Réflexions sur le fait politique : le cas des sociétés africaines », *Cahiers internationaux de sociologie*, vol. 37, juillet-décembre 1964, pp. 23-50. Paris : Les Presses universitaires de France.

Balingene, K. *L'expérience Congolaise de L'état fédéral : la Constitution de Luluabourg revisitée.* http://www.la-constitution-en-afrique.org/article-l-etat-de-la-constitution-de-luluabourg-50986845.html

Bastid P. *Le régime d'assemblée*, Paris, Cujas, 1956

Bayrou, F. *2012 états d'urgence*, Paris, Plon, 2011

Beaud O. *Théorie de la Fédération*, Paris, PUF, 2009

Biscaretti Di Ruffia P. *Derecho constitucional*, Tecnos, Madrid, 1973

Boshab E, « Les dispositions constitutionnelles transitoires relatives à la Cour constitutionnelle de la République Démocratique du Congo », *Fédéralisme Régionalisme* [en ligne], Numéro 1 — Premiers scrutins et contrôle de constitutionnalité en RDC : la mise en œuvre d'une constitution « régionaliste », Volume 7 : 2007, URL : http://popups.ulg.ac.be/1374-3864/index. php ? id=561.

Brack N. et Weinblum S. « Pour une approche renouvelée de l'opposition politique », *Revue internationale de politique comparée* 2/2011 (Vol. 18), p. 13-27.

Brassinne de la Buissière, J « La coopération belgo-zaïroise 1960-1985 », *Courrier hebdomadaire du CRISP*, vol. 1099 — 1100, no. 34, 1985, pp. 1-78.

Brassinne de la Buissière, J. Dumont, G-H « Les autorités belges et la décolonisation du Congo », *Courrier hebdomadaire du CRISP* 2010/18 (n° 2063-2064), p. 9-117

Brassinne de La Buissière, J. *La sécession du Katanga : témoignage (juillet 1960 – janvier 1963)* Séries : Outre-Mer, PIE Peter Lang, Bruxelles, 2016

Braud P, « La violence politique : repères et problèmes », *Cultures & Conflits* n° 9-10 (1993) pp. 13-42

Breton J.-M., « Trente ans de Constitutionnalisme d'importation dans les pays d'Afrique noire francophones entre mimétismes et réception critique : cohérences et incohérences », in *Actes du 6e congrès français de droit constitutionnel,* Montpellier, juin 2005 http://www.droitconstitutionnel.org/congresmtp/accongres.html

Bruhns H, « Le charisme en politique : idée séduisante ou concept pertinent ? », *Les Cahiers du Centre de Recherches historiques* [En ligne], 24 | 2000, mis en ligne le 16 janvier 2009, consulté le 30 septembre 2016. URL : http://ccrh.revues. org/1882 ; DOI : 10,400 0/ccrh.1882

Bruneau, JC « Les nouvelles provinces de la République Démocratique du Congo : construction territoriale et ethnicités », *L'Espace politique* [En ligne], 7 | 2009-1 mis en ligne le 30 juin 2009, consulté le 1er juillet 2017. URL : http://espace-politique.revues.org/1296 ; DOI : 10,400 0/espacepolitique.1296

Canivez P, « Qu'est-ce qu'un conflit politique ? », *Revue de métaphysique et de morale* 2008/2 (n° 58), p. 163-175.

Capitant R. *Régimes parlementaires*, dans les mélanges R. carré de Malberg, sirey, 1933

Carbone Giovanni M. et St-Sauveur A-L, « Comprendre les partis et les systèmes de partis africains. Entre modèles et recherches empiriques », *politique africaine*, 4/2006 (N° 104), p. 18-37.

Chalvidan, P-H, *Droit constitutionnel, institutions et régimes politiques*, Nathan Université, Paris, 1996,

Chantebout B. *Droit Constitutionnel*, Armand Colin, 20e édition, 2003

Chomé J. *Moïse Tshombe et l'escroquerie katangaise*, Éditions de la fondation Jacquemotte Bruxelles, 1966

Conac G. « Quelques réflexions sur le nouveau Constitutionnalisme africain », in *Actes du Symposium international de Bamako*, novembre 2000, disponible sur : http://democratie. francophonie.org/IMG/pdf/bamako.297.pdf

Conac G. *Pour une théorie du présidentialisme : quelques réflexions sur les présidentialismes latino-américains*, in Mélanges Burdeau, LGDJ, Paris, 1977

Congo 1959, CRISP, Bruxelles, 1959

Congo 1960, CRISP, Bruxelles, 1960 ;

Congo 1961, CRISP.-I.P.C, Bruxelles, 1961

Congo 1962, CRISP.-I.P.C, Bruxelles, 1962

Congo 1963, CRISP - INEP, Bruxelles, 1965

Congo 1964, CRISP. - INEP, Bruxelles, 1964

Congo 1965, CRISP. - INEP, Bruxelles, 1965

Coquery — Vidrovitch, C, Forest, A., Weiss, H. *Rébellion-Révolution au Zaïre 1963-1965*, 2 tomes, Paris, L'Harmattan, 1987

Cornevin R. « Chronique du Congo Léopoldville », *Revue française d'histoire d'outre-mer*, 1965, Volume 52, Numéro 188, pp. 404-438

Centre de Recherche et Information Socio-Politiques-CRISP « Les élections législatives au Congo », Courrier hebdomadaire du CRISP 1960/22 (n° 68). Pas dans bib

----------CRISP. « Le Congrès de Coquilhatville et la création du Parti National du Progrès (P.N.P.) », Courier hebdomadaire du CRISP, vol. 41, no. 41, 1959, pp. 1-5.

----------CRISP « Les élections législatives au Congo », Courrier hebdomadaire du CRISP, vol. 68, no. 22, 1960.

----------CRISP « La politique "Katangaise" de la Belgique. (Juillet 1960 - décembre 1962) I », Courrier hebdomadaire du CRISP 1963/2 (n° 182), p. 1-25. Pas dans bib

----------CRISP « Le contentieux belgo-congolais », Courrier hebdomadaire du CRISP, vol. 283, no. 15, 1965, pp. 1-25.

----------CRISP « Tendances politiques au Congo », Courrier hebdomadaire du CRISP, vol. 18, no. 18, 1959, pp. 13-17.

----------CRISP « Comment s'est développé le processus à propos du Congo », Courrier

----------CRISP « La Conférence de la Table Ronde belgo-congolaise (20 janvier - 20 février 1960) » Courrier hebdomadaire du CRISP 12/1960 p. 1-20

----------CRISP « La déclaration gouvernementale sur l'avenir du Congo », Courrier hebdomadaire du CRISP, vol. 5, no. 5, 1959, pp. 4-9.

----------CRISP « La formation du premier Gouvernement congolais. », Courrier hebdomadaire du CRISP 24/1960 (n° 70), p. 1-22

----------CRISP « La tentative de réintégration du Katanga dans la République du Congo. », Courrier hebdomadaire du CRISP 31/1962 (n° 165). p. 1-27

----------CRISP « L'affaire Kalonji et les problèmes du Kasaï. », Courrier hebdomadaire du CRISP 31/1959 (n° 31), p. 9-18. Pas dans bib

----------CRISP « Onze mois de crise politique au Congo », Courrier hebdomadaire du CRISP, vol. 120, no. 30, 1961, pp. 1-24.

----------CRISP « Le développement des oppositions au Congo », Courrier hebdomadaire du CRISP 1960/32 (n° 78), p. 1-20.

----------CRISP. « Actualités congolaises (élections ; congrès de Kisantu, table ronde) », Courrier hebdomadaire du CRISP3/1960 (n° 49), p. 1-14.

----------CRISP « Les problèmes du Congo devant le Conseil de Sécurité des Nations-Unies. », Courrier hebdomadaire du CRISP 33/1960 (n° 79), p. 1-21

----------CRISP « Les autorités belges et la décolonisation du Congo », Courrier hebdomadaire du CRISP n° 2063-206, 2010/18-19

Crowdfort Y. *Introduction à la politique congolaise*, édition française par le CRISP, 1968, Version anglaise Politics in the Congo, Princeton University Press.

Dahl RA. (dir.) *Political Oppositions in Western Democracies*, New Haven, CT, Yale University Press, 1966 ;

Dahl RA. *Polyarchies : Participation and Opposition*, New Haven, Yale University Press, 1971.

De Vega P. *La reforma constitutional y la problematica del poder constituyente,* editorial Tecnos, Madrid, 1988, p 15

De Vergottini G, « Transitions constitutionnelles et consolidation de la démocratie dans les ordonnancements d'Europe centre-orientale », in *Démocratie et liberté : tension, dialogue, confrontation*, Mélanges en l'honneur de Slobodan Milacic, Bruxelles, Bruylant, 2007

De Vergottini G, *Le transizioni costituzionali*, Bologne, Il Mulino, 1998

De Witte, L. *L'assassinat de Lumumba*, Kathala, 1999

Debbasch C. *Lexique de politique*, Paris, Dalloz, 7e édition, 2001

Debuyst, F. « La notion de rôle en politique ». *Courrier hebdomadaire du CRISP*, 273-274 (5), 1-38.

Djelo Empenge Osako V *Contribution à l'étude des tendances unitaristes et fédéralistes dans l'évolution politique et constitutionnelle du Zaïre*, thèse de doctorat en Droit public, université de Liège, 1974.

Dorna, A et Costa, B. « La crise politique et la perte de cohésion sociale », *les cahiers psychologie politiques*, numéro 26, janvier 2015.

Dzouma-Nguelet, H.M, « Réflexions sur une forme particulière de gouvernement : les gouvernements d'union nationale », *Annales de l'Université Marien NGOUABI,* 2010 ; 11 (3) : 52-79 Sciences juridiques et politiques.

Englebert, P. « Souveraineté, sous-développement et le paradoxe nationaliste congolais », *Mondes en développement*, vol. no 123, no. 3, 2003, pp. 63-87.

Esmein A. *Éléments de Droit constitutionnel français et comparé*, éditions Panthéon Assas, Paris, 2001

Esteban J. et al. *El regimen constitucional español*, tomo 2, Labor, Barcelona, 1982

Eyskens, G. *Mémoires,* Bruxelles, CRISP, 2012

Feltz G. *Les luttes de pouvoir, rébellions et mouvements populaires au Zaïre, 1963-1965,* 2 tomes, Paris, L'Harmattan, 1987

Fischer D. *L'homme providentiel : un mythe politique en République de Thiers à De Gaulle*, Paris, L'Harmattan, 2009

Gendebien, P.H. *L'intervention des Nations Unies au Congo. 1960-1964*, Walter de Gruyter, 1967

Gerard-Libois J et al. *Congo 1960. Échec d'une décolonisation*, Bruxelles, GRIP, 2010

Gérard-Libois J et Van Lierde J, (Dir), *Congo 1965*, les dossiers du CRISP. Bruxelles 1966

Gérard-Libois J. et Vergahen B. *Congo 1960,* tome I, CRISP, Bruxelles, 1961

Gérard-Libois J Verhaegen B « Le Congo. Du domaine de Léopold II à l'indépendance », *Courrier hebdomadaire du CRISP* 12/1985 (n° 1077) p. 1-34

Gérard-Libois J. *Avant le voyage royal dix ans de relations Belgique-Congo*, Courrier hebdomadaire du CRISP 1970/18 (n° 483), p. 1-27.

Gérard-Libois, J. *Sécession au Katanga, les dossiers du CRISP*, Léopoldville, INEP, 1963

Gicquel, J-E. *Droit constitutionnel et institutions politiques*, Paris, Montchrestien, coll. « Domat droit public », 2012 (26e éd.)

Gijs AS. « Une ascension politique teintée de rouge. Autorités, Sûreté de l'État et grandes Sociétés face au « danger Lumumba avant l'indépendance du Congo (1956-1960) », *Revue belge d'Histoire contemporaine,* Vol. XLII, no.1, p. 11-58 (2012)

Guchet Y. *Droit parlementaire*, Economica, Paris, 1996

Ionescu G. et de Madariaga I. *Opposition-Past and Present of a Political Institution*, London, The New Thinker Library, 1968.

Jacquemyns, G. *Le Congo belge devant l'opinion publique*. Bruxelles : Institut Universitaire d'Information sociale et économique, n° 2-3, 1956

Kabongo Ilunga, AR et al. "Le projet de Constitution de Luluabourg », *études congolaises*, Vol VI/5, mai 1964, p1-77.

Kabudri Legi, D, « les crises politiques au sommet de l'État congolais (1960-1965 et 1990-1997) », *Revue de l'IRSA* N° 19 décembre 2013

Kamukuny Mukinayi *A. Droit constitutionnel congolais*, Éditions Universitaires Africaines, Kinshasa, 2011.

Lassalle, F. *¿Qué es la constitución* ? Panamericana, Bogotá, 1995
Lavroff, D. G "la constitutionnalisation des régimes militaires en Afrique noire", dans Seurin, Jean-Louis (Dir) : *Le constitutionnalisme aujourd'hui.* Paris, Economica, Collection "politique comparée, 1984, p. 200-213
Leclercq, C. *L'ONU et l'affaire du Congo*, Payot, Paris, 1964
Lejeune, C. « Le contentieux financier belgo-congolais », *Revue belge de droit international, RBDI* 1969.2 pp. 535-564
Libois J et Van Lierde J, (Dir), *Congo 1964*, les dossiers du CRISP. Bruxelles 1966
Lihau M. *Mémoire explicatif de la Constitution du 1er août 1964*, Moniteur congolais, 6e année, n° spécial du 5 octobre 1965
Louis-Naud P. *Introduction à la science politique*, UE 2/Découverte des Sciences humaines, Université Victor Segalen — Bordeaux 2. Année universitaire 2003-2004
Loweinstein K. *Teoria de la Constitución*, Ariel, Barcelona, 1976
Mabika Kalanda A. Baluba et Lulua. *Une ethnie à la recherche d'un nouvel équilibre*, Bruxelles : Éditions de Remarques congolaises, coll. Études congolaises n° 2, 1959.
Mampuya K. « Les crises congolaises ont toujours une dimension constitutionnelle », in *le Potentiel,* édition spéciale 30 juin, n° 1657 du 29 juin 1999 — Kinshasa.
Manzella A. "Las Cortes en el sistema constitucional español", in García de Enterría E, y Predieri A. *La Constitución española de 1978*, 1981, pp. 477-524.
Marres, J et De Vos, P. *L'équinoxe de janvier et ses suites*, éd. Euraforient, Bruxelles, 1959
Martens, L. « Pierre Mulele ou la seconde vie de Patrice Lumumba. Position et méthode » in Hebert Weiss et Benoît Verhaegen (Dir), *les rebellions dans l'Est du Zaïre (1964-1967)* Cahiers du CEDAF, 7-8, 1986, p15-31
Massina, P. « Le coup d'État, entre déshonneur et bienveillance », *Afrilex, Revue d'étude et de recherche sur le droit et l'administration dans les pays d'Afrique,* Université Montesquieu - Bordeaux IV, décembre 2016
Mimer, B. *The UN force in the Congo. A Political Analysis*, March, 1963
Morodo R. "El principio de autonormatividad reglamentaria de los parlamentos en el derecho constitucional", *Revista de la facultad de derecho de la Universidad de Madrid,* vol. IV, 1960.
Mpongo-Bokako Bautolinga E. *Institutions politiques et Droit Constitutionnel, Tome 1 : théorie générale des institutions politiques de l'État*, Kinshasa, Collection 'Droit et Société', Éditions universitaires africaines, 2001
N'Dimina-Mougala, D.A « Les opérations de maintien de la paix des Nations Unies en Afrique centrale, 1960-2000 », *Guerres mondiales et conflits contemporains* 2009/4 (n° 236), p. 121-133.

Nday Wel è Nziem I. *Nouvelle histoire du Congo. Des origines à la République démocratique*, Bruxelles, collection Histoire, Afrique éditions, 2008

---------------------------. « Aux origines de l'éveil politique au Congo belge : Une lecture du manifeste Conscience africaine (1956) cinquante ans après » *Présence africaine*, vol. 173, no. 1, 2006, pp. 127-144.

---------------------------- « Du Congo des rébellions au Zaïre des pillages » *Cahiers d'études africaines*, vol. 38, n° 150-152, 1998. Disciplines et déchirures. Les formes de la violence. pp. 417 — 439.

Ngoy-Ndouba K, *Organisation et exercice du pouvoir politique dans les Constitutions de la RD Congo*, Rythmes nouveaux, Kinshasa, 1999.

Nicolaï, H. « Naissance d'une région en Afrique centrale : Le Kwilu », *Cahiers d'outre-mer*. N° 67 - 17e année, juillet — septembre 1964. pp. 292-313

Nigro, R. « Quelques considérations sur la fonction et la théorie du coup d'État ». *Rue Descartes*, 77 (1), 69-81.

OmasomboTshonda J (Dir) : *Kasai Oriental : Un nœud gordien dans l'espace congolais, Musée royal de l'Afrique centrale*, Tervure 2014.

Pactet P. *Institutions politiques et Droit constitutionnel*, Armand Colin, Paris, 1999

Pennel, F. « Le mythe de l'homme providentiel : qui serait-il ? », *Délits d'opinion*, paru le 2 juillet 2013 http://delitsdopinion.com/viepolitique/le-mythe-de-lhomme-providentiel-qui-serait-il-12409/

Perin, F. « Le message radiophonique du Roi du 13 janvier 59. Problèmes constitutionnels », *Courrier hebdomadaire du CRISP*, vol. 3, no. 3, 1959, pp. 10-12.

----------*Les institutions politiques du Congo indépendant au 30 juin 1960*, Institut Politique congolais, Léopoldville, 1960.

Pierre E. *Traité de Droit politique, électoral parlementaire*, Librairies – imprimeries réunies, Paris, 1893

Poudrier L. « Sur l'objet et la méthode des sciences politiques », *Les Cahiers de droit*, vol. 5, n° 2, 1963, p. 77-80.

Promontorio V, *Les institutions dans la Constitution congolaise*, Concordia, Léopoldville, 1965.

Romain Yakemtchouk, *Aux origines du séparatisme katangais*, académie royale des sciences d'outre-mer, Classe des Sciences Morales et politiques, Mémoires in-8°, Nouvelle Série, Tome 50, fasc. 1, Bruxelles, 1988

Rubbens A. « La consultation populaire du 22 décembre 1957 à Élisabethville », *Problèmes sociaux congolais*, Bulletin du CEPSI, N° 42 sept. 58

Schmitz G. *L'opposition dans un régime parlementaire*, Service d'information et des recherches parlementaires, Parlement du Canada, 1998.

Sindjoun L « Le Gouvernement de transition : Éléments pour une théorie politico-constitutionnelle de l'État en crise ou en reconstruction »', *Mélanges en l'honneur de Slobodan Milacic, Démocratie et liberté : tension, dialogue, confrontation,* Bruxelles, Bruylant, 2007

Toegaho Lokundo F. *Les Constitutions de la République Démocratique du Congo*, Kinshasa, PUC, 2008

Van Bilsen, A. A. J. (1956) : '*Un plan de trente ans pour l'émancipation politique de l'Afrique belge*, Extrait des Dossiers de l'Action sociale catholique, février 1956.

Vandelinden J. *Crise congolaise 1950-1960*, Complexe, Bruxelles 1985

Vanthemsche, G, *La Belgique et le Congo (1885-1980) : L'impact de la colonie sur la métropole*, Le cri, Bruxelles, 2014

Verhaegen B et alii. « Mulele et la révolution populaire au Kwilu (République démocratique du Congo) », *Cahiers africains* n° 72, Éditions L'Harmattan, 2006

Verhaegen B. « Les rébellions populaires au Congo en 1964 », Cahiers d'études africaines, vol. 7, n° 26, 1967. pp. 345-359 ;

Verhaegen B. *Rébellions au Congo* (2 tomes), CRISP, Bruxelles, 1966 et 1969

Verhaegen B. « Histoire des Tables Rondes congolaises », *Études congolaises, Revue de l'I.P.C*, Léopoldville, n° 2, mai-juin 1960.

Viga P. *Diritto costituzionale*, 3èmeEd, Edizioni Universitaire, Palermo, 1955, p 85-86.

Virally M. « Les Nations Unies et l'affaire du Congo, aperçu sur le fonctionnement des Institutions », *Annuaire français de droit international*, Volume 6, 1960. pp. 557-597.

Vunduawe te Pemako F « La décentralisation territoriale des responsabilités au Zaïre. Pourquoi et comment ? », *Zaïre — Afrique*, n°165, Kinshasa, mai 1982

Wibyala N. *La résistance katangaise de 1960 à 1963* publié le 18/06/2012 par Mwanashaba. http://mwanashaba.centerblog. net/169-la-resistance-katangaise-de-1960-a-1963

Willame JC. *Patrice Lumumba. La crise congolaise revisitée*, Paris : Karthala, coll. Les Afriques/Histoire immédiate, 1990

Yakemtchouk, R. *Aux origines du séparatisme katangais*, académie royale des sciences d'outre-mer, Classe des Sciences Morales et politiques, Mémoires in-8°, Nouvelle Série, Tome 50, fasc. 1, Bruxelles, 1988, p.80

Young C. *Politics in Congo. Decolonization and Independence,* Princeton University Press, 2015

République démocratique du Congo aux éditions L'Harmattan

Dernières parutions

CINQUANTE-SIX ANS APRÈS, QUE RESTE-T-IL DE PATRICE EMERY LUMUMBA ?
Ngalikpima Venant Fali
Le combat pour libérer le Congo commença d'une façon très atypique, vu le contexte colonial. Les Indigènes n'avaient pas droit à une organisation politique ou syndicale ; les leaders politiques devaient se réunir et agir dans la plus grande discrétion. Pour Lumumba, la formation du MNC marqua le point crucial de sa politique sur le territoire congolais. Sa stature et sa posture d'homme politique et d'État marquèrent le début de son calvaire, le conduisant en prison puis à la mort dans des circonstances peu claires...
(Coll. Points de vue, 12.50 euros, 104 p.)
ISBN : 978-2-343-12803-0, ISBN EBOOK : 978-2-14-005111-1

L'ÉCHEC DU PARADIGME DE L'ÉTAT MODERNE EN RDC
Le projet d'un pacte social
Kabongo Kapenda Flory E. - Préface de Denis Kialuta Longana
Cinquante-sept années après l'indépendance, la RDC ressemble à un État mort-né. Issue de la décolonisation, la RDC a l'ambition de s'approprier le modèle occidental de l'État moderne. Aujourd'hui, il apparaît clairement qu'il faut repenser le concept de l'État en Afrique sur le fond d'un double pacte de sécurité suivant sa définition par Michel Foucault, qui y voit le fondement du rapport entre l'État et sa population. Un vrai pacte de sécurité est un pacte social, porté par des valeurs de solidarité, de justice sociale et de progrès collectif. Un défi pour les pays africains et pour la RDC en particulier.
(Coll. Points de vue, 16.00 euros, 146 p.)
ISBN : 978-2-343-12824-5, ISBN EBOOK : 978-2-14-004977-4

CURRICULUM POUR UN ENSEIGNEMENT SUPÉRIEUR ET UNIVERSITAIRE PROFESSIONNALISANT
Musomo Amundala Richard
En prenant en compte l'adéquation entre formation et emploi, cet ouvrage présente une démarche pour la construction et le développement des curricula académiques pour un enseignement supérieur et universitaire professionnalisant. L'enseignement supérieur nécessite aujourd'hui divers changements profonds, qu'il faut appliquer dans l'optique de la professionnalisation.
(Harmattan RDC, 15.50 euros, 140 p.)
ISBN : 978-2-343-13228-0, ISBN EBOOK : 978-2-14-005088-6

LE MARIAGE COUTUMIER CHEZ LES BUDU EN RÉPUBLIQUE DÉMOCRATIQUE DU CONGO
Balabala Désiré
Dans une région vaste du nord-est de la République démocratique du Congo vit une communauté ethnique : les Budu. Elle partage certaines de ses traditions avec ses voisins du territoire de Wamba ; notamment le cas du mariage coutumier. La cérémonie matrimoniale la plus prestigieuse de la région a longtemps été une longue et fastueuse procession consistant à accompagner la future mariée jusqu'au domicile conjugal. Ces traditions sont de nos jours mises à rude épreuve par

les mutations sociétales. L'auteur de l'ouvrage tente d'y restituer un pan du patrimoine culturel africain menacé.
(Coll. Études africaines, 18.50 euros, 176 p.)
ISBN : 978-2-343-11768-3, ISBN EBOOK : 978-2-14-005127-2

LA PROTECTION DE LA VEUVE EN RÉPUBLIQUE DÉMOCRATIQUE DU CONGO
Quelle effectivité ?
Vumilia Nakabanda Nathalie - Préface de Jean-Louis Renchon
La veuve légale a certes des droits légalement consacrés mais leur mise en œuvre bute sur plusieurs obstacles. L'influence de la coutume est déterminante. La difficulté d'accès à la justice, l'ignorance, l'analphabétisme, les stéréotypes, le patriarcat... limitent l'effectivité de la protection de la veuve. Pour devenir effective, la protection de la veuve légale, de la veuve de fait, de la veuve coutumière, de la veuve polygyne nécessite des programmes appropriés à chacune de ces catégories. Le concours de la société civile et des divers partenaires internationaux sera nécessaire.
(Coll. Études africaines, 68.00 euros, 954 p.)
ISBN : 978-2-343-13092-7, ISBN EBOOK : 978-2-14-004932-3

LE MAYOMBE
Histoire économique et socioculturelle des Yombe de la RD Congo
Khonde Ngoma Di Mbumba Côme – Préface d'Emmanuel Luzolo Bambi Lessa
Ce livre retrace l'histoire du peuple yombe de la RD Congo dans sa vie quotidienne et dans ses relations internes et externes, les contacts avec les Européens notamment. Il révèle également le vrai visage du Muyombe (l'habitant), contrairement à certaines réalités vécues actuellement dans le Mayombe (région) d'aujourd'hui. Il démontre que cette région, dont l'économie était basée sur l'agriculture, a été le poumon de l'économie du Kongo central. Aujourd'hui la production d'huile de palme constitue l'activité économique locale majeure.
(Harmattan RDC, 26.50 euros, 254 p.)
ISBN : 978-2-343-13058-3, ISBN EBOOK : 978-2-14-004754-1

PROVERBES ET DICTONS BABEMBA DU HAUT-KATANGA (RDC)
Vivre dans la paillote à palabres
Lubembo Kabéké, Manikunda Masata
Récoltés dans la région de Luapula-Moëro, ces proverbes sont passés au crible des points de vue des vieux et sages. Le souci des auteurs de ce répertoire est de meubler la génération montante d'une banque de données (jeu du langage, philosophie populaire, préceptes moraux, maxime, devise, imaginaire collectif, mémoire, humour, histoire et tradition orale).
(Harmattan RDC, 20.00 euros, 196 p.)
ISBN : 978-2-343-13060-6, ISBN EBOOK : 978-2-14-004720-6

ATOUTS ET PESANTEURS PSYCHOSOCIOLOGIQUES AU DÉVELOPPEMENT EN RD CONGO
Kakura Baudouin - Préface de Rémy Mbaya Mudimba
La pauvreté et le sous-développement de la RD Congo ont essentiellement des déterminants psychosociologiques et culturels. Leur réduction passe par la conscientisation des Congolais, qui vivent pourtant dans un environnement plein de ressources naturelles et potentialités économiques. Cet ouvrage analyse les pesanteurs gênant le développement ainsi que les atouts pour la prospérité de la RD Congo.
(Harmattan RDC, 21.50 euros, 208 p.)
ISBN : 978-2-343-13061-3, ISBN EBOOK : 978-2-14-004718-3

IMAGE DE SOI ET DISCOURS ÉLECTORAUX
Analyse des stratégies de communication électorale des présidentiables de 2011 en RDC
Katubadi Mputu Célestin - Préface de François-Xavier Budim'bani Yambu
LA RDC a connu deux élections générales au suffrage universel direct en 2006 et en 2011. Au cours de ces élections, les médias saisissent l'opportunité de mettre en scène les enjeux des élections, les candidats et leurs projets de société. La construction d'une image valorisante de

soi est devenue une préoccupation majeure des présidentiables. L'auteur examine comment cette image s'élabore et comment elle construit des identités et exerce son influence.
(Coll. Études africaines, 21.50 euros, 212 p.)
ISBN : 978-2-343-10559-8, ISBN EBOOK : 978-2-14-004854-8

LE KIVU BALKANISÉ
Miroir d'une mondialisation mafieuse
Ramazani Bishwende Augustin
La province du Kivu, voisine du Rwanda, du Burundi et de l'Ouganda appartient aujourd'hui à la République démocratique du Congo. Militant, l'auteur nous livre ici un plaidoyer pour qu'il ne soit pas annexé aux pays voisins en incitant ses compatriotes à s'indigner, afin que cessent les guerres qui se disputent les ressources sur ses terres. Génocides, massacres, déplacements de population, l'auteur en appelle également à la responsabilité des politiques en place à Kinshasa pour que soient reconnus et jugés les nombreux crimes commis dans la région, et que celle-ci soit enfin sécurisée.
(Coll. Points de vue, 10.00 euros, 58 p.)
ISBN : 978-2-343-11796-6, ISBN EBOOK : 978-2-14-004422-9

ESPÉRANCE POUR LE CONGO ET L'AFRIQUE
Kakulé Matumo Kitswiri Paul
L'auteur, en livrant sa vision pour la République démocratique du Congo, et par ricochet pour l'Afrique, dans une pertinence et une perspicacité qui défient l'imagination, montre la voie qui est espérance pour plusieurs générations. Il ouvre un débat sur le développement de l'Afrique. Il s'agit d'une vision, d'un dialogue.
(Coll. Points de vue, 27.00 euros, 262 p.)
ISBN : 978-2-343-12660-9, ISBN EBOOK : 978-2-14-004433-5

CLASSIFICATION GÉNÉRALE DES EMPLOIS EN RDC
Bumba Monga Ngoy Antoine-Roger
Sur les plans social et économique, toute organisation compte sur l'homme, première ressource de l'entreprise devant les autres ressources matérielles, financières et/ou immatérielles. La sélection, l'orientation et la formation professionnelle, l'affectation rationnelle des personnes aux postes de travail, la définition des tâches et leurs exercices... sont autant d'apports de la psychologie à la direction, en vue d'un travail de qualité qui assure la rentabilité économique de l'organisation. Ce livre propose une classification générale des emplois.
(Harmattan RDC, 27.00 euros, 258 p.)
ISBN : 978-2-343-12716-3, ISBN EBOOK : 978-2-14-004544-8

LES RÉFORMES ADMINISTRATIVES ET TERRITORIALES DE LA DÉCENTRALISATION EN RÉPUBLIQUE DÉMOCRATIQUE DU CONGO
Entre l'impasse et leur mise en œuvre effective
Kiana Nsiabar Hervé
L'auteur présente une analyse de la décentralisation et des réformes importantes qu'elle introduit dans le système d'organisation et de fonctionnement de l'État congolais. Sur la base d'une réflexion minutieuse, il présente également une analyse des facteurs pouvant expliquer l'impasse dans laquelle se trouvent ces réformes de la décentralisation dans leur mise en œuvre, onze ans après la promulgation de la Constitution de la Troisième République.
(Coll. Études africaines, 24.00 euros, 268 p.)
ISBN : 978-2-343-12245-8, ISBN EBOOK : 978-2-14-004558-5

L'ORGANISATION DES MARCHÉS FINANCIERS EN RÉPUBLIQUE DÉMOCRATIQUE DU CONGO
Pour l'instauration d'une bourse des valeurs mobilières
Nyembo Tampakanya Jean-Paul
Il manque en RDC une réglementation idoine du financement de son économie. La stabilité politique et socio-économique, l'implantation des établissements de crédit à travers le territoire

national et la crédibilisation du franc congolais sont les préalables à l'efficacité des marchés. Ainsi, une loi sur la bourse des valeurs mobilières et la modernisation des services financiers apparaît comme la condition nécessaire pour arriver à une croissance réelle et ordonnée de l'économie.
(Coll. Logiques Juridiques, 31.00 euros, 300 p.)
ISBN : 978-2-343-13016-3, ISBN EBOOK : 978-2-14-004593-6

COURS DE DOCIMOLOGIE
Destiné aux étudiants de première licence en psychologie scolaire et en sciences de l'éducation
Banza Lenge Kikwike Paulin
L'important dans un système éducatif est non seulement de bien enseigner, mais aussi de se demander dans quelle mesure un bon enseignement apporte un bon résultat. La docimologie en tant que discipline scientifique autonome concentre son attention sur les problèmes d'évaluation des apprentissages en milieu scolaire ou dans le processus d'enseignement-apprentissage. Elle aborde les réalités liées à la formulation des questions, à la pondération, à l'administration des questions ainsi qu'à la correction et la transcription des cotes.
(Coll. Notes de cours, 13.00 euros, 110 p.)
ISBN : 978-2-343-12455-1, ISBN EBOOK : 978-2-14-004508-0

LES ORIGINAIRES ET NON-ORIGINAIRES EN RÉPUBLIQUE DÉMOCRATIQUE DU CONGO
Sous la direction de Obotela Rashidi Noël - Préface de Léon de Saint Moulin
Les contributions réunies ici retracent successivement le parcours historique de cette problématique, la source des conflits entre «originaires» et «non-originaires», la gestion des espaces, la recherche d'une administration efficiente pour la décentralisation, les témoignages de ceux qui ont œuvré au sein de la territoriale.
(Coll. La Région des Grands Lacs Africains, 25.50 euros, 240 p.)
ISBN : 978-2-343-11761-4, ISBN EBOOK : 978-2-14-004139-6

LES BIDONVILLES DE KINSHASA
Nzuzi Francis Lelo - Préface de Léon de Saint Moulin
Kinshasa continue à fasciner, tant elle est effrayante et attirante. Elle connaît une explosion urbaine depuis l'indépendance de la RDC en 1960 et sa métropolisation est à l'origine de la grande crise des logements sociaux. La ville continue à se bidonvilliser car ses nouveaux quartiers ne sont pas accessibles aux plus démunis. Est-ce que la ville va continuer à produire des bidonvilles surpeuplés et dangereux ? Ce livre propose de délocaliser les grands bidonvilles de la commune industrielle de Limete à Kingabwa pour les remplacer par des infrastructures de transports, absentes actuellement à Kinshasa.
(Harmattan RDC, 28.00 euros, 270 p.)
ISBN : 978-2-343-12467-4, ISBN EBOOK : 978-2-14-004281-2

DÉVELOPPEMENT DURABLE ET POLITIQUE DE ZONES ÉCONOMIQUES SPÉCIALES EN RÉPUBLIQUE DÉMOCRATIQUE DU CONGO
Mapendo Christian
Dans sa quête du développement durable, la RDC est en train de mettre en place une politique de zones économiques spéciales ayant pour objectif le développement économique. Entre-temps le pays s'est engagé dans la COP 21. Faudra-t-il restreindre son plan d'industrialisation pour ne pas émettre trop de gaz à effet de serre ? Faudra-t-il opter pour les pratiques de l'économie circulaire ou celles de zones économiques spéciales de réinvestissement ?
(Coll. Études africaines, 20.50 euros, 198 p.)
ISBN : 978-2-343-10799-8, ISBN EBOOK : 978-2-14-004194-5

Structures éditoriales du groupe L'Harmattan

L'Harmattan Italie
Via degli Artisti, 15
10124 Torino
harmattan.italia@gmail.com

L'Harmattan Hongrie
Kossuth l. u. 14-16.
1053 Budapest
harmattan@harmattan.hu

L'Harmattan Sénégal
10 VDN en face Mermoz
BP 45034 Dakar-Fann
senharmattan@gmail.com

L'Harmattan Cameroun
TSINGA/FECAFOOT
BP 11486 Yaoundé
inkoukam@gmail.com

L'Harmattan Burkina Faso
Achille Somé – tengnule@hotmail.fr

L'Harmattan Guinée
Almamya, rue KA 028 OKB Agency
BP 3470 Conakry
harmattanguinee@yahoo.fr

L'Harmattan RDC
185, avenue Nyangwe
Commune de Lingwala – Kinshasa
matangilamusadila@yahoo.fr

L'Harmattan Congo
67, boulevard Denis-Sassou-N'Guesso
BP 2874 Brazzaville
harmattan.congo@yahoo.fr

L'Harmattan Mali
Sirakoro-Meguetana V31
Bamako
syllaka@yahoo.fr

L'Harmattan Togo
Djidjole – Lomé
Maison Amela
face EPP BATOME
ddamela@aol.com

L'Harmattan Côte d'Ivoire
Résidence Karl – Cité des Arts
Abidjan-Cocody
03 BP 1588 Abidjan
espace_harmattan.ci@hotmail.fr

L'Harmattan Algérie
22, rue Moulay-Mohamed
31000 Oran
info2@harmattan-algerie.com

L'Harmattan Maroc
5, rue Ferrane-Kouicha, Talaâ-Elkbira
Chrableyine, Fès-Médine
30000 Fès
harmattan.maroc@gmail.com

Nos librairies en France

Librairie internationale
16, rue des Écoles – 75005 Paris
librairie.internationale@harmattan.fr
01 40 46 79 11
www.librairieharmattan.com

Lib. sciences humaines & histoire
21, rue des Écoles – 75005 Paris
librairie.sh@harmattan.fr
01 46 34 13 71
www.librairieharmattansh.com

Librairie l'Espace Harmattan
21 bis, rue des Écoles – 75005 Paris
librairie.espace@harmattan.fr
01 43 29 49 42

Lib. Méditerranée & Moyen-Orient
7, rue des Carmes – 75005 Paris
librairie.mediterranee@harmattan.fr
01 43 29 71 15

Librairie Le Lucernaire
53, rue Notre-Dame-des-Champs – 75006 Paris
librairie@lucernaire.fr
01 42 22 67 13

www.ingramcontent.com/pod-product-compliance
Lightning Source LLC
LaVergne TN
LVHW011256061026
849535LV00005B/1275
* 9 7 8 2 3 4 3 1 4 0 5 2 0 *